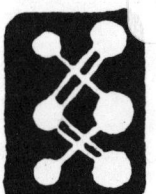

Benjamin Fondane

Rimbaud der Strolch

und die poetische Erfahrung

Herausgegeben von
Michel Carassou

Matthes & Seitz

Die Übertragung aus dem Französischen besorgte
Michaela Meßner.

© 1991 Matthes & Seitz Verlag GbmH,
Hübnerstraße 11, 8000 München 19. Alle Rechte vorbehalten.
© der Originalausgabe »Rimbaud le voyou«
by Éditions Complexe, Brüssel 1990.
Herstellung und Umschlaggestaltung Bettina Best, München.
Satz: FotoSatz Pfeifer, Gräfelfing.
Druck und Bindung: Auer, Donauwörth.
ISBN 3-88221-257-8

Inhalt

Fondane und Rimbaud

Seit dem Tod von Arthur Rimbaud haben die Interpretationen und Stellungnahmen zu seinem Werk einen rasanten Zuwachs erfahren. Die meisten kamen aus einander entgegengesetzten Lagern, von einigen katholischen Schriftstellern auf der einen, den Surrealisten auf der anderen Seite. Rimbauds Schwester Isabelle und deren Mann Paterne Berrichon hatten versucht, den Dichter nach den Maßstäben der bürgerlichen Gesellschaft zu rehabilitieren. Da sie ihn im Namen der Moral nicht rechtfertigen konnten, versuchten sie, ihn durch den Glauben zu retten. Sie nahmen seine in letzter Stunde erfolgte Bekehrung als ausschlaggebenden Beweis, um über sein Leben und Werk zu befinden und stellten *Une Saison en enfer* als »die dichteste und reichhaltigste Bejahung des Christentums«, als »ergreifendes Zeugnis des katholischen Wesens« dar.[1] Ihrer Ansicht nach hatte Rimbaud sein ganzes Leben lang danach gestrebt, »sich der ungeheuren Ehre, von Gott erwählt zu sein, zu entziehen«[2], um kurz vor seinem Tode dennoch in sie einzuwilligen.

Isabelle Rimbaud und Paterne Berrichon erhielten bei ihrem Unterfangen die so hoch geschätzte Unterstützung von Paul Claudel. Dieser hätte sicherlich nicht die Naivität besessen, Rimbaud als katholischen Dichter hinzustellen. Er hätte allenfalls dem Satz von Jacques Rivière zustimmen können: »Rimbaud ist eine wunderbare Einführung in den Katholizismus.«[3] Claudel bekannte lediglich, wieviel er Rimbaud verdanke, und spricht von der »wunderbaren Offenbarung des Übernatürlichen, das uns umgibt«[4], die seine Rückkehr zum Glauben bewirkt habe. Er zögerte gleichwohl nicht, ihn als »Mystiker im Stande eines

---

[1] Paterne Berrichon, *Jean-Arthur Rimbaud le poète*, Paris, Mercure de France, 1912.
[2] Isabelle Rimbaud, »Rimbaud mystique«, *Mercure de France*, 15. Juni 1914, S. 699-713.
[3] Jacques Rivière, »Rimbaud«, *N.R.F.*, Juli und August 1914.
[4] Paul Claudel, »Lettre à Paterne Berrichon«, in: *Jean-Arthur Rimbaud le poète*, a.a.o.

7

Wilden« zu bezeichnen und seine Botschaft mit derjenigen der heiligen Johanna von Chantal zu vergleichen.[5] Die Surrealisten sollten aus Rimbauds Botschaft einen völlig anderen Gebrauch ziehen. Präsentierten sie doch tatsächlich den Dichter der *Illuminations* als ihre eigene Entdeckung. In ihren Augen zeugten seine Gedichte von etwas Tieferem und Gewichtigerem als der Mensch selbst, von einem Experiment, das zur Entdeckung einer anderen Realität geführt habe. In *Une Saison en enfer* erkannten sie den Ansatz der Verfahren wieder, nach denen auch die Surrealisten mit dem automatischen Schreiben und den provozierten Träumen strebten. Daß Rimbaud sich jedoch später selbst widersprochen, daß er sich für seine Sophismen entschuldigt und seine Visonen verleugnet hatte, darin wollten André Breton und seine Freunde nichts weiter als eine »kleine, ganz gewöhnliche Feigheit«[6] sehen.

Anfänglich betört von den Offenbarungen des »Sehers«, hatten die Surrealisten in der Folge versucht, Rimbaud ihrer Doktrin einzuverleiben. Später veranlaßte sie die neue Ausrichtung ihres Schaffens und ihre Hinwendung zum dialektischen Materialismus, sich von einem Experiment, das seinem Wesen nach vorwiegend mystisch war, abzugrenzen (auch wenn dieser Mystizismus nicht die Bedeutung besitzt, die Claudel ihm zugesprochen hatte) und ein ausgesprochen hartes Urteil zu fällen, wenn sie sagen: »Rimbaud hat sich uns gegenüber dadurch schuldig gemacht, indem er gewisse, für sein Denken entehrende Interpretationen Claudelscher Machart erlaubt, ja sie nicht völlig unmöglich gemacht hat.«

Eine andere künstlerische Bewegung, die sich an der Grenzlinie zum Surrealismus anlagert, die Bewegung des *Grand Jeu*, hatte ebenfalls Rimbauds Versuche für sich vereinnahmt, ganz besonders jene des »Seherbriefes«[7], ohne sich jedoch (genau wie Breton) um dessen spätere Lossagung zu scheren oder indem sie ihm diese zum Vorwurf machten. René Daumal und Roger Gilbert-Lecomte folgerten aus dem Seherbrief die Gewißheit, daß der Mensch die unmittelbare Wahrnehmung eines anderen Universums erreichen könne. Folglich war auch für sie Rimbauds

[5] Paul Claudel, Vorwort zu den *Werken* von Arthur Rimbaud, Paris, Mercure de France, 1912.

[6] André Breton, *Second Manifeste du surréalisme*, Paris 1929.

[7] Arthur Rimbaud, »Lettre à Georges Izambard«, 15. Mai 1871.

Experiment geglückt. 1929 veröffentlichte ein anderes Mitglied des *Grand Jeu*, André Rolland de Renéville, einen Essay *Rimbaud le Voyant*, in dem er den »Seher-Brief« als einen Leitfaden darstellte, der im Zeichen der großen orientalischen Tradition geschrieben worden sei. Ihm zufolge »steigt Rimbaud zu den reinsten Quellen der Metaphysik hinab und begegnet dort dem Orient«, habe jedoch nur die Anfangsgründe seiner Visionen in seinen Gedichten umsetzen können. Die Tatsache, daß er sie bewußt um durchdachte Motive anordnen mußte, habe nur in »logisches Denken« münden können, statt in »jenen Seelenzustand, der die Religionsstifter hervorbringt«.[8]

Mit *Rimbaud der Strolch* schaltet sich Benjamin Fondane in den Meinungsstreit ein, indem er alle Veruntreuungen des Rimbaudschen Versuchs widerlegt und seine eigene Interpretation anbietet – eine subjektive und gleichzeitig zerstörerische Interpretation. In welcher Hinsicht, in wessen Namen konnte er in den Meinungsstreit eingreifen und die Argumente seiner Vorgänger in der Rimbaud-Auslegung anfechten?

Rimbaud der Strolch, 1933 veröffentlicht, ist der erste Essay, den Benjamin Fondane in Frankreich schrieb, wo er sich zehn Jahre zuvor niedergelassen hatte. In seinem Heimatland Rumänien hatte er bereits 1918 die Broschüre *Reniement de Pierre* veröffentlicht, in der er seine Vorliebe für den Symbolismus bekräftigt, und 1922 das Buch *Images et Livres de France*, in dem er seiner Bewunderung für die französische Dichtkunst und insbesondere für Francis Jammes, Baudelaire und Mallarmé Ausdruck gibt. Für Fondane, den Dichter, ging es letztlich darum, seine Neigung für eine bestimmte dichterische Ausdrucksform in der Theorie zu rechtfertigen. Ab 1914 veröffentlichte er eigene Verse in den literarischen Zeitschriften von Bukarest und Iasi, und 1917 schrieb er die ersten Gedichte der Sammlung *Privelisti*[9] (Landschaften), die erst 1930 mit einem Vorwort erschien, in dem er den Werdegang seines Werkes nachzeichnet.[10]

[8] André Rolland de Renéville, *Rimbaud le Voyant*, Paris, Aux Sans Pareil, 1929.
[9] B. Fundoianu, *Privelisti*, Bukarest, Cultura Nationale, 1930.
[10] Dieses Vorwort wurde in der französischen Übersetzung von Marina Vanci-Perahim in *Non lieu*, Nr. 2/3, *Benjamin Fondane*, S. 76-79, unter dem Titel »Mots sauvages« veröffentlicht.

9

Die Gedichte aus *Privelisti* wiesen auf den ersten Blick eine Verwandschaft mit der ländlichen Welt eines Francis Jammes auf. Doch die traditionellen bukolischen Themen der rumänischen Dichtkunst fanden sich dort von einer versteckten Ruhelosigkeit unterlaufen, die man als der expressionistischen Geisteshaltung verwandt betrachten könnte.[11] Von dem, was den Rohstoff dieser Lyrik ausmachte, ließ sich nichts mehr in der Wirklichkeit wiederfinden; die Beschreibung der Moldaulandschaft tauchte gleich einem sehr persönlichen Protest gegen die zerstörerische Kriegsmaschinerie aus der Erinnerung des Dichters auf. Dem Chaos stellte er die Lebenskräfte entgegen; seine schwärmerische Vision der Natur verwob sich mit der Anrufung eines Geistes, der fähig ist, alles Existierende zu heilen.

In dem Vorwort zu dieser Gedichtsammlung spricht sich Fondane aus. Damals glaubte er, das Gedicht könne in den Bereichen, in denen Metaphysik und Moral versagt hatten, eine Antwort bringen, es sei »die einzige Art der Erkenntnis, die einzige Berechtigung für den Menschen, weiterhin im Dasein zu verharren«. Das Gedicht dürfe sich auf keinen Fall mit der Darstellung der Wirklichkeit bescheiden, denn es sei die Projektion einer idealen Welt. Die Dichtkunst sei also »im tiefsten Innern erlebt als Streben nach dem Willen zur Macht im Sinne Baudelaires.«[12]

Doch schließlich ist Fondane jäh aus diesem »idealistischen Traum« erwacht; er glaubte nun nicht mehr an die Schönheit. Die Dichtkunst, wie er sie bislang gelebt hatte, erschien ihm eine Lüge. Er entdeckte das verborgene, abscheuliche Antlitz des Ideals, seine kümmerliche Grundidee, die das Heil des Menschen in Worte legte, und zwar in Worte allein. Bei Baudelaire und Rimbaud hingegen sah er einen »Schimmer Wahrheit« aufleuchten.

Nun von seiner Trunkenheit befreit, fand er sich letztlich nur umso entblößter vor. Über vier Jahre lang schrieb er nicht mehr: »Des Nachts begann ich wortlos zu schreien.«

Als er 1923 nach Paris kam, entdeckten ihm Tzara und Voronca den Surrealismus. Fondane konnte nicht umhin, im Keim dieser Theorie eine der seinen gleiche Verzweiflung wiederzuerkennen

---

[11] Siehe: Ovid S. Crohmalniceau, »Fondane expressioniste«, *Non Lieu*, S. 20-26.
[12] »Mots sauvages«, a.a.o.

sowie die Verweigerung, der Literatur eine zweckdienliche Funktion zuzuschreiben. Als die Surrealisten sich entschlossen, ihre schöpferische Technik – das automatische Schreiben – zum moralischen Imperativ zu erheben, war es ihm nicht möglich, ihnen weiterhin zu folgen. Die Möglichkeit, eine grundlegend andersgeartete Realität zu erreichen, indem man den Worten ein absolutes Vertrauen einräumt, stellte er aus umso tieferer Überzeugung in Abrede.

Für Fondane gab es kein Heilmittel gegen die Verzweiflung, oder besser gesagt, es gab kein anderes Heilmittel als die Verzweiflung selbst. Diese Überzeugung leistete seiner Begegnung mit den Werken des russischen Philosophen Lew Schestow Vorschub und machte sie zur ausschlaggebenden Erfahrung. Bis zu jener Zeit war Fondane nur vereinzelt mit der Philosophie in Berührung gekommen, mit Ausnahme von Schopenhauer, Nietzsche und Jules de Gaultier, dem Theoretiker des Bovarismus, bei dessen »berauschendem Gedanken einer ästhetischen Rechtfertigung des Universums«[13] er Trost fand, der ihn jedoch gleichzeitig eine erste Sehnsucht nach einer jenseits von Gut und Böse angesiedelten Gedankenwelt verspüren ließ.

Schestow war seit jeher für den Kampf gegen die Gewißheiten der Vernunft eingetreten: er erachtete Wissenschaft und Moral als unfähig, der Lebenswahrheit Rechnung zu tragen, da sie diese beschneiden und in künstliche Kategorien aufspalten würden. Den Erkenntnissen, die aus diesen Kategorien erfolgten und zum Unglück des Menschen Gesetze der Notwendigkeiten hervorbrächten, setzte er einen von allen Dogmen unabhängigen »Glauben« entgegen, der aus der existentiellen Erfahrung erwachsen sollte.

Fondane fand im Gedankengut Schestows genügend Ansätze, die seine eigenen Zweifel gegenüber jeglichen reinen Verstandeskonstruktionen des menschlichen Geistes nähren und rechtfertigen konnten. Er machte sich zum glühenden Verfechter der Schestowschen Kerngedanken, wobei er deren Implikationen für seine eigene Domäne, die Domäne der Dichtung, weiterentwickelte, mit dem Ziel, irrige Betrachtungsweisen aufzuzeigen.

[13] Fondane, »Sur les rives de L'Illisus«, in *Rencontres avec Léon Chestov*, Saint-Nazare, Arcane 17, 1982.

1927 schrieb er an Schestow: »Sie haben mich nicht allein gelehrt, Nietzsche, Tolstoi usw. zu verstehen, sondern auch all die Männer, an die sie selbst gar nicht gedacht haben: Rimbaud, Baudelaire. Ich hatte sogar einen Augenblick lang die Idee, Ihnen ein paar Texte zu unterbreiten, um Ihr Interesse für beispielsweise Rimbaud zu wecken, so sehr schienen Ihre Gedanken mir dazu angetan, einige tiefe Mysterien zu erhellen.«[14]

Sieben Jahre später erschien *Rimbaud der Strolch* [15], ein Werk, das sowohl die katholischen als auch die surrealistischen Deutungen in Stücke riß.

Der Traum Rimbauds, »das Leben zu verwandeln«, hatte nie aufgehört, Fondane zu verfolgen. Warum ist dieser Traum nicht Wirklichkeit geworden? Warum ist Rimbaud gescheitert? Im Lichte der Schestowschen Philosophie konnte Fondane nun antworten: weil Rimbaud ein Strolch war, im wahrsten Sinne des Wortes. Rimbaud hatte falsch gespielt, er konnte das Unbekannte – oder Gott – nicht erreichen, da es in erster Linie ein Machwerk seines Geistes war. Fondane analysiert vermittels dieses persönlichen Dramas eine Erfahrung, die derjenigen vergleichbar ist, welche Schestow als »Gemeingut der Tragödie« bezeichnet: den Widerspruch zwischen Erlebtem und Gedachtem. Diese Vorstellung von einem Widerspruch zwischen unseren Mitteln der Erkenntnis wird im Werk Fondanes fortan eine Vorrangstellung einnehmen. In *Rimbaud der Strolch* zeigt er diesen Widerspruch am Fall eines Einzelschicksals auf und siedelt ihn auf der psychologischen Ebene an. In seinem folgenden Werk, *La Conscience malheureuse*,[16] erweitert Fondane seine These, indem er sie mit den Ideen der wichtigsten Vertreter westlicher Gedankenwelt konfrontiert.

Rimbaud der Strolch trägt die Stigmata der geistigen Krise, die Fondane Anfang der 20er Jahre durchlitten hat, und läßt seinen entschlossenen Willen zutage treten, mit der »berauschenden Idee einer ästhetischen Rechtfertigung des Universums« kurzen Prozeß zu machen. Der oftmals aggressive Ton erklärt sich weni-

---

[14] Brief aus »Sur les rives de l'Illissus«, a.a.O.
[15] *Rimbaud le Voyou*, Editions Denoël & Steele, Paris, 133.
[16] Benjamin Fondane, *La Conscience malheureuse*, Paris, Denoël et Steele, 1936; Neuersch. Paris, Plasma, 1979.

ger durch einen Wunsch nach Polemik, als durch die Notwendigkeit zu zerstören, der sich Fondane gegenübergestellt sieht, da er sämtliche Verstandeskonstruktionen verwirft. Seine Sicht des Werkes von Rimbaud ist subjektiv und daher vielleicht nur umso aufschlußreicher.

MICHEL CARASSOU

LEW SCHESTOW
gewidmet

»Je suis réellement d'outre-tombe
et pas de commissions ...«
(Ich bin wirklich jenseits des Grabes,
und keine Aufträge ...)

J.-A. RIMBAUD

KREON: Doch die haß ich am meisten, die der Tat
mit dreister Stimme trotzend noch sich rühmt.
ANTIGONE: Hast du mit meinem Tod noch nicht genug?

SOPHOKLES

Vorwort zur zweiten Auflage

Daß die Wahl des Titels zu diesem Buch von polemischer Absicht geleitet war, versteht sich von selbst, doch mit welch »durchschlagendem Erfolg« dies zu Mißverständnisssen geführt hat, kann ich nur mit leiser Verbitterung hinnehmen. Ist es denn möglich, daß niemand verstand noch verstehen wollte, daß der »Strolch« nach meiner Sicht der Dinge das Gegenteil von einem Helden, einem Heiligen, einem Gerechten bedeuten sollte – alles Männer, die den Gesetzen Folge geleistet und darin ihre Glückseligkeit gefunden haben – und eben jene Antipoden eine neue Form der Heiligkeit hervorbrachten: die Heiligkeit derer, die das Gesetz mit Füßen treten, der Märtyrer der Vernunft, der Nonkonformisten im Sein? Es genügt, dieses Buch zu lesen, um sich davon zu überzeugen. Seine polemische Absicht scheint somit weitere Erläuterungen erforderlich zu machen.

Ich gebe zu, daß ich der »verklärten« – oder gegen den Strich verklärten – Biographie überdrüssig bin, denn im Namen des Geistes, des Ideals und der Ethik *gegen* seinen Helden Beweis zu führen, bedeutet abermals, daß man der »Verklärung« Vorschub leistet. Ich war erbost über den »biographischen« Roman – welch eine Erfindung lendenlahmer Geister! »Ein Haufen Dinge, daß es zum Erbarmen ist« – so und nicht anders ist die Biographie von Rimbaud und die von jedermann beschaffen. Ich möchte hier kurz ein Wort über die »gelungenen«, siegreichen, von Erfolg gekrönten Lebensläufe fallen lassen... Es ist ein Jammer! Man hat uns glauben gemacht, dem Menschen stehe alles zur Verfügung, sein Leben zu erfüllen, daß er in eine bestimmte Richtung *vorwärts* schreite, an einem bestimmten Ziel *ankommen* könne: dies ist eine von allen unausgesprochen hingenommene Prämisse, und obgleich sie stillschweigend von allen anerkannt wird, hat keine einzige *Biographie* sie bislang bewahrheiten können; nicht eine einzige von ihnen vermag es, auf die drängende und ängstlich gestellte Frage des Lesers: was tun? eine Antwort zu geben. Das scheint uns dennoch nicht davon abhalten zu können, an jedes gelebte Leben den Anspruch zu erheben, daß es zu einem *Beschluß* gelangen müsse, und wenn dies nicht erfolgt, so tun wir hier und dort den Ereignissen ein klein wenig Gewalt an – und schon haben wir's. Wir sind diese Spielchen schon so sehr gewohnt, und sollte einmal eine *wahre* Biographie auftauchen, ohne Schminke, so wird sie von aller Welt als subjektiv, falsch, untreu verurteilt. Guter Gott! Mit welchem Handwerkszeug sollte man denn eine Biographie schreiben, wenn nicht mit Hilfe des *eigenen Lebens*? Und wenn Ihr eigenes Leben vom Spiegel beherrscht wird, dann verzichten Sie doch bitte darauf, sich um das Leben der anderen zu sorgen. Eine Denkart aus dem Innern heraus aufzuzeichnen bedeutet, sie auch selbst zu leben, und zwar leidenschaftlich, und das darf man nicht mit der Errichtung einer Statue auf einem öffentlichen Platz verwechseln. Die Wahrheit sollte man nicht mit Erbauung verwechseln noch mit Predigten, die man sich selbst hält. Die Aufgabe des Biographen besteht nicht darin, ein bloßer Verwalter von Texten zu sein, die man unterschiedslos als geheiligt betrachtet, sondern vielmehr darin, die Probleme zu den *eigenen* zu machen, sich auf eine tiefgreifende persönliche Erfahrung einzulassen, so daß man nicht *für die anderen* die auftauchenden Schwierigkeiten zu lösen sucht, sondern für sich selbst, in sich selbst und als derjenige, der man ist. Wenn die Fragen, die einst Rimbaud bedrängten, mir selbst so fremd sind wie diejenigen, die Ignazio de Loyola oder Ramses der Zweite sich gestellt haben mögen, wozu sollte ich dann darüber sprechen? Falls ich diese Fragen nur dann *aushalten* kann, wenn ich sie auf mein eigenes Maß zurückschneide, warum suche ich mir dann nicht besser ein »Thema«, das auf meine eigene Kragenweite zugeschnitten ist, damit ich mich dessen auch aufrichtig rühmen kann? Falls Rimbaud Sie ruhig schlafen läßt, wozu dann ein Buch über Schlaflosigkeit schreiben?

Seit dem Erscheinen meines *Rimbaud* sind viele weitere Studien veröffentlicht worden, die Begriffe und Schlußfolgerungen daraus aufgegriffen haben: das metaphysische Temperament, den Vergleich mit Stawrogin, die Zerschlagung des psychologischen Konzepts vom revolutionären Rimbaud etc. etc.

All das wurde getan, ohne auf die Quellen zu verweisen. Ich wollte mich damit nicht aufhalten und habe geschwiegen. Doch sollten Sie beachten: ebenso wie man einige meiner Schlußfolgerungen ohne lange Diskussionen widerstandslos übernommen hatte, so hatte man einige andere ebenso kurzerhand verworfen.

Über meine Interpretation des Rimbaudschen Sehertums, seiner Bekehrung, ja selbst über meine Propagierung des Strolches fiel kein Sterbenswörtchen. Aus diesem ganzen Haufen mehr oder minder fundierter Kritiken greife ich mir diejenige von Jean Cassou[1] zu einer Stellungnahme heraus, und dies nicht allein, weil Jean Cassou einer der besten Schriftsteller seiner Generation ist, sondern weil er die Verantwortung einer ganzen geistigen Strömung teilt und auf sich nimmt, die aufgrund ihrer Verflechtung in aktuelle wirtschaftliche und politische Probleme Gefahr läuft, uns einen neuen Begriff des intellektuellen Heldentums zu liefern, der sich als ebenso gefährlich wie der vorherige erweist. Ich fürchte, daß man sich aus Überdruß an der *Idealisierung des Lebens* im bürgerlichen Sinne (die aus einem Bedürfnis nach Kompensation in der Folge eines Mangels an Lebendigkeit entstanden ist) nun um eine neue Art der Verfälschung bemüht, die sich genausowenig wie die alte dazu eignet, das Wahre aufzuzeigen. Als Verfälschung bezeichne ich zum Beispiel nicht die Tatsache, daß Cassou in seiner Darstellung alles daran setzt, aus Rimbaud einen weiteren Cassou zu machen; das ist die Spielregel, die einzige. Ich fürchte lediglich, daß er einen Rimbaud erschafft, *der nicht einmal Cassou ist*: dem nicht einmal die lebendige Wesenskraft eines Cassou eigen ist, sondern nur etwas, von dem Cassou annimmt, *daß man ihm genügen müsse*, damit am Ende das Leben einen Sinn erhalte, auf das dieses doch aus freien Stükken verzichtet. Wie sehr das Leben auch unsere größten Genies beseelen mag, vermag es doch so wenig einen Sinn aufzuweisen, daß ein ehrbarer Mensch in ihm nur eine enorme Energieverschwendung sehen kann. Und wenn es einen Sinn haben sollte, nun gut, der ist nicht *gegeben*, nach dem gilt es zu suchen. Was soll man also tun? Muß man ein Held sein, ein Heiliger, ein Krieger, ein Militanter? Als ob Sie etwa nach der Lektüre meines oder eines x-beliebigen Buches versuchen würden, dessen Schlußfolgerungen nachzukommen! Ach was! Wenn dem so ist, wozu dann die Lüge? Warum Ihnen Alpträume ersparen? Wozu Sie *trösten*? Um Ihre Ohnmacht zu hätscheln? Ihnen die *Befriedigung* zu verschaffen, daß auch ich nur ein Mensch bin wie alle anderen, zermürbt, gehorsam, unterwürfig, verlogen? Murnau

[1] *Les Nouvelles littéraires*, 23. Dezember 1933, S. 4 (N.D.E.).

hatte in seinem Film *Der letzte Mann* das unlautere Moment bloßgelegt, das einem jeden Schluß innewohnt. Nach dem tragischen Ende des Helden erscheint auf der Leinwand eine Anzeige, die dem Publikum verkündet, zur Befriedigung seiner Erwartungen sei eine zweite Fassung des Schlusses vorbereitet worden: erneut fluten Bilder über die Leinwand, und der arme Kerl wird vor unseren Augen zum Millionär und so glücklich wie nur menschenmöglich. Niemand hindert uns, es Murnau gleichzutun, und Rimbaud, nachdem der Film zu Ende ist, die Bekehrung zum Glauben oder die unbeugsame Verweigerung derselben anzudichten und zu folgern: Rimbaud ist mit sich im reinen verstorben, ausgeglättet, glücklich, sich selber treu, das Siegesbanner der Idee über sein Leiden schwenkend. Diese Art von *Ende* scheint vielen Menschen, mehr als man glauben möchte, einer *Erklärung* gleichzukommen. Er hat den Geist verraten, sagen die einen, er hat ihn nicht verraten, sagen die anderen. Man könnte meinen, Rimbaud habe Jemandem Rechenschaft abzulegen, und daß wir die Anwälte dieses Jemand seien. Ebenso könnte man meinen, daß wir alle, wie wir sind, haargenau wüßten, was das denn sei, der Geist, welche Pflichten wir ihm gegenüber hätten und auf welche Art und Weise wir uns vor ihm zu rechtfertigen hätten, und daß allein die Genies, etwa ein Baudelaire, ein Rimbaud, ein Dostojewski, ein Kierkegaard, *dieser Offenbarung verlustig gegangen seien*, da sie doch danach suchen, als wüßten sie von nichts. Wenn dem so wäre, so könnte man es verstehen, wenn jene Genies vor uns Kniefälle machten und uns zum Gegenstand ihrer Bewunderung erhöben, da sie doch zweifellos nach dem *suchen*, was wir längst *wissen*. Wenn sie hingegen für sich selbst, und somit auch für uns, auf der Suche sind (die wir uns schleunigst beeilt haben, unser Heil in der Kirche, in der Partei zu finden), so kann ich nicht verstehen, welchen Sinn unser Urteil über sie haben könnte. Wir müssen uns ein für allemal in der zwiespältigen Angelegenheit des Genies zu einer Entscheidung durchringen: wenn das Genie nur *singt* – darunter verstehe ich: unsere Irrtümer in Blendwerk einkleidet –, dann müssen wir unsere unbedachte Bewunderung zum alten Eisen werfen. In diesem Falle ist das Genie ein Funktionär, gerade wie wir, jedoch ein Funktionär, dessen Rolle es ist, zu *singen*. Wir täten also besser daran, ihn zu *leiten*, ihm Rohmaterial zu liefern, ihn zur gemeingültigen Wahrheit zu erziehen, ihn unter das Joch des Gehorsams zu zwingen: unter genau diesem Blickwinkel übrigens betrachten die totalitären Systeme den Genius. Kurz, dies bedeutet, daß die Dichtkunst ein Nichts ist, und nur noch ein kleiner Schritt getan werden muß, damit wir von ihr befreit sind. Wenn es sich hingegen nicht nur darum dreht, daß der Dichter singt, sondern *was* er singt – damit meine ich, um seine innere Erfahrung und seine Eignung für diese Erfahrung –, in diesem Falle hat das Genie eine schicksalsschwere Funktion zu erfüllen, dann ist er unser Prügelknabe, unser künstlich geschaffenes Ventil, unsere unterlassene Tat. Er ist das Sinnbild einer höheren Menschlichkeit, und bei ihm sollten wir das heilige Bad der Wahrheit nehmen, uns durch ihn von etwas *reinigen*. Das Genie ist düster. Ein Beweis, daß selbst der Beste von uns düster ist. Es ist verrückt. Ein Beweis unseres Unglücks.

Biographische Anmerkungen

Es gilt, die Lösung dieser Fragen im Leben,
und nicht in einem Buch zu finden. Ein
Drama oder ein Gedicht, das ist eine
ungefähre und umwegige Antwort.

EMERSON

Jean-Arthur Rimbaud, geboren am 20. Oktober 1854 in Charleville, stammte aus einer biederen, katholischen Bürgersfamilie. Seine Mutter, die ein geiziges, autoritäres und kaltes Wesen bar jeder Phantasie hatte, kam aus den Ardennen; sein Vater, ein Berufsoffizier (Feldzug von Algerien, Italien und der Krim), stammte aus der Bourgogne und hatte einen launenhaften und kauzigen Charakter, war ein schlechter Ehemann, ein ewig abwesender Vater und Weltreisender; hier finden wir also nichts Außergewöhnliches, was auf Rimbauds Genius vorausdeuten könnte.

Im Gymnasium von Charleville, wo er seine Schulausbildung erhielt, bewies er sogleich eine ehrgeizige Intelligenz. Er ist ein außergewöhnlicher Schüler, zum Entzücken und Leidwesen seiner Lehrer: »Ja, gescheit ist er, aber er wird übel enden« bemerkte der Direktor. Dort am Gymnasium begegnete er Izambard, einem jungen, warmherzigen und sympathischen Lehrer, der sich dieses sonderbaren Schülers annahm, ihm fortschrittliche Ideen und unerlaubte Lektüre vermittelte, und dafür Briefe und Gedichte erhielt. So war es auch dieser, dem Rimbaud den berühmten sogenannten Seherbrief zusandte.

Gleichfalls in dieser Epoche, mitten im Deutsch-Französischen Krieg, mitten in der Zeit der Pariser Kommune, findet Rimbauds erster Ausreißversuch statt, seine erste Flucht. Er nahm den Zug nach Paris, konnte seine Fahrkarte nicht bezahlen, wurde festgenommen und mußte ins mütterliche Heim zurückkehren, was ihm sehr schwerfiel. Nichts beweist die später aufgestellte Behauptung, er sei an den Aufständen, die etwa zur gleichen Zeit in den Vorstädten von Paris ausbrachen, in irgend-

einer Weise beteiligt gewesen. Er ist 17 Jahre alt: bereits in diesem
Alter hat er aufgehört, stimmungsvolle Verse nach der Art eines
Banville, Gautier oder Hugo zu schreiben; eine überströmende
Fülle, ein Quell an Visionen, ein maßloser Ehrgeiz und ein absoluter Ekel gewinnen die Oberhand – mit dem braven Schüler, der
sich die ersten Preise im Gymnasium einholt, ist es vorbei.
Er skandalisiert die Einwohner von Charleville mit seiner
liederlichen Erscheinung, seinen Manieren, seine Flüchen, und
schreibt »Sch... auf Gott« auf die Kirchenbänke. Er ist reif für
etwas anderes.

1870-1871: in Paris wird er von Verlaine und Banville aufgenommen, denen er aus der Provinz seine Verse gesandt hatte; er
folgt Verlaine nach London, später nach Brüssel; in ganz Paris
erregt er Mißfallen, und zwar, mehr noch als durch seine Art zu
reden, durch seine provozierende Art zu schweigen. Es ist die
Zeit der Drogen, des Absinth, seiner ersten sexuellen Erfahrungen; die Beziehung Verlaine-Rimbaud gab Anlaß zu allzu vielen
Kommentaren, zu Verleumdungen und Verteidigungsreden, um
sie unerwähnt lassen zu können. Später versuchte Paterne
Berrichon auf Teufel komm raus Arthurs grenzenlose Reinheit zu
beweisen; Marcel Coulon hingegen tat das gerade Gegenteil: er
plädierte schuldig. Obgleich die sonderbaren Sitten Verlaines
sattsam bekannt waren, und Rimbaud eigentlich außer Verdacht
stehen dürfte, und sei es nur in Anbetracht seines Alters, so
beschuldigte dennoch die öffentliche Meinung letzteren, der
Verderber des Dichters von *Hombres* zu sein. War es Rimbaud,
der Verlaine »entfesselte?« Auf alle Fälle war sicherlich er
derjenige, welcher an dem wachsenden Zerwürfnis zwischen
dem jungverheirateten Verlaine und seiner Frau und der darauffolgenden Scheidung zu einem guten Teil verantwortlich war.
Auch war er es, der dieser Beziehung schnell überdrüssig wurde
und sich entschloß, eine Freundschaft zu beenden, die ihm
mehr vom Moralischen als vom Körperlichen widerwärtig geworden war. Dieser Bruch fand in Brüssel statt, wo Verlaine,
alleingelassen, Rimbaud mit seinem Revolver und seiner Eifer-
sucht verfolgte, schoß, seinen Freund leicht verwundete, zur
Polizei gebracht wurde, und in der Folge eine Haftstrafe von
zwei Jahren zu verbüßen hatte, die es ihm zwar erlaubte,

Sagesse zu schreiben, ohne darum auch nur einen Deut weiser zu werden.

Muß man daraus Rimbauds unmittelbares Eingreifen, seine willentliche Einmischung in die intimen Angelegenheiten Verlaines ablesen, oder muß man es schlicht und einfach als den Einfluß seines außerordentlichen Geistes betrachten, einen saturnischen Einfluß, einen »Widerschein« des Hasses, den Rimbaud in dieser Zeit der Familie und der Gesellschaft entgegenbrachte, seinen Geschmack an der *freien* Freiheit, seine vagabundierende Lebensart?

Im Alkohol, den Drogen, der Homosexualität, dem Glauben suchte Verlaine nur nach einer Befriedigung der Sinne, selbst seine Mystik ist sinnlicher Natur. Rimbaud hingegen suchte darin ein geistiges Gelüst zu befriedigen, ein dichterisches Streben, und, darüber hinaus, suchte er »den Ort und die Formel«: infolge des Ekels, den er dabei empfand zu sehen, daß Verlaine seine Ideen auslebte, versuchte er, diese unmögliche Freundschaft zu zerbrechen, dachte er am Ende, daß dieser ein »Schwein« sei, und schließlich, in Hinsicht auf dessen religiöse Vorstellungen, er sei ein »Loyola«.

Nach dem Vorfall mit Verlaine schrieb Rimbaud seine *Saison en enfer*, das einzige seiner Werke, daß er in eigener Bemühung drukken ließ, in dem er den Geist seiner vorherigen Gedichte und seine Theorie des Sehers scharf kritisierte und vor der Welt sein Schweigegelübde ablegte: »Keine Worte mehr!« Doch kaum war die kleine Broschüre gedruckt, fühlte er schon das Lächerliche, das Absurde, das darin lag, die Welt an einer Krise teilnehmen zu lassen, die, alles in allem, doch nur ihn allein anging. Er verbrannte die Autorenexemplare, die in seinem Besitz waren, und dachte, daß der Rest, der beim noch nicht bezahlten Herausgeber gelagert war, nie veröffentlicht werden würde.

Er machte ausgedehnte Reisen, durchquerte zu Fuß die Welt, unternahm eine Alpenbesteigung, suchte sein Heil in Wien, Italien, Stockholm, Holland, Zypern, versuchte sich in den unterschiedlichsten und seltsamsten Berufen, als Zirkusaufseher, Maurer, Bauunternehmer, Lehrer, verpflichtete sich für die holländische Kolonialarmee mit dem Bestimmungsort Java, desertierte kurz darauf, kehrte nach Frankreich zurück und ließ sich schließlich in Aden, danach in Harar (Afrika) nieder, als ehrgeiziger Händler und Forscher, der begierig in der Fremde Handel trieb. Von dort aus entsandte er Karawanen bis nach Abessinien, importierte Waffen aus Europa und unternahm zu Fuß Entdeckungsreisen, um neue Wege zu erschließen.

Am Tage arbeitet er bis zum Umfallen und verbringt seine Nächte mit dem Studium verschiedener afrikanischer Sprachen: was sollte er hier mit diesen schönen weißen Sprachen beginnen, die er allesamt im Schweiße seines Angesichts erlernt hatte? Falls man einigen Zeugenberichten Glauben schenkt, so hielten ihn die Eingeborenen für einen Heiligen und verehrten ihn; anderen zufolge hatte Rimbaud sich ein ganzes lebendes Wörterbuch gehalten, um die Dialekte des Landes zu lernen: einen ganzen Harem von Frauen soll er unterhalten haben. Doch im Prozeß Rimbaud ist es oberste Regel, den Zeugen zu mißtrauen, und man sollte von ihr kein Stück weit ablassen. Jedenfalls ist der Eindruck, den er in diesem Land der Hölle hinterließ mehr als ehrenhaft: nur wenige Europäer können gleiches von sich behaupten.

Schließlich kam der Reichtum. In diesem schauderhaften ermattenden und strapaziösen Klima, über das Rimbaud in einem Brief schrieb, es käme noch am ehesten der klassischen Vorstellung von der Hölle gleich, verstrich sein Leben in materiellen Nöten, Überdruß und Umtriebigkeit.»Nie werde ich arbeiten«, hatte er geschrieben – jetzt arbeitet er wie ein Rasender.

Nicht das Glück hofft er am Ende von all dem zu erlangen, sondern Gold, endlich Ruhe! Er schreibt nicht mehr. Rechnungen, Briefe, ein Forschungsbericht, den er der Geographischen Gesellschaft von Paris schickt – das ist alles. Er schreibt in einem trockenen, nüchternen, kargen Stil, ohne ein einziges Bild zu verwenden, ohne die geringsten Gedankenflüge; korrekt und angemessen; zu denken, daß dieser Stil aus dem Innern strömt und die Dichtermuse den Poeten völlig verlassen hat, heißt, nichts von Rimbaud zu verstehen; es ist nur ein weiterer Beweis, daß Rimbaud seine Meinung keinen Deut geändert hat, daß er die Dichtkunst mehr denn je verabscheut, daß er sein Versprechen hält: diese Prosa schwitzt für den, der sie zu lesen versteht, Willenskraft und Starrsinn aus.

Eines Tages verspürt er im rechten Knie einen stechenden Schmerz. Rimbaud ist kein Mann, der sich leicht unterkriegen läßt. Er hält den Schmerz aus, steigt aufs Pferd und unternimmt einen langen Ausflug in die Wüste. Doch das innere Schicksal, das ihn verfolgt, läßt ihn nicht los; er schlägt gegen einen Baum, erkrankt, muß notgedrungen sein Geschäft dicht machen und nach Marseille zurückkehren, um sich dort untersuchen zu lassen. Dort eingetroffen, sieht er sich gezwungen, das Bein abnehmen zu lassen; doch was soll's, so wird er sich eben ein künstliches Bein bestellen. Die Hoffnung, nach Harar zurückzukehren, verläßt ihn nicht. Man behauptet sogar, daß er sich mit dem Gedanken trägt, ein mittelloses Mädchen zu heiraten, möglichst eine Waisin, die er *dorthin* mitnehmen will.

In dieser Zeit pflegt ihn seine Schwester Isabelle und drängt ihn zur Bekehrung; das Krebsgeschwür weitet sich aus, steigt vom Stumpf in die Hüfte, erreicht den Bauch. Der Priester, den Isabelle rufen ließ, erscheint. Rimbaud legt ohne große Überzeugung die Beichte ab, falls man dem Augenzeugenbericht seiner eigenen Schwester Glauben schenken kann, der nebenbei bemerkt überaus im Verdacht steht, nichts als eine fromme Lüge zu sein. Doch ergibt er sich nur qualvoll in den Tod. »Ich werde unter die Erde kommen, und du, du wirst in der Sonne spazieren.«

Es hat den Anschein, als habe seine Schwester zu diesem Zeitpunkt nichts von seinem literarischen Schaffen gewußt; wir schreiben das Jahr 1891; die *Illuminations* sind seit 1886 in den Buchhandlungen erhältlich. Rimbaud wird ihr gegenüber nie darüber sprechen. Als er dort in Afrika erfuhr, daß er in Frankreich sehr geschätzt sei und als das Oberhaupt einer literarischen Schule gelte, bekam er einen heftigen Wutanfall. Konnte man ihn denn nicht endlich vergessen, ihn nicht endlich in Frieden lassen?

Am 10. November 1891 stirbt er im Hospital Mariae Empfängnis in Marseille.

Lassen wir bei der Beschäftigung mit dem Leben dieses Menschen, das gemeinhin als »abenteuerlich« bezeichnet wird, die »Abenteuer« einmal beiseite, wie auch immer sie ausgesehen haben mögen. Weder das dramatische Ende der Beziehung zu Verlaine, noch seine Reisen oder sein Tod verraten uns Wesentliches über Rimbaud. Von einem Abenteurer ist ihm lediglich die Sehnsucht eigen, die Verzweiflung, der Wille, sich nicht unterkriegen zu lassen, niemals aufzugeben, den Tod zu fliehen. Was bleibt, ist seine Innerlichkeit, von der wir kaum etwas kennen bis auf die Spuren einer Krise, die für den weiteren Verlauf seines Lebens entscheidend war. Über sie wurden nur alle erdenklichen Hypothesen aufgestellt, von der These vom »reüssierten« Possenreißer von François Coppé, selbst ein »reüssierter« Schwachkopf, bis hin zu der These von Remy de Gourmont, den dies eine Mal sein Scharfsinn im Stich ließ. Er schreibt: »Vermutlich hat dieser befremdlichste aller Dichter, der alles mißachtete, was nicht grobe Sinnenlust, wildes Abenteuer, ungestümes Leben bedeutete, bereitwillig auf das Dichten verzichtet.« Bereitwillig – ja und nein; im Tausch gegen grobe Sinnenlust ganz sicher nicht. Das Leben dieses Mannes dreht sich um andere Dinge als Sinnenlust, nie war das Glück, »dessen Zahn tödlich sanft ist«, der Anreiz auf der Suche nach »dem Ort und der Formel« für diesen Menschen, der in der Hölle lebte, ohne Liebe, ohne Trost, allein, immer allein, der zum einen darauf hoffte, »die Wahrheit in einer Seele und einem Körper zu finden«, zum andern auf ein Bankkonto – nein, vielmehr eine Handvoll Gold in der Börse.

War es ihm beschieden, die Wahrheit zu finden? Fand er schließlich, was er suchte? War sein Leben ein Mißverständnis? Hatte es eine klare Linie? War er ein Seher, wie viele heutzutage behaupten? Oder ein »Strolch«, ein »unausstehlicher Strolch«, ein »Wollüstling«, im Sinne Gourmonts? Ein »Mystiker im Stande des Wilden« wie Claudel behauptet?

Während seines kurzen Gastspiels auf dem Parkett der Dichtkunst des 20. Jahrhunderts (mit zwanzig gab er die »Hand mit der Feder« unwiderruflich auf) war Rimbaud doch etwas anderes als bloß ein Komet und mehr als nur ein »beachtenswerter Passant«. Sein Genius, der, als habe er es eilig, ihn zu verlassen, Alter, Epoche und Mangel an Erfahrung überfliegt – gereift unter ich weiß nicht welch jenseitiger Sonne – zerbirst und versprüht. Was in Rimbauds Werk erstaunt, sind nicht so sehr seine schriftstellerischen Talente, obgleich ein Flammenmeer, sondern vielmehr die Stärke des Geschriebenen, die Dichte des Erlebten, die unterirdischen Schätze. Der Dichter verdoppelt, vervielfacht sich, alles greift er mit dem »Sprung der wilden Bestie« an. Dies eine Mal gehe ich völlig einer Meinung mit seiner Schwester Isabelle, wenn sie aus der Mannigfaltigkeit der Gestalten seiner

Gedichte ein einzig Abbild Jean-Arthurs herauszulesen meint und schreibt: »er ist sowohl der ›Zweimaster‹ aus *Promontoire* wie der ›naive Tourist‹ aus *Soir historique*; er ist ›Helena‹, er ist ›Hortense‹ ... Er ist sowohl der ›Bürger‹ als auch die ›für modern gehaltene Hauptstadt‹ aus *Ville*. ›Henrika‹ und ›ich‹ sind zwei Elemente seiner Persönlichkeit; das gleiche gilt für ›ein Mann und eine Frau, herrlich anzusehen‹ aus *Royauté* und für ›das Schneefeld‹ und das ›Wesen von vollkommener Schönheit, von hohem Wuchs‹ aus *Being Beauteous*, ebenso für ›die Morgenröte‹ und ›das Kind‹ aus *Aube*, etc. Das junge Paar, das ist er allein. Die ›Welteroberer‹ und das ›sich auf der Brücke absondernde Paar‹ aus *Mouvement*, das ist er, er allein. Die ›handfesten Burschen‹ aus *Parade* sind ein einziger: ›er‹.«

Rimbauds Werk hatte seine – wenn auch eine Zeitlang ungewisse – Wirkung auf Verlaine, und durch diesen auf die gesamte symbolistische Schule nicht verfehlt. Und dennoch bleibt dieser Einfluß noch an der Oberfläche stecken. Erst mit der Dada-Bewegung und der surrealistischen Doktrin nimmt Rimbaud ernstlich Stellung an der Front. Man machte sich nun daran, sein Werk bis in die geheimsten Schlupfwinkel auszuleuchten, bis auf den letzten Tropfen auszupressen, in feinste Teilchen zu zerstoßen.

Doch die wahre Bedeutung Rimbauds rührt aus einer anderen Quelle als seinen »berühmten Texten«; wenn er in seine Texte sein ganzes Genie gelegt hatte, so hat er in seinem Leben seine Unendlichkeit in Bewegung gesetzt. Um »in seinem Sein fortdauern zu können«, mußte er sein Werk zerstören – und damit den Dichter in sich töten. Die Lösung einiger Fragen, sagt Emerson, kann nicht in der »umwegigen« Antwort eines Buches gefunden werden, welches Buches auch immer. Zu diesem Zweck ist ihm ein ganzes gelebtes Leben nicht zuviel.

Rimbaud der Strolch

I

»Un tas de choses que ça fait pitié.«

(Ein Haufen Dinge, daß es zum Erbarmen ist)

RIMBAUD

Wenn nicht von Zeit zu Zeit ein Rimbaud auftauchen würde, um Verwirrung in das Bild zu bringen, daß der menschliche Geist sich von sich selbst macht, dann könnte der Mensch endlich ruhig und sicher schlafen. Da taucht er auf – und schon findet eine plötzliche Umwälzung statt; die ehrwürdigsten Begriffe zerbrökkeln, die am sichersten geglaubten Werte stürzen in sich zusammen; es gilt, alles von neuem zu beginnen. Die Kunst beginnt, nach Feuersbrunst, Krieg und elektrischem Stuhl zu riechen; sie erscheint uns plötzlich ein schrecklich Ding, der Inbegriff des Schrecklichen. Da macht die Kunst nun die Person des Dichters mit dessen eigener Person haftbar, stellt seinen Kampfgeist auf die Probe, unterzieht sein Durchhaltevermögen einer schweren Prüfung; sie ist nicht mehr der gefahrlose Dienst einer zartfühlenden und unfruchtbaren Muse, sondern das Betreiben eines absurden und menschenfressenden Willens. Der Dichter ist kein Teppichknüpfer mehr, sondern ein Besessener; am allerwenigsten ein geschickter Jäger, sondern Opfer eines unheilbaren und bösartigen Übels. Und, wohlgemerkt, wenn es denn gegenwärtig als erwiesen gelten sollte, daß der Dichter nicht viel mehr ist als ein Besessener und kein olympischer Geist, was wäre denn dann die Dichtkunst? Und welch Verdienst wäre es fortan, ein Dichter zu sein? Der Dichter würde das Bild, das wir uns vom Menschen gemacht haben und das sich auf seinem Höhenflug befindet, doch nur herabwürdigen können, anstatt es aufzuwerten. Was man noch als die menschliche Freiheit hochschätzt, würde alsbald in Schall und Rauch vergehen. Und was bliebe an ihrer Statt? Der widerwärtige Auswurf dunkler, launenhafter Dinge, Schund und Schutt. Die Sinnlosigkeit würde schon bald augenfällig werden, und dann, wer weiß, vielleicht folgte ihr die Anarchie auf den Fuß? Den obersten Häuptern ist somit daran gelegen, solch irrwitzige Erscheinungen auszumerzen, reinen Tisch zu machen, oder, falls dies zufällig ein mühsames Unterfangen sein sollte, sich daran zu machen, deren Bedeutung zu verdrehen, ja sie zu verleumden, falls es Not tut.

Als Rimbaud uns von den Toten auferstand, kam er zunächst durch den Dienstboteneingang: es ging darum, die gewaltige Antriebsenergie dieses Stromes an Haß und Visionen zu *nutzen.* Einige dachten, daß es gar nicht so schwer sein dürfte, ein machtvolles Mittel für die Bekehrung zum Katholizismus aus ihm zu verfertigen; wieder andere sahen in ihm einen aufwieglerischen Mittler im Dienste der Revolution. Wichtig war nur, daß er nutzte. Der Gebrauch, den man aus ihm zog, variierte je nach den Diensten, die von ihm zu erhoffen man sich berechtigt fühlte – doch immer wurde er als Vertrauensmann, als Vestalische Jungfrau, als Kommissär im Dienste des Volkes, als Bankbeamter und was weiß ich noch alles benutzt. Niemand schien den Fehlgriff bemerken zu wollen: vertraut man etwa seine Kasse einem unlauteren Buchhalter an, der kaum Gefühl für Wert, Hierarchie und Autorität hat, der seiner Leidenschaft all seine Überfülle und die Gesichte seines Genius darbringt, allerdings gleichermaßen all seinen Haß, all seinen Frevel, all die Ungesetzmäßigkeiten eines schlechten, ja sogar unredlichen Beamten?, der schreibt: »zu verkaufen, was die Juden nicht verkauft haben, die Stimmen, die Körper, den unermeßlichen und unbestreitbaren Überfluß, das, was niemals verkauft werden wird«, und der zynischerweise für seine Person völlige Verantwortungslosigkeit einklagt: »Die Verkäufer sind noch nicht zu Ende mit ihrem Ausverkauf! Die Reisenden haben ihren Auftrag noch nicht so bald erledigt.«[1]

Gegenwärtig ist der beachtliche Reichtum, den Rimbaud im Zuge seiner skandalösen Geschäfte, seiner Fälschungen, seiner reingewaschenen Schecks, seiner mehr oder minder vorsätzlichen Plünderungen angesammelt hatte (den er, sobald er ihn errungen hatte, kurzerhand liegenließ, um Zeit zu gewinnen), dem öffentlichen Gemeinwohl in allen Ehren zurückerstattet.

So ist die Ordnung nun wiederhergestellt: mit dem Tod Rimbauds wird sein Werk dafür eingespannt, das vaterländische

[1] Oder ferner: »An wen mich verdingen? Welche Lüge muß ich vorbringen? – In welchem Blut waten?«

34

Erbteil um einen Schatz zu bereichern, dem Unbeugsamen wird eine Statue gesetzt, das außergewöhnlichste Leben, das man sich nur denken kann, wird am Ende nutzbar gemacht und schon findet es sich durch die beflissenen Bemühungen der Geschichte, dieser alten Hure, ordentlich aufbewahrt, klassifiziert, reingewaschen.

Alle Welt scheint dank Rimbaud *fündig* geworden zu sein. Doch, seltsames Paradox, er selbst ist offenbar der einzige, der nicht fündig wurde, der einzige, der starrköpfig daran festhielt, dieses anfängliche Krebsgeschwür, das ihn zerfraß, nicht austilgen zu wollen.

Auch Claudel neigt Rimbaud sein Ohr zu, um die winzigsten Bröckchen eines dunklen und frevlerischen Glaubens zu erhaschen; er behält den Glauben zurück und schreibt den Rest dem Konto eines schicksalhaften Wahnsinns zugute. Der Surrealismus füllt sich die Taschen mit den ungedeckten Scheckheften des Sehers und mißachtet das reiche und schwere Gold, da er es nicht tragen kann. Rimbaud wird mal von dieser, mal von jener Seite angeklagt, eine Sache verraten zu haben, doch man sieht sich großzügig bereit, ihm zu verzeihen, solange er nur tot bleibt und sich nicht weiter in die Streitfrage einzumischen sucht.

Doch was ist bei genauer Betrachtung denn dran an all diesen Vorwürfen, mit denen man ihn überschüttet? Wenn Rimbaud sich für diese oder jene Sache eingesetzt, aus freien Stücken auch nur das geringste »Dienstverhältnis« eingegangen wäre (sei's im Namen des Erhabenen, des Glaubens oder auch nur der lauteren Gesinnung) oder wenn er es jemals zugelassen hätte, daß man ihn im Austausch gegen die geringste Ehre, die kleinste Freude mit Hypotheken jedweder Art belastete, oder wenn er überdies durch den hemmungslosen Gebrauch irgendeines Gemeinplatzes stillschweigend oder ausdrücklich seiner Vereinnahmung als Schuldner eines Ideals, einer Tugend, eines sozialen oder menschlichen Gemeingutes zugestimmt hätte – dann wäre die Gesellschaft berechtigt gewesen, mit Hilfe ihrer amtlichen Vertreter – den Verfechtern von Doktrinen, obersten Lehrmeistern und Folterknechten – ihn an die Wand zu stellen, dem Verhör zu unterziehen, ihm das Geständnis seiner Vergehen zu entreißen.

Aber mit welchem Recht fordert sie Gehorsam, mit welchem Recht verlangt sie ein Schuldgeständnis von einem Menschen, der es vorzog zu fliehen, anstatt was auch immer, wem auch immer zu *schulden*. Kann denn die Wahrheit des Fahnenflüchtigen am Ende die Wahrheit des obersten Lehrmeisters, des Ministers, des Braven, des Rebellen sein? Kann die Gesellschaft ein Urteil sprechen in einem Fall, der ihre Kompetenz übersteigt, über einen Mann, der »seine Gesetze« nicht kennt? Wäre nicht endlich die Zeit gekommen, die Sachverhältnisse wieder ins rechte Lot zu bringen, Rimbaud seine Freiheit zurückzugeben, und sei es auch nur unter Bewährung (so lange man immer will), ihm endlich zu erlauben, als Kläger in Privatsache aufzutreten, gegen seine Richter Anklage zu erheben? Denn Rimbauds Werk richtet den Katholizismus, Rimbauds Leben richtet den Surrealismus; er kotzt das »logische System« das man ihn gewaltsam zu schlucken zwang, wieder aus: er erhebt Klage gegen X... wegen Mirakelmißbrauchs.

Um zu begreifen, warum man sich von allen Seiten seiner bemächtigt, warum ihn jeder bei lebendigem Leibe auf seine Seite ziehen will, muß man wohl einräumen, daß mit Rimbaud etwas Neues und wunderbar Wirksames in die Welt kam, daß dieser Geist sich auf bestürzende Weise im Herzen unserer Ängste ansiedelt, daß er möglicherweise der einzige ist, *etwas zu fordern, was ihm zu geben sich niemand in der Lage sieht.*

Kein Mensch ist bislang, soweit mir bekannt ist, dem verständlichen Bedürfnis nach Einheit und Faßlichkeit entronnen. Die große Anziehungskraft der Einfachheit! »Der Dichter würde das Maß des Unbekannten abgrenzen, wie es sich zu seiner Zeit in der allumfassenden Seele erweckt« – das ist wohl auch Rimbauds tiefster Wunsch. Doch hat Rimbaud, so sehr er auch Unbekanntes in Gang gesetzt hat, jemals, und sei's nur ein einziges Mal, und sei's nur rein zufällig, auch nur das geringste Maß an Unbekanntem »abgegrenzt«? »Ich war eilig, den Ort und die Formel zu finden«, schreibt er, doch was ist dieser »Ort«, was ist diese »Formel«? Anstatt vor dem Ort und der Formel stehen wir vor einem unsäglichen Elend. Nein, Rimbaud hat weder Ort noch Formel gefunden! Die Fetzen seines Unbekannten bluten noch, desgleichen sein Wetterleuchten, seine Gesichte... Das war es also nur gewesen!

Und Rimbaud zieht in die Welt. Er läßt alles hinter sich, verläßt auch sich selbst.

Sein Scharfsinn, sein schrecklicher Scharfsinn hat ihm keinen Zugriff auf die Welt und noch weniger auf sich selbst ermöglicht. Sei's drum! Er wird aufhören, Dichter zu sein, aufhören, Seher zu sein, doch deshalb kann er noch lange nicht zum ehrbaren Bürger werden und noch weniger zum »Graubart« einer Familie. Nichts, keine Erinnerung, keine Eitelkeit, keine Neigung bindet ihn an seine Vergangenheit. Wer würde eine solche Geisteshaltung nicht als »monströs«, als »unmenschlich« bezeichnen? Demnach muß Rimbaud wohl noch etwas anderes gewesen sein als das, was man gemeinhin einen Dichter, einen Genius nennt; seine Gefühllosigkeit in allen rein menschlichen Dingen muß wohl die Frucht einer übergroßen, ungeheuerlichen Empfindsamkeit sein, die sich auf etwas anderes richtete, auf etwas, nach dem er auf der Suche war, das er zwar nicht fand, doch das darum nicht abließ, ihn zu quälen, das ihn dahin brachte, sich nacheinander in die Dichtkunst und darauf in ihre Verleugnung zu stürzen, in die Auflehnung und später in die Billigung der Arbeit, in den Haß und die Verachtung für alles, von nun an immun gegen jede Versuchung, die Welt in ihrer Undurchdringlichkeit durchschauen zu wollen, gefeit gegen jede Versuchung, diese Welt in Stücke schlagen zu wollen.

II

»Weder Nachsicht, noch Mitleid«

SOPHOKLES

Es ist äußerst bemerkenswert, daß der normale Mensch, der noch nie von Katastrophen heimgesucht wurde, häufig beim leisesten Kratzer in Angst und Schrecken gerät, beim Anblick eines einzigen Blutstropfens in Ohnmacht fällt und auf Holz klopft, sobald ein unvorsichtiger Mensch sich anschickt, ihm unvermutet etwas von möglichen Leiden und Unglücksschlägen zu erzählen. Unterdessen gibt es Menschen auf der Erde, denen bislang noch nicht das geringste Unglück widerfahren ist und die, ohne darum ein krankhaftes Wesen zu haben, sich vor dem Übel, der Folterqual, der Wunde nicht fürchten, sondern vielmehr in einem geistigen Klima leben, in dem das Leiden nicht nur als mögliches und unvermeidbares Übel, sondern als zum Leben gehörig und wünschenswert erscheint.

Dieses Leiden, sie hassen und sie lieben es. Aber, fragen Sie sich, wozu soll das Leiden gut sein und welchem Zweck soll es dienen? Ist es denn gut, *für* etwas zu leiden? Aus Hingabe, aus Liebe unerträgliche Schmerzen hinzunehmen im Tausch gegen eine Schwärmerei, einen Glauben? Nein, nicht darum geht es, sondern vielmehr um ein Leiden um nichts und wieder nichts, allein um des Leidens willen, um einen Durst zu stillen, um bessere Kenntnis vom eigenen Wesen zu erlangen, um zu fühlen, daß man lebt, und wer weiß was noch? Hören Sie Rimbaud: »Ich brachte es fertig, in meiner Seele jede menschliche Hoffnung schwinden zu lassen. Auf jede Freude, um sie zu erdrosseln, habe ich den dumpfen Sprung des Raubtieres gemacht... Ich habe die Henker gerufen, nur, weil ich im Tode in die Kolben ihrer Gewehre beißen wollte. Ich habe die Geißeln herbeigerufen, um mich zu ersticken mit dem Sand, dem Blut. Das Unglück ist mein Gott gewesen. Ich habe mich ausgestreckt in den Schlamm. Ich habe mich getrocknet in der Luft des Verbrechens. Und ich habe dem Wahnsinn schöne Streiche gespielt.«

Während Sie dies lesen, werden Sie vielleicht unwillkürlich denken müssen, daß Rimbaud, um am Ende sogar jede menschliche Hoffnung in sich schwinden zu lassen, nur ein unglücklicher, ja der unglücklichste aller Menschen gewesen sein kann. Unglücklicher! Was ist ihm nur widerfahren? Ist er so mißgestalt, so elend auf die Welt gekommen? Welch schrecklicher Unglücksfall hat seine Kindertage verdüstert? Ist er von der höchsten bis zur tiefsten Stufe der menschlichen Stufenleiter hinabgestürzt? Verlor er einen leidenschaftlich geliebten Menschen? Schien das Leben ihm verwehren zu müssen, was es anderen gemeinhin bereitstellte? Wurde er etwa von den Menschen oder seinen Mitbrüdern und seinesgleichen schlecht empfangen? Wurde sein Genie verkannt? Was wurde ihm verwehrt, um am Ende so sehr das Unglück herbeisehnen, ja es lieben zu können? – Nichts.

Rimbaud wurde in seinem Leben vom Schicksal in jeder Hinsicht auf die gleiche Weise mitgespielt, wie gewöhnlich im Leben anderer Menschen auch. Man hat sich lange dabei aufgehalten, diese allzu ungewöhnliche Geistesrevolte durch die Bosheiten einer autoritären, hassenswerten und geizigen Mutter zu erklären. Diese Mutter ist weit davon entfernt, ein Meisterwerk an Vollkommenheit und Anmut darzustellen. Sie begreift von ihrem Sohn rein gar nichts, sicherlich, doch welche Mutter könnte es wagen, ihr dies zum Vorwurf zu machen? Und wo ist die Frau, die aus freien Stücken bereit wäre, die Mutter eines Rimbaud zu sein?

In so jungen Jahren wird Rimbaud von seinen Meistern bereits als ein Meister aufgenommen, von Verlaine, der für seine Bedürfnisse Sorge trägt, und von Banville, der für seine Unterkunft sorgt. Die Literaten verlangen nichts weiter, als ihn mit offenen Armen zu empfangen, die Frauen, ihn zu lieben, das Leben, einen Siegreichen aus ihm zu machen.

Doch ach! Rimbaud setzt alles daran, die Schriftsteller zu hassen, er haßt die Frauen, haßt das Leben. Und es verhält sich keineswegs so, wie man niederträchtigerweise weismachen wollte, daß Rimbaud unerträglich gewesen sei, sich wider Willen unbeliebt gemacht, kein Benehmen gehabt habe, usw. usw. Nein, Rimbaud *legt es darauf an*, zu mißfallen, er ist *aus freien Stücken* unverschämt, er *macht sich* untragbar, weil alles ihm unerträglich ist und ihm vor allem graut. Das war es also gewesen! Er nimmt es den Menschen übel, daß sie nichts als Schweine sind, und dem ganzen Universum, daß es die Schweine begünstigt. Unter Schweinen will er selbst Schwein sein, so wie Lautréamont, als er beschloß, daß man unter Bösen Vampir zu sein habe. Eine lange Zeit hatte Rimbaud geglaubt, es sei Charleville, seine Bewohner, seine Provinz, was er so hasse, er hatte gehofft, daß es ihm in Paris in dieser Hinsicht besser gehen würde. Doch leider! Paris war kaum besser als Charleville, London, wo er mit Verlaine zusammenleben sollte, ebensowenig wie Schweden, die Schweiz, Italien, oder später die Insel Java und Afrika. Sowohl hier wie dort war die Verzweiflung seine einzige Begleiterin, der Ekel sein einziger Partner. Sein Gott war selbstredend das Unglück: nicht jedoch das menschliche Leid, das er erst später kennenlernen sollte, kurz bevor der Vorhang seines Lebens fiel.

Er war *zum Unglück auserkoren*, verstehen Sie? Zu einem grundlosen Unglück, ohne daß ihm das Schicksal konkrete Tiefschläge versetzt hätte, gegen die man die ganze Wucht seiner Empörung hätte richten können, zum vernunftwidrigen, schicksalhaften Unglück. Es gibt nichts, worüber er sich wie die übrigen Sterblichen beklagen könnte, niemand, dem er etwas übelnehmen könnte; was nun? Wenn ein unheilbar Kranker sich beklagt, so gestehen Sie ihm vielleicht nicht zu, ein Urteil über die Welt zu fällen, daß diese für sein Übel maßgeblich verantwortlich ist; aber Sie verstehen doch, daß er sich, wenn auch maßvoll, beklagt und sich am Beispiel seinesgleichen tröstet. In den Worten Neptolemos', im *Philoktet* von Sophokles, liegt alle menschliche Weisheit:»Was Götter schicken, muß der Mensch ertragen, doch wer *freiwillig* sich ins Unglück bringt wie du, der Mann *verdient es nicht, daß man ihm Nachsicht schenket oder Mitleid gar.*«

Weder Nachsicht, noch Mitleid! Die alten Götter, ebenso wie die Götter der Moderne, selbst diejenigen, welche aus der reinen Vernunft hervorgegangen sind, gesichtslose Götter, dürften nicht unangefochten die Herausforderung eines Mannes gelten lassen können, der sich das Recht nimmt,»sich freiwillig ins Unglück zu bringen!« Über die Lippen des Opfers, das vom Schicksal ereilt wurde, spricht die Vernunft mit gutem Recht die Klage über eine Ungerechtigkeit; weder die Götter noch die Menschen können etwas dafür. Doch wer ist es dann, der mit Rimbauds Stimme Klage führt?

III

*»Par quel crime, après quelle erreur
ai-je mérité ma faiblesse actuelle?«*
(Durch welche Schandtat, welches Irren,
habe ich meine gegenwärtige Schwäche verdient?)

RIMBAUD

Von seinen ersten Schritten im Leben an mußte Rimbaud mit
vollauf gerechtfertigtem Erstaunen feststellen, daß es auf der Welt
ein ganzes Arsenal von vorgefertigten Ideen, Vorurteilen und
Mißverständnissen gibt, die seiner eigenen Erfahrung von der
Wirklichkeit *voraufgegangen* zu sein schienen. Er verspürte
einen tiefverwurzelten Widerstand, eine Kränkung und einen
Abscheu, die kaum allein auf die bloße Fühlungnahme mit der
Welt, auf irgendeine Folge von Ursachen zurückgeführt werden
konnte. Es waren gewissermaßen angeborene Reflexe, die ihm –
allen Voraussagen der Philosophen zum Trotz – nicht etwa den
Weg zum Guten, zur Gerechtigkeit, zu Gott wiesen, sondern die
in ihm einzig und allein aufkamen, um ihm auf geheimnisvolle
Weise die eitrigen Wunden, die Rheumatismen, die Stellen des
Verfalls, die organischen Gebrechen dieses vorgeblich Guten,
Gerechten, dieses Gottes, usw. aufzuzeigen.

Daß sich Menschen, nachdem sie – sei's als Opfer, sei's als
Märtyrer – gelebt und gelitten haben, plötzlich vor die schreckliche Notwendigkeit gestellt sehen, sich mit letzter Kraft gegen
das aufzulehnen, was sie im Leben am meisten geliebt haben, daß
Philoktet in der Tragödie von Sophokles, verwundet, stinkend,
feigerweise von den Griechen auf einer schrecklichen Insel aus-
gesetzt, dahin gelangt, das Leben zu verfluchen und die Griechen
zu hassen, daran ist nichts Außergewöhnliches zu finden: ist
seine Klage nicht seinem Unglück angemessen? Daß er der Welt
seine Auflehnung gegen die maßlose Ungerechtigkeit, die ihn
getroffen hat, ins Angesicht schreit, können wir am Ende wohl
verstehen. Im Krieg haben wir viele gesehen, die man gefangen-
nehmen oder erschießen »mußte«. Verstehen heißt noch nicht

handeln. Man kann Philoktet »verstehen« und ihn gleichwohl erschießen lassen. Und da wir uns, wie dem auch sei, den zukünftigen Philokteten gegenüber verhalten, wie es sich geziemt, gestehn wir ihnen das Recht zu, sich zu beklagen, – und sei es lediglich ausnahmsweise. Daß aber Rimbaud, ein junger Mann von kaum siebzehn Jahren, der vom Leben noch nicht gezeichnet wurde, sich daran macht, wie ein griechischer Held zu sprechen, wie ein Ödipus, dem alle Übel der Welt widerfahren sind, wie ein Hiob, an dem Gott seine ganze Grausamkeit und Stärke verausgabt hat, das wirft jäh alles bislang Bekannte über den Haufen. Doch ebenso bringt es die Funktionsweise der antiken Tragödie selbst wiederum aufs Tapet.

Ist die Tragödie nichts weiter als eine sorgfältig getarnte Lüge gewesen? Sollte etwa Sophokles (ebenso wie der Autor von Hiob) diese Fiktionen, diese imaginären Verschwörungen gänzlich erfunden, sollte er soviel Übel über den Häuptern seiner Helden aufgetürmt haben, allein um das wahrscheinlich zu machen, was er auf andere Weise der Welt nicht ins Angesicht zu schreien gewagt hätte, nämlich zu schreiben, daß er, Sophokles (er, Hiob), sich von der Ungerechtigkeit Gottes zu Boden gedrückt sieht, daß nur in seinen Augen das den Menschen zugedachte Schicksal unannehmbar sei, und daß er, er allein es sei, der es wage, sich gegen das Gebot des Herrn aufzulehnen, die Götter herauszufordern, einen Schiedsrichter zu verlangen, um seinen Meinungsstreit mit ihm auszutragen? Sollte Sophokles genau wie Rimbaud ein Rebell *vor jeglicher Erfahrung* gewesen sein, ein Rebell seit dem siebzehnten Lebensjahr, der jedoch in eine historische Epoche und ein Milieu gestellt war, in dem frei zu reden schreckliche Konsequenzen für den Autor nach sich gezogen hätte? Sollte er sich der dramatischen Fiktion als einer List bedient haben, um geschickt der Gefahr zu entgehen und glauben zu machen, es handle sich hier nur um Ausnahmefälle, um Männer, die in ganz besonderem Maße vom Schicksal niedergedrückt wurden und denen infolgedessen die Besonderheit ihres Schicksals als Entschuldigung diente für die Dreistigkeit ihrer Reaktionen, für das unerträgliche Geschwätz ihrer Fragen?

Welche sind die Regeln der Tragödie? fragte sich Aristoteles. Der junge Nietzsche tat einen großen Schritt weiter und fragte sich, worin denn wohl ihr Zweck liege. Doch was ist denn nun die Tragödie? Und was ist eine tragische Liebe? Die Ästhetik hat ebenso wie die Metaphysik größtes Interesse daran, daß diese Fragen niemals gestellt werden. Wenn die Kunst zum Gefallen, zur Lehre und zum Trost geschaffen wurde – wozu kann uns dann die Tragödie dienen? Denn was schrecklich ist, kann nicht gefallen, was absurd ist, kann nicht lehren, und was ohne Hoffnung ist, kann nicht trösten. Die Tragödie als »Abbild« unseres Lebens? Sind denn Ausnahmemenschen, die zu ihrem alleinigen Nutzen eine Ausnahmebehandlung erwarten, wahrhaft dazu berufen, über unser Leben zu richten? Welcher gemeinsame Nenner läßt sich zwischen unserem Leben und dem ihren finden? Wir sind nicht Ödipus, nicht Philoktet, wozu also diese geistigen Ausschweifungen, an denen teilzunehmen wir eingeladen sind? Wozu diese Wiederauferstehung Toter, mit denen wir nichts als eben den Tod gemein haben? Ist es nicht gerade dieser Tod, in den wir uns wohl oder übel schicken, den sie den Göttern zu entreißen versuchen?

Die Tragödie könnte nur dann einen Sinn für sich beanspruchen, wenn sie ihre Helden allem Pomp entkleiden, sie des symbolischen Vorwands entledigen würde, mit dem sie diese ausstaffiert. Bewahren wir ihr preziöses Geschwätz auf... – Nur die Worte, ohne die Handlungen, die diese motivieren? Nur die Klagen, ohne die Übel, aufgrund derer diese erst ausgestoßen werden? Die Entgegnung, ohne den Angriff, der diese provozierte? Wenn das Leben des tragischen Helden mit dem unseren identisch sein sollte, können wir ihm dann gleichwohl gestatten, sich zu beklagen, mit Flüchen auf der Zunge und derben Worten? – Man müßte davon ausgehen, daß das Leben selbst für den tragischen Helden ein Übel – und zwar ein unheilbares Übel – ist, und um ein Hundertfaches größer als das eingebildete Übel, das er gänzlich frei erfindet. Schlimmeres als uns ist ihm nicht widerfahren, und dennoch besteht er darauf, sich für gekränkt zu halten und klagt über Ungerechtigkeit; *ist sein unheilbares Übel nicht dasjenige, zu leben* – und zwar unter den *Bedingungen der conditio humana* – nichts weiter?

Wozu dann all diese kindischen Lügen, all die Geschichten, die er erfindet, je nachdem, wie stark er sich von der Revolte gegen das Leben-müssen ergriffen sieht? Wir rühren hier sehr nah an den wunden Punkt des tragischen Helden – des Tragödienautors will ich sagen -: seine angeborene Feigheit. Von unersättlicheren Bedürfnissen als seine Mitmenschen getrieben, von Ansprüchen gequält, die er selbst als absurd erkennt, von Leiden, die jeder Grundlage entbehren, sieht er sich bis zu dem Punkt getrieben, über sich selbst ein unerbittliches Urteil zu fällen, im Namen einer Moral, die ihm fremd ist – der Moral des Stammes.

Da er sich selbst für ein Monstrum hält, von wem sollte er Nachsicht, Mitleid, Verständnis und alles in allem: mildernde Umstände erwarten? Er fürchtet, von den anderen als manisch eingestuft, als Verrückter eingesperrt, oder einfach unter die vom Verfolgungswahn Besessenen eingeordnet zu werden, die der Staat nur wenig schätzt. (Beachten Sie auch, daß er, da er an der Doppelnatur des Künstlers und Dichters teilhat, ein törichtes Bedürfnis nach Anerkennung und Liebe in sich trägt, und daß »Nachsicht« und »Mitleid« allein ihm nicht viel dienen können). Alles in allem bleibt ihm nur eine einzige Ausflucht: die Lüge. Es gibt nur wenige Beispiele von Tragödienautoren, die nicht gelogen hätten: der Tragödienautor ist der Lügner schlechthin. Er erschafft absurde Situationen, um auf seiten des Helden eine Haltung zu rechtfertigen, die er selbst nicht anders als absurd finden dürfte. Indem er dies tut, verhüllt er vor unseren Augen den eigentlichen Kern der Tragödie, ihre verborgene Wahrheit, ihre wahre Botschaft. Das, was den tragischen Helden ausmacht – und was uns verhüllt wird -, ist die zutreffende und unbestreitbare Tatsache, daß *nichts* seine monströse Haltung rechtfertigt, daß sie schlicht und einfach *nicht zu rechtfertigen ist*. Er ist ein Defätist um des Defätismus willen. Die Söldner des Geistes, die alle Tage von der »Größe« der Tragödie reden, haben nichts von dem begriffen, was das Tragische ausmacht. Nach unseren, den menschlichen Normen, ist der tragische Held ein Mißratener, ein Feigling.

Ebenso verhält es sich mit Rimbaud ... Von seinen ersten Schritten im Leben an sieht er sich von der Welt schockiert: also schockiert er die Welt. Er ist schlecht erzogen, er ist grausam, er ist bösartig. Er ist besessen von einer Art Haß, aus dem niemand besser als er Nutzen zu ziehen weiß, und gibt sich ihm aus vollem Herzen hin. Kann man sich für all dies jener Erklärung bedienen, die Rimbaud selbst dafür gab:

Mit siebzehn Jahren ist man kein ernsthafter Mensch?

Da es doch, nach allgemeiner Übereinkunft, wohl keinen Menschen gibt, der mit siebzehn Jahren ernsthafter gewesen wäre als Rimbaud? Zu jung? Hören Sie doch auf! Denken Sie an die Zeit, als er die Theorie des Sehers schrieb! Er kennt die Menschen bereits zur Genüge: »Wir ekeln uns gegenseitig an«, schreibt er. Selbst die höchsten Berühmtheiten der Dichtkunst und Malerei der Moderne findet er nur lächerlich. Auf einen Blick kennt er unter den Menschen die Sitzenden heraus. Der Gerechte (Jesus oder Sokrates) ist für ihn nichts als ein Graubart der Familie; der Dichter: eine Hand mit der Feder, der Liebe hat er hundertfach Schläge ins Gesicht versetzt: »Welch Langeweile, die Stunde des ›teuren Leibes‹ und des ›teuren Herzens‹!« Auch weiß man, was er über das einzige dachte, was er mit sinnlicher Gier ersehnte, von Gott, vom Geist: er wollte keinen Gott, keinen Geist anerkennen, der eine *Autorität* verkörpere.

Einen – aber ach so kurzen – Augenblick lang konnte er glauben, daß die Laster, die er anprangert, ausschließlich Übel der bürgerlichen Gesellschaft, und nicht ganz einfach allgemein-menschliche Übel seien. Einen – aber ach so schönen – Augenblick lang glaubte er Partei nehmen und seine Kräfte mit denen der anderen vereinigen zu können, endlich nicht mehr allein zu sein, für die politische Freiheit, die soziale Revolte kämpfen zu können. Wenigstens eine lange Minute glaubte er voll und ganz ein Sozialist zu sein. Doch »diejenigen, die leiden und sich aufgelehnt haben«, das sollte er schon sehr bald erkennen, litten nicht unter derselben Sache wie er; ihre Revolte war nicht die seine. Die Revolte? Aber gegen wen? Gegen was? Und was hat er gemein mit der Revolte der Bauern? »Nein, nein, gegenwärtig lehne ich mich gegen den Tod auf.«

Sich gegen den Tod auflehnen? Mit Hilfe welcher marxistischen Devise könnte man uns das verständlich machen? Sich gegen den Tod aufzulehnen, ist das nicht ein rein bürgerliches Laster? Ist das nicht vielmehr für den Bürger, ebenso wie für den Marxisten, die Tat eines Verrückten, eines unerträglichen »Strolches«, dieses Veto, das völlig unterschiedslos allen menschlichen Dingen gegenüber ausgesprochen wird, ist das nicht die Tat eines Unzurechnungsfähigen? Nachdem Dostojewski in seinen *Aufzeichnungen aus dem Untergrund* bekräftigt, daß es dem Menschen, wenn er schon nicht gegen die Mauer, die Evidenz, die

Notwendigkeit kämpfen könne, doch wenigstens erlaubt sein dürfte, als letztes Argument diesen die Zunge herauszustrecken, macht er eine Kehrtwende und bekennt: »Ich habe das keineswegs gesagt, weil ich es etwa so liebe, meine Zunge herauszustrecken. Ich... Vielleicht hat es mich nur geärgert, daß es unter allen ihren Gebäuden bis jetzt noch kein einziges gibt, dem man nicht die Zunge zeigen möchte.« Und nachdem Rimbaud den Gerechten, den Heiligen, den Schriftsteller, den lieben Gott an den Pranger gestellt hatte, nachdem er den Leuten lauthals und auf die einzige Weise, die sie verdienten, begegnet war, sagt er uns da nicht, was er ihnen eigentlich vorwirft? Nun, eben genau dies: daß es niemanden gibt, dem man die Zunge herausstrecken könnte: »Ja, meine Augen sind eurem Lichte verschlossen. Ich bin ein Tier, ein Neger. Ich habe kein Verständnis für die Gesetze; ich weiß nichts von Moral, *ich bin ein Vieh*, ihr täuscht euch!«

Sollten wir uns wirklich täuschen? Sollte Rimbaud näher an der Wahrheit sein als wir? Hören wir Pascal: »Die wahre Redekunst pfeift auf die Redekunst, die wahre Moral pfeift auf die Moral, auf die Philosophie zu pfeifen, das heißt wahrhaft philosophieren.« Hierin erkennen wir schon die Sackgasse, die schreckliche Falle. Sosehr Rimbaud auch auf die Philosophie pfeifen sollte, er würde doch Philosoph bleiben, sosehr er auch auf das Gute pfeifen sollte, er würde dennoch ein Gerechter bleiben! Was auch immer er unternehmen sollte, um diese verfluchte Philosophie auseinanderzunehmen, er könnte ihr nicht entkommen, noch sich dem Gesetz entziehen oder die Gerechtigkeit überspringen! Ah! Verehrter Herr Rebell, haben Sie etwa geglaubt, daß sie so leicht davonkommen könnten! Nun denn, so sollten Sie wissen: Sie gehören der Norm an, selbst wenn Sie sie verlassen, Sie stehen immer noch auf fester Erde, selbst wenn Sie sich ins Wasser gestürzt haben: schwimmen heißt immer noch gehen.

»Je vais dévoiler tous les mystères: mystères
religieux ou naturels, mort, naissance, avenir,
cosmogonie, néant. Je suis maître en
phantasmagories. Ecoutez!«
(Ich werde alle Geheimnisse entschleiern:
Geheimnisse der Religion oder der Natur,
Tod, Geburt, Zukunft, Vergangenheit, die
Entstehung der Welt, das Nichts. Ich bin
Meister in Zauberkünsten. Hört zu!)

RIMBAUD

Wie jeder gute Romantiker hat Rimbaud lange Zeit an die
providentielle Sendung des Dichters geglaubt. Auch er dachte,
der Dichter sei ein Prophet, ein Seher, ein Führer des Volkes, und,
wer weiß, vielleicht der Märtyrer im Dienste einer erhabenen,
verzweifelten Sache; zu jener Zeit hielt er sich für einen Rebellen,
für einen Beauftragten im Dienste »derer, die leiden«. Doch
»dieses Versprechen, dieser Wahnsinn« konnte ihm nicht auf
lange Sicht die Kenntnis über seine völlige Unfähigkeit verber-
gen, jemals bewußt ein Falschmünzer, ein geschickter Verwand-
lungskünstler, ein Redner vor den Massen, ein Quacksalber sein
zu können. Im romantischen Dichter schlummert ein Ardenner
Bauer, mit einem kräftigen Appetit, einem niederträchtigen Geiz
und einem tiefen Sinn für die käufliche Wirklichkeit. Nachdem er
die Krise des »Sehers« überwunden hat, wird Rimbaud sich nicht
mehr lange selbst hinters Licht führen können; er ist reif, alles
bisherige zu überprüfen, nachzurechnen, abzuwägen. Zum
ersten Mal in der Weltgeschichte scheint ein Dichter sich seiner
eigenen Verantwortlichkeit bewußt geworden zu sein, zum ersten
Mal ist ein Dichter zu dem Schluß gekommen, nicht mehr
täuschen zu wollen, nicht mehr der leichtfertige, schrullige Phan-
tast zu sein, als den man ihn bislang kannte, nicht mehr in Worten
zahlen zu wollen.
Doch noch sind wir nicht bei der *Saison en enfer* angelangt.

»Ich! Ich, der ich mich Magier oder Engel genannt, mich von jeder Moral losgesagt habe ...«, bis dahin wandelt Rimbaud noch auf den breiten, ausgetretenen Pfaden der Dichter, seiner Vorläufer; wenn er nun auf diesem einen Schritt zu weit geht, wenn er die Extreme liebt, wen trifft die Schuld daran? Er ist der festen Überzeugung, ein Magier oder Engel, seiner Pflicht entledigt, in der Tat von jedweder Moral befreit zu sein. Seine Theorie des Sehers, die Gedichte aus dieser Periode und das Leben, das er damals führte, legen uns gleichermaßen von dieser festen Überzeugung Rechenschaft ab. Er bringt das Unsagbare zu Papier, hält den Taumel fest, wähnt sich über alles erhaben, beschimpft die Leute, verachtet die Schriftsteller, berauscht sich, lebt von Almosen, geht zweifelhaften sexuellen Neigungen nach, und dies alles in voller Absicht, aus freiem Entschluß. Ihm ist doch alles erlaubt, oder etwa nicht? Er ist seiner Pflicht »entledigt«. Er ist ein Dichter, ein Seher, ein Gesetzesbrecher, ein Verdammter und oberster Wissender – zweifellos.

Wir schreiben den Monat Mai 1871, die Epoche der Theorie des Sehers. Obgleich Rimbaud noch sehr jung ist, hat er doch bereits fast all seine Geisteshaltungen gegenüber dem Leben, fast alle seine Handlungsmöglichkeiten erkundet. »Sie sind also wieder Lehrer«, schreibt er an Izambard, »man ist der Gesellschaft verpflichtet, haben Sie mir gesagt ... Sie bewegen sich in der ausgetretenen Bahn des rechten Weges. Diesen Grundsatz befolge ich auch: ich lasse mich zynischerweise unterhalten, alte Dummköpfe von der Schule grabe ich aus: alles, was ich nur Blödes, Dreckiges, Schlechtes in Taten und Worten habe erfinden können, liefere ich ihnen: man zahlt mich in Bier und Schnaps. Ich bin der Gesellschaft verpflichtet, das stimmt, – und mit gutem Recht.« Reiner Zynismus? Ohne Zweifel! Und doch macht er eine Kehrtwende, er grollt seinem ehemaligen Lehrer: »Sie werden aber nie weiterkommen als jemand, der befriedigt ist, ohne etwas getan zu haben, da er nichts hat tun wollen ...«

Folglich glaubt Rimbaud im Jahre 1871, daß es noch etwas zu tun gebe, daß jedoch das, was ihm zu tun auferlegt ist, sich völlig naturgemäß außerhalb der ausgetretenen Bahn des rechten Weges befinden müsse; es ist ihm um außergewöhnliche Handlungen zu tun, Handlungen eines Sehers und Monstrums. Er läßt seinen ehemaligen Lehrer an den Erfahrungen des Sehers teilnehmen, doch er möchte ihm von Anbeginn deutlich zu verstehen geben, welchen moralischen Wert er dem Seher zuzumessen gedenkt. Lauthals verkündet er die subversive Tragweite seines Werkes, aus Furcht, könnte man meinen, dieses könne möglicherweise für ein Freudenfeuer, für ein Blendwerk des Geistes gehalten werden. Welcher Romantiker hätte es je gewagt, die reinste, die zweckfreieste Tat seines Geistes auf diese Weise zu präsentieren: »Zur Zeit *wühle ich mich soviel nur möglich in ein Luderleben hinein* ... Ich will Dichter werden, und ich arbeite daran, mich sehend zu machen ... Es geht darum, durch die Entfesselung aller Sinne beim Unbekannten anzukommen. Die Leiden sind *ungeheuerlich*, aber man muß stark sein, als Dichter geboren sein, und ich habe mich als Dichter erkannt. Es ist falsch zu sagen: Ich denke. Man müßte sagen: Es denkt mich ... Ich ist ein Anderes. Umso schlimmer für das Holz, das sich als Geige vorfindet.«

Nichts gestattet uns fürs erste, die Meinung des Dichters über sich selbst zu teilen. So ungewöhnlich auch immer das Experiment des Sehers sein mag, so finden wir doch darin sofort all jene Merkmale, die schon zu allen Zeiten die ausgesprochen idealistischen Schöpfungen charakterisiert haben: die unerhörten Leiden, die ersehnten und freudig begrüßten Folterqualen, die erschöpfende Arbeit, die angespannte Willenskraft, den Wahnsinn, die Liebe. Hier ist nichts auszumachen, was auch nur im geringsten subversiv, bösartig, absurd und noch weit weniger »lumpig« wäre. Dieser Terminus ist ganz offensichtlich übertrieben, das springt ins Auge. Es sei denn ... Es sei denn die Erklärung sollte erst später erfolgen, vorerst durch die *Saison en enfer* und in der Folge durch seine Absage an die Dichtung. Bereits in dem Augenblick, als er sich mit Leib und Seele der Dichtkunst verschreibt, erscheint diese dem Dichter eine widernatürliche Angelegenheit, eine für den Menschen gefährliche, wenn auch providentielle Tat. Aus dem Seherbrief, diesem Ausblicksort auf das Unbekannte, ist ein ganzes Arsenal von Klauseln, eine vollständige lyrische Schreibart hervorgegangen, die eigenmächtig an die Stelle der »dichterischen Altertümelei« gesetzt werden sollte, und deren erste Regel folgendermaßen lautet: »Es handelt sich darum, die Seele ungeheuerlich zu machen, nach Art der Kinderhändler, was! Stellen Sie sich einen Mann vor, der sich Warzen ins Gesicht pflanzt.« Und die zweite Regel lautet: »Der Dichter macht sich

49

sehend durch eine lange, gewaltige und überlegte Entfesselung aller Sinne.« Diesen beiden Regeln hatte man in unserer Zeit ausgiebig und emsig Folge zu leisten versucht, und zwar in so starkem Maße, daß es, nach den erbrachten Ergebnissen zu urteilen, den Anschein hat, man könne in Rimbauds Werk nur dieses eine und nichts als das finden. Der Seherbrief geht jedoch noch weiter:»Alle Formen von Liebe, Leiden, Wahnsinn; er sucht sich selbst, um nur den innersten Kern davon zu bewahren. Unsägliche Qual, wo er des vollen Vertrauens, der gesammelten übermenschlichen Kraft bedarf, wo er unter allen der große Kranke, der große Gesetzesbrecher, der große Verdammte wird, – und der höchste Wissende! – Denn er kommt an beim Unbekannten! ... Und wenn er, überwältigt, daran endete, daß er das Verständnis seiner Gesichte verliert, so hat er sie doch gesehen ...«

Der Seherbrief, der in einem herrischen, aggressiven und autoritären Tonfall gehalten ist, konnte nicht versäumen, die dadaistische Nachkriegsgeneration tief zu beeindrucken, so daß diese, auf der Suche nach einer geeigneten Doktrin zur Untermauerung ihrer »Diktatur des Geistes«, ihn unverzüglich für ihre Zwecke eingespannt hat: um das erreichen zu können, mußten sie jedoch geflissentlich die *Saison en enfer* beiseite schieben, denn eine schonungslose Analyse dieses Werkes könnte von den eingangs formulierten Ideen des Seherbriefes nur noch Bruchstücke übriglassen, und so waren sie gezwungen, Rimbaud mit seinen eigenen Waffen zu schlagen. Folglich erklärten sie: wenn Rimbaud, in völliger Verwirrung, am Ende das Verständnis seiner Gesichte verloren hat... er hatte sie jedenfalls gehabt. Rimbaud wird nach den Seherbriefen nicht mehr als derselbe gelten:»er will uns an eine zweite Flucht glauben machen«, wo er doch nur ins Gefängnis zurückgeht. Wenn er selbst seine Visionen für »magische Sophismen« hält, so hat das für uns nicht die geringste Bedeutung.[1] Seine Visionen sind wortwörtlich zu nehmen: der Salon auf dem Grunde eines Sees ist *wahr*, ebenso wahr ist, daß diese Familie

---

[1] »Daß Rimbaud«, schreibt André Breton, »es für nötig hielt, sich für seine ›Sophismen‹, wie er es nennt, zu entschuldigen, *kümmert uns nicht*; daß sich das *gelegt habe*, wie er sagt, kann uns nicht im geringsten interessieren. Wir sehen darin nur eine kleine, ganz gewöhnliche Feigheit, die nichts von dem Schicksal ahnen läßt, das *einigen seiner Ideen* zuteil werden konnte. ›Heute weiß ich die Schönheit zu grüßen‹: daß Rimbaud uns an eine zweite Flucht glauben machen wollte, als er ins Gefängnis zurückging, ist *unverzeihlich*.«

eine Hundebrut *ist* und daß dort, wo wir eine Fabrik sehen, eine Moschee *steht*. Nachdem Rimbauds Widerruf beiseite geräumt war, wurden die Behauptungen des Sehers hinter Glas gestellt, mit den heiligen Sakramenten der wissenschaftlichen Objektivität ausgestattet, mit übernatürlichen Kräften angetan, und als gleichermaßen universell wie obligatorisch ausgegeben. Das Experiment des Sehers wird, gleich der Unbefleckten Empfängnis, zum Gegenstand eines unfehlbaren Dogmas erhoben und zur Quelle einer unendlichen Zahl von Gesetzesdekreten, wie beispielsweise diesem hier von André Breton: »Ich fordere, daß man denjenigen als einen Schwachkopf betrachte, der sich weiterhin weigert, ein Pferd auf einer Tomate galoppieren zu sehen.« Es handelt sich hier um eine augenscheinliche Gewißheit, eine dieser Gewißheiten, deren Verbürgung von der Theorie des Sehers geleistet wird. Es sei uns somit gestattet zu untersuchen, was diese Theorie an gültigen Argumenten beinhaltet; Rimbaud hat dies selbst bereits vor uns getan. Sollte uns jedoch diese Erlaubnis nicht erteilt werden, sollte es uns untersagt sein, das Dogma anzutasten, dann bliebe uns immer noch das Recht vorbehalten zu überprüfen, ob seine Schüler, um schließlich zu denselben Konsequenzen zu gelangen wie Rimbaud, getreulich dem vom Dichter vorgezeichneten Weg gefolgt sind, ob sie denn auch wirklich alle Formen der Liebe, des Leidens und des Wahn-

Aber als Breton hinzufügt: »Man darf sich fragen, *wen* Rimbaud eigentlich entmutigen wollte, wenn er die, die seinen Spuren folgen würden, mit Erstarrung und Wahn bedrohte.« – so sei uns gleichfalls erlaubt zu fragen, *wen* Breton eigentlich irreführen wollte?
Falls Rimbaud denjenigen (oder diejenigen) die seinen Spuren folgen würden, entmutigen wollte... es ist offensichtlich, daß er nicht an seine Gegner auf der Seite des Wahnsinns oder auf der Seite der Kirche dachte, denn die, das wußte er sehr wohl, würden sich hüten, ihm zu folgen; er dachte jedoch an denjenigen (oder diejenigen), die es ihm nachmachen, die seine eigenen Texte gegen ihn richten, die sich um seine Person nicht scheren, die ihn kleiner, ganz gewöhnlicher Feigkeiten beschuldigen, die jene für sein Leben bedeutungsvollste Handlung *unverzeihlich* finden würden (diese Tat, die dem Abenteuer Rimbauds eine so schreckliche Bedeutung verleihen sollte), und die für ihre rührenden Versuche nur »einige seiner Ideen«, und zwar die schnödesten von allen, zurückbehalten wollen, um ihre *Predigt* besser ausweisen zu können, eine Predigt, die ebenso hohl wie respektlos ist, und deren einzige verwertbare Beute gewaltsam oder mit Hilfe eines Taschenspielertricks aus eben jenen »berühmten Texten« entnommen ist, die der Autor selbst über den Haufen geworfen hat.

sinns »gelebt« haben, damit am Ende, wenn der Salon auf dem Grunde eines Sees wahr ist, logischerweise daraus folgen sollte, daß ein Pferd, das auf einer Tomate galoppiert, ebenso wahr sei. Da das Sehertum um den Preis »allen Glaubens, aller übermenschlichen Kraft« erworben wird, wer sagt mir dann, selbst wenn Rimbaud es erlangt haben sollte, daß es Breton nicht vielleicht verwehrt geblieben ist, und wer sagt mir, daß das, was der erste um den Preis seines eigenen Wahnsinns entdeckt hat, sich der zweite nun völlig gelassen – will sagen automatisch – erwerben könnte? Kann uns die Leichtfertigkeit, um nicht zu sagen Hinterlist eines Schülers davon abhalten, die Nachforschungen noch ein wenig weiter zu treiben, an das Tabu zu rühren, nachzuprüfen, ob es denn Rimbaud, dessen guter Wille glücklicherweise nicht in Frage steht, selbst als erstem gelungen ist, beim Unbekannten anzulangen, ob Rimbauds Experiment nicht möglicherweise mit keinem anderen Analogien aufweist, und ob uns nicht vielleicht diese vergleichende Studie per Zufall den Schlüssel zu der Theorie des Sehers liefern könnte?

Seit den Kabbalisten – Propheten, Verrückten, falschen Erlösern – hat vielleicht niemals mehr ein Experiment, wie es von Rimbaud mit seiner Theorie des Sehers unternommen wurde, eine größere Bedeutung erlangt. Sich der Wirklichkeit und der Vernunft zu bedienen – der Wirklichkeit und der Vernunft Gottes – der Wirklichkeit und des vernunftbegabten Gottes (eines Platon oder Augustinus) –, um sich des Unbekannten in einem Gewaltakt zu bemächtigen, unter uneingeschränkter Zuhilfenahme von allem, was imstande ist, das menschliche Vermögen zu steigern – als da sind: Wahnsinn, Leiden, Abstinenz, Kasteiung, Drogen, Rausch –, und zwar in dem Maße, daß man dahin gelangt, den »göttlichen Kuß« zu *zwingen*, sich auf unsere Lippen zu setzen, in diesem Punkt sind Rimbaud und die Kabbalisten bestens einer Meinung gewesen.

Sollte man nicht laut letzteren die *Bibel* so lesen, wie Rimbaud wünschte, daß man seine *Saison en enfer* lese: nämlich »wörtlich und restlos in jeder Beziehung?« Es ist unnötig, die Wurzeln dieser Handlung allein im Glauben zu suchen, zumindest ähnelt dieser Glaube nur wenig dem der *Bibel*.

Rimbaud und die Kabbalisten bedienen sich der Vernunft *auf feurige Weise*, während die Wissenschaft und die Theologie sich ihrer *auf nüchterne Weise* bedienen: darin liegt der einzige Unterschied. Aber immer handelt es sich um die Vernunft, eine Vernunft, die, ohne aus sich selbst herauszugehen, sich etwas einverleiben will, was ihrem Wesen fremd ist, und sich einer Sache bemächtigen will, die *außer ihrer Macht steht.* Da sie - *per definitionem* – nicht etwas sein kann, was sie nicht ist, beginnt sie zu brodeln, bringt sie ihren eigenen Mechanismus durcheinander,»arbeitet« sie daran,»Unvernunft« zu werden. Bei dieser Art von Operation darf man nicht nur dem Wert des Ereignisses Rechnung tragen, nämlich *der größten Anmaßung des Menschen, die in dem Gedanken liegt, aus sich selbst heraus, und ganz allein, mit allen Mitteln, restlos das Problem des Menschengeschicks lösen zu können.* Durch das Erlangen der prophetischen Gabe – des Sehertums – und durch ihre Inkarnation in Erlösern, machten die meisten Kabbalisten, obgleich sie sich ursprünglich auf den Weg gemacht hatten, Gott zu finden, nichts anderes, als ihn irrezuleiten, seine Handlungsfreiheit für null und nichtig zu erklären, ebenso wie seine willkürliche Einmischung in den genauen, mathematisch berechenbaren Ablauf der Verkettung der Ereignisse. Mit *allen Mitteln*! Daß sich Rimbaud dieser Tatsachen längst bewußt geworden ist, kann man den Worten ablesen, mit denen er einen Brief an einen verläßlichen Freund beginnt, um ihm seine Theorie zu erläutern:»Ich wühle mich soviel nur möglich in ein Luderleben hinein.« In gleicher Weise wurde auch das Treiben der Kabbalisten, dieser Goldmacher, Alchimisten und falschen Propheten sowohl von der jüdischen Orthodoxie als auch vom abergläubischen Volk ganz eindeutig als wüstes Treiben betrachtet.[1]

Daß Rimbaud diesen Gewaltakt versucht hat, daß er alles auf eine Karte gesetzt, alles riskiert hat (denn er war sich dessen

---

[1] Siehe einige Novellen von Jizchak Leib Perez und besonders das Theaterstück von An-ski: *Der Dibukk,* das gänzlich von der Thematik zerstörerischer Mächte und fragwürdiger Wunder durchzogen ist, welche die jüdische Synagoge seit jeher der Kabbalistik zugeschrieben hat, wobei er natürlich ein wenig eigenes hinzumischt. Dennoch stecken selbst in dieser recht unverblümten Verunglimpfung einige Körnchen Wahrheit, was in diesem Falle dadurch bewerkstelligt wird, daß mit Hilfe der Handlung einige Ideen genauer betrachtet werden können, von denen die eigentlichen Kabbalisten nur eine dumpfe Vorahnung besaßen. Da man sie stets über den *Buchstaben* des Göttlichen Wortes gebeugt sitzen sah, hartnäckig darum bemüht, aus diesen gewissermaßen die autonomen Tugenden und Kräfte herauszuziehen – damit meine ich: fernab vom unmittelbaren Einflußbereich Gottes –, ist man am Ende zu der Vorstellung von einem Helden gelangt, der zur obersten Kenntnis dieser Zeichen vorgedrungen ist, sie nun nach Belieben wie kein anderer

bewußt, daß er hier sein Heil, seinen Anteil an der Ewigkeit aufs Spiel setzt) und wieder auf die Erde zurückgekehrt ist, niedergebeugt, im Bewußtsein, sich gedemütigt zu haben, mit erstarrten Sinnen, leeren Händen: darin besteht sein ganzes Drama. Wutentbrannt wird er seine Methoden öffentlich brandmarken, er wird den Mechanismus seiner Anmaßung und seines Sturzes preisgeben, wird das Schreiben aufgeben und ein Schweigegelübde ablegen: »Keine Worte mehr!«, und sich wieder von Angesicht zu Angesicht vor das alte Problem gestellt sehen, dessen unauflösbare Begriffe er erneut in der *Saison en enfer* aufstellt: es gibt nur das Ich (das heißt: Rimbaud) und Gott; das Universum ist nichts als Dekoration: »Das wahre Leben ist abwesend.«

Rimbauds Versuch läuft somit im ganzen auf ein moralisches Debakel hinaus; die Theorie des Sehers war nurmehr ein Turmbau zu Babel.

Ich will nicht all jene entmutigen, die noch immer glauben, auf den Spuren Rimbauds wandelnd das Zaubermittel gefunden zu haben, durch das sie, unter Garantie auf die Sicherstellung des Unbekannten, eine Technik an die Hand geliefert bekommen, und zwar diejenige der »Diktatur des Geistes«, obgleich diese Diktatur (oder dieser Faschismus) nirgendwohin führen kann, und obgleich man sie, nachdem sie sich schnell erschöpft hatte, mit ein wenig von eben jener Realität hätte anreichern sollen, welche diese Technik in Abrede stellt – ich rede hier von der plattesten Realität, die man sich nur denken kann, die jedoch weitaus belangvoller ist, als die ihre – der ökonomischen Realität. Heutzutage sind wir nicht mehr »eingeladen«, eine Moschee anstelle einer Fabrik zu sehen – vielmehr sind wir gezwungen, Fabriken anstelle von Moscheen zu sehen, und zwar anstelle jedweder Art von Geistesmoscheen.

handhaben kann und der nun, als unbestrittener Meister dieses magischen Kreuzworträtsels, es wagt, dieses gegen Gott selbst zu wenden, das heißt, Gott mit seinen eigenen Attributen schachmatt zu setzen: »Magier oder Engel, von jeder Moral befreit«. Die Operation besteht darin, die Erfordernis eines Wundergeschehens voranzutreiben, dieser widernatürlichen Begebenheit, dieser Sünde wider den Geist, wie es bei Hegel heißt, und zwar ohne sich auch nur im geringsten an Gott zu wenden. Um dieser Operation, die ganz von göttlichen Zeichen erfüllt ist, Einhalt zu gebieten, bleibt dem entwaffneten Gott keine andere Wahl, als eine Gegen-Operation durchzuführen, einen Exorzismus usw. Es bleibt noch anzumerken, daß einige Kabbalisten verrückt geworden sind, andere haben sich als Messias feiern lassen oder sind sogar am Ende aus dem Judentum ausgetreten.

Wenn jene Rimbaudanhänger ehrlich zu einem »Punkt« kommen wollten, wenn sie weniger befürchten würden, sich zu kompromittieren, dafür aber etwas mehr um die moralische Verwirrung besorgt wären, dann müßten sie sehr wohl erkennen, daß heutzutage die Theorie des Sehers als »poetische Altertümelei« angesehen werden muß, ebenso wie die surrealistische Doktrin, und dann sollten sie ein Experiment, daß sie in jeder Hinsicht aufgegeben haben, auch öffentlich als »magischen Sophismus« darstellen. Denn was wollen diese Zeilen von André Breton aus den *Vases communicants* besagen: »Und daß man mir nicht damit komme, ich hätte doch einer allem Anschein nach haltlosen Verzweiflung stattgegeben ... Habe ich nicht als erster gesagt, *daß meine Kritikfähigkeit* damals, wie das unter dem Eindruck einer allzu heftigen Gemütsbewegung vorkommen kann, *fast völlig außer Kraft gesetzt war?*« Lesen Sie das bitte noch einmal ganz genau: bedeutet das etwa nicht, daß Breton verkündet, es habe sich damals um »magische Sophismen« gehandelt, daß es »damit jetzt vorbei« sei und daß man jetzt vielmehr die Ankunft der Schönheit begrüßt? Und sind wir nicht etwa voll und ganz im Recht, wenn wir Breton vorwerfen, er habe uns an eine zweite Flucht glauben machen wollen, indes er doch nichts anderes getan hat, als geflissentlich ins Gefängnis zurückzugehen? Wenn man sich zum Zwecke der Verleugnung seiner Vergangenheit mit dem Schleier mangelnder Kritikfähigkeit umhüllt, jenem Mangel, der einzig und allein imstande war, den medialen Wert der Visionen, die Unverfälschtheit der automatischen Schreibweise zu gewährleisten – ist das etwa nicht, Herr Breton, ein *unverzeihlicher* Fehler?

Doch der Unterschied zwischen Rimbaud und seinen Schülern liegt an anderer Stelle: Rimbaud gesteht seinen Irrtum ein, Breton indes leugnet ihn ab. Darüberhinaus ist Rimbaud in seinem Experiment bis zum Äußersten gegangen: er hat erst in dem Augenblick davon abgelassen, als er spürte, daß er verrückt wurde! Verrückt! Wo findet sich der Dichter unter seinen Schülern, der ihm bis hierhin gefolgt wäre? Was ist aus den »furchtbaren Arbeitern« geworden? Und dennoch gab es nur ein Mittel, die Gesichte zu bewahren und nicht ins Gefängnis zurückzukehren: man mußte das Experiment erneut aufnehmen, und zwar »bei den Horizonten, wo der Vorgänger ermattet niedergesunken ist«, und verrückt werden.

V

»Mais de voir que le beau temps est dans les
intérêts de chacun et que chacun est un porc ...
je hais l'été.«
(Doch zu sehen, daß das schöne Wetter in
jedermanns Interesse ist und daß jeder ein
Schwein ist ... ich hasse den Sommer.)

RIMBAUD

Bereits bei meiner ersten Lektüre von Rimbaud wurde mir
klar, daß dieser unflätige, gegen die Menschen, gegen den Sommer und gegen ihn selbst gerichtete Haß Kristallisation und
Ausfluß eines wahrhaft metaphysischen Temperamentes ist, zu
verliebt in das Leben, um diesem nicht übelzunehmen, daß es ihn
dazu zwingt NEIN! zu ihm zu sagen (ein Temperament, das
keinen Kompromiß zulassen, kein Dienstverhältnis eingehen
konnte, das sich auf keine bestimmte Beschaffenheit, auf keine
bestimmte Gestalt, auf keine bestimmte Art der Verkommenheit
festlegen ließ), auch zu erbost darüber, daß das Leben ihm diese
Ablehnung auferlegte, ihm Bedingungen stellte, die ihm derart
unannehmbar waren.

Wenn dieser Haß und dieser Ekel mich nicht über ihre metaphysische Färbung täuschen konnten, so liegt der Grund offensichtlich darin, daß ich schon anderwärts ähnliche Töne ver-
nommen hatte... Haben Sie bei Baudelaire nie etwas ähnliches
verspürt? Und zwar eben genau jenem Baudelaire, der von
Gewalt- und Wutausbrüchen, von Selbstekel geschüttelt wurde,
und der, wenn man auch nicht gerade sagen kann, daß er uns auf
Rimbaud vorbereitete, doch zumindest uns dessen Wegrichtung
vorausdeutete und uns in gewisser Weise nach und nach mit dem
nahenden Rimbaud vertraut machte?

Der Tonfall von Baudelaire hatte schon etwas vom *Skandal* an
sich, doch wie hätten wir ohne ihn, ohne den ungeheuerlichen
Baudelaire, diese andere Stimme überhaupt wahrnehmen können
– das Unerträgliche – das Absurde?

VI

Baudelaire ist der erste Künstler der Moderne, für den die
Kunst etwas Bewirktes und Gelebtes ist, ein Gegenstand der Leidenschaft und des Ekels, Fleisch und Geist, Engel und Dämon,
Traum und Alptraum, eine Quelle sowohl unvorhergesehener
Überfülle als auch eigentümlicher Ohnmacht. Sie ist weder Übersetzung noch Umsetzung, am allerwenigsten eine Erkenntnis.
Das Gedicht ist nur ein Werkzeug, ein Hebel, ein Kran, der ein
Eigengewicht hebt, und es zu einem *einzigen* geistigen Punkt
hinüberführt, der, von jeher vorgegeben, unter allen Umständen
gefunden werden muß, den er erreicht, um ihn sogleich wieder zu
verlieren. Das Gedicht mündet in eine Art Leere: Unbekanntes,
Wahnsinn oder Tod, auf alle Ewigkeit dazu bestimmt, gefunden
und wieder verloren zu werden.

Eine Tat und kein Nachsinnen: »Ich kann mir kaum eine Art
von Schönheit vorstellen, die ohne eine Spur von Unglück wäre«,
schreibt Baudelaire, und weiter: »Sprache und Schreiben als eine
magische Handlung aufgefaßt, als beschwörende Zauberei ... «
Beim Unbekannten ankommen »durch eine lange, gewaltige und
überlegte Entfesselung aller Sinne«, schreibt Rimbaud. Die
Theorie des Sehers wurzelt in Baudelaires Ästhetik, sie geht weit
über sie hinaus. Doch war der Dichter als der große Gesetzesbrecher, als der große Verdammte und oberste Wissende nicht
schon Baudelaires Traum? Rimbaud streitet diese Verbindung
keineswegs ab, in der Reihe der Seher, die er unter seine Vorgänger rechnet, erscheint Baudelaire als erster, als der »König der
Seher, ein wahrer Gott«.

Man wird manchmal versucht sein zu glauben, daß Baudelaire
der Auffassung Rimbauds nicht sehr fern stand, schreibt er doch
in seinen Aufzeichnungen: »Was ist die Kunst? Prostitution.«
Doch leider versteht Baudelaire dieses Wort nicht in dem geläufi-

gen abschätzigen Sinn, der diesem Wort innewohnt; er geht sogar so weit, den Gefallen an der Prostitution als »großzügiges Gefühl« zu bezeichnen, und weiter:»Das Wesen, das am meisten prostituiert ist, ist das Wesen schlechthin, ist Gott, da er der erhabenste Freund eines jeden Individuums ist.« Im gleichen Sinne behauptet er, daß der geschlechtliche Umgang etwas Natürliches und damit Niederträchtiges sei, und ebenso, daß »der Dandy ohne Unterlaß danach streben muß, erhaben zu werden. Er soll vor einem Spiegel leben und schlafen.« Hier setzt sich Rimbaud entschieden von Baudelaire ab. Sich unaufhörlich im Spiegel betrachten, wie man lebt und schläft, das bedeutet, stets verfügbar zu sein, stets für den Spiegel hergerichtet zu sein, das bedeutet auch zu wissen, das man ständig abgewogen, abgemessen, geprüft, beurteilt wird, und das heißt, das man gegen seinen Willen den Bedingungen schmeicheln muß, unter denen das Urteil gefällt wird – letztlich den Spiegel belügen. Die Angst, den Forderungen des Spiegels nicht zu entsprechen, die Angst, als Schandfleck dazustehen, verfälscht die Bedingungen des Strebens nach dem Erhabenen; Baudelaire wird bis in sein Dandytum hinein Katholik bleiben. Bei genauer Betrachtung ist Rimbaud das gerade Gegenteil eines Dandy. Da es nun mal einen Spiegel gibt, nun denn, so wird er sich ohne Selbstgefälligkeit darin betrachten; er wird nicht nur seine Feinde preisgeben, sein Vaterland, die Kultur, die Demokratie, wie Baudelaire es tat; auch die Kunst wird bereits als Opfer dargebracht, und das Leben, und warum nicht auch Gott?

Zudem verspürt Rimbaud ganz instinktiv, daß der Mensch sich im Spiegel allenfalls beim Leben zusehen kann, keinesfalls jedoch beim Schlafen: *und was tat er, was gab er von sich selbst preis, während er vor dem Spiegel schlief?* Wie läßt sich überprüfen, ob der Schlafende mit dem Wachenden identisch sei, da doch angenommen wird, daß derjenige, der sich im wachenden Zustand betrachtet, den Spiegel belügt? Nein, weder *Moral*, noch *Kunst*, noch *Gott* können Rimbaud zufriedenstellen. Vielleicht war dies das Heil; vielleicht war die Freiheit nichts anderes, aber sicher war dies nicht die »*Freiheit im Heil*«.

So ungewöhnlich, so einzigartig uns auch Baudelaires Vorstellung erscheinen mag, so kindlich scheint sie doch. Hören Sie Pascal:»Jesus liegt im Todeskampf bis zum Ende der Welt, wir dürfen während dieser Zeit nicht schlafen.« Hier geht es um das Leben und Schlafen vor einem Spiegel, dort um das Nicht-Schlafen überhaupt. Wir sind selten Christen im Sinne Pascals; nur zu oft sind wir Dandy im baudelaireschen Sinne. Ob der Spiegel uns betrügt, ob wir ihn betrügen, das ist eine andere Sache. Wie auch immer!... Jedermann lebt und schläft vor seinem Spiegel; jedermann strebt auf irgendeine Weise nach dem Erhabenen. Wie sehr sind doch die Leiden, die absurden Qualen Baudelaires seiner Theorie überlegen! Indes kehrt Rimbaud dem Spiegel absichtlich den Rücken zu; er kehrt ihn dem Menschen zu. Leben, ohne sich selbst beim Leben zu beobachten, ohne sich sterben zu sehen, ohne dabei zuzusehen, wie man sich auf der Suche nach was auch immer, Gott miteingerechnet, befindet, darin liegt das Heil! Aus der Art, wie er sich vom Spiegel abwendet, seine Manuskripte verliert, sie verbrennt oder verachtet, könnte man schließen, daß Rimbaud hierin die Erbsünde wittert:»Die Hölle, die erste, deren Toren der Menschensohn geöffnet hat«. Hat uns Baudelaire folglich im Stich gelassen, selbst als er schrieb:»Ein Heiliger sein!«? War Rimbaud der einzige gewesen, der nach Heiligkeit, nach dem Erhabenen strebte?

Es ist nicht ganz einfach zu glauben, daß Baudelaire nach Heiligkeit strebte, er, der seine Haare grün färben ließ, der im Café mit lauter Stimme, damit man ihn auch an den anderen Tischen hörte, verkündete, er habe seinen Vater getötet, – er, der die satanische Dichtung, die Dichtung der Prostitution schuf, und der, kurzum, der erste wirkliche und bewußte Bürgerschreck war, der erste große Possenreißer, den Weltliteratur und Weltgeist gekannt haben. Aber Baudelaire hat schließlich als Katholik gelebt und ist als solcher gestorben. Jedes Vergnügen und jede Wollust hat er mit dem Lösegeld heftiger Gewissensbisse bezahlt, mit Zwangsvorstellungen, Überdruß und Buße; nachdem er eine krankhafte Stimmung beschrieben, ein umstürzlerisches Porträt gemalt hatte, endete er immer in Selbstanklagen, beschuldigte seine Komparsen, und verdammte sie, bevor Gott es selber tat; sobald er jenen Vers geschrieben hatte, in dem er dagegen protestierte, daß man »in die Dinge der Liebe die Redlichkeit hineinziehen wollte«, machte er eine Kehrtwende und stieß aus vollem Halse Verwünschungen aus: »steigt herab, steigt herab, ihr erbärmlichen Opfer«.

Noch dazu *betete* Baudelaire, er *wollte* ein Heiliger werden: er strebte nach dem Erhabenen, reicht das nicht aus? Baudelaire war ein Sünder, das gab er selbst zu; war das etwa nicht schon eine Entschuldigung? Wenn Gott durch eines dieser Wunder, die man Gnade nennt, sich zugunsten Baudelaires entscheiden und zulassen würde, daß man ihn heilig spräche, so wäre das im Grunde nicht so töricht.

Doch daß Rimbaud ein Heiliger sein sollte, dem dürfte selbst der *Nachsichtigste* unter uns nicht zustimmen können. Ein Heiliger! Dieser Rimbaud, der auf die Kirchenmauer von Charleville »Scheiß auf Gott!« schrieb; der es wagte, als er bei Lepelletier zu Gast war, welcher erst kürzlich seine Mutter verloren hatte, ihn einen »Totenbegrüßer« zu schimpfen, weil er gesehen hatte, wie dieser vor einem vorbeifahrenden Leichenwagen den Hut zog? Ein Heiliger – dieser Rimbaud, der von frühester Kindheit an über eine so überragende Intelligenz verfügte, und der alles tat, was er nur konnte, um sie durch eine »lange, gewaltige und überlegte Entfesselung aller Sinne« irrezuführen, er, der ein schlechter Kamerad war, ein schlechter Freund, aufsässig gegen das Militärgesetz, ein Deklassierter, der so übel endete, auf dem Bett eines Krankenhauses, mit einer Bekehrung, die, gelinde gesagt, alles andere als erbaulich war? Ein Heiliger, er, der dieses unbeschreibliche Ding *Accroupissements* verfasst hat? Ein schlimmes Leben, schlechte Sitten und nicht einmal eine Zeile der Reue, nicht eine Zeile, in der er seinen ehrgeizigen Wunsch, ein Heiliger zu werden, festgehalten hätte. Wenn solch ein Mensch als ein Heiliger gelten könnte, dann würde man aus der Heiligkeit nicht mehr klug werden!

Es ist vielleicht nicht ganz überflüssig zu bemerken, daß die religiösen Anschauungen, die früher mehr oder weniger esoterischer Natur waren, ihr Aussehen ein wenig verändert haben, seit sie Gemeingut geworden sind, seit sie den Menschen in Bausch und Bogen preisgegeben wurden, die lesen und schreiben konnten, die aber nie die nötigen Fähigkeiten besessen haben, sich damit zu befassen oder darüber Überlegungen anzustellen ... Die Kirche hat sich gezwungen gesehen, das vom griechischen Denken übernommene Erbe anderen, wirksameren Händen zu übergeben; die Wissenschaft nahm sich dessen an: Langsam und allmählich legte die Vernunft ihre priesterlichen Gewänder ab;

nackt, wie sie nun war, wendete sie sich gegen ihr eigenes verhülltes Bild; in ihrer neuen Gestalt erlangte sie neue Kraft, aber keineswegs bessere Antworten, bessere Fragen. Vernunft gegen Vernunft, und nicht Vernunft gegen Mystik, das ist der wahre Kern des Streites, der zwischen Wissenschaft und Religion, zwischen Gelehrten und Theologen ausbrach. Nachdem die Maske einmal heruntergerissen war, wo sollte der Mensch, den die Vernunft nicht befriedigen kann, einen Unterschlupf finden? Er weiß um das Vakuum, den Dünkel der Wissenschaft; doch wie könnte er wissen, daß unter dem Gips-Panzer der Wissenschaft, der ihn an jeder Bewegung hindert, im Innern der Religion der Keim einer Offenbarung lebt?

Wenn der Vorwurf des russischen Schriftstellers Rosanow zutrifft, daß die Kirche als einzige nicht die apokalyptische Krise wahrnimmt, die unsere Zeit bis ins Mark erschüttert, so kann es durchaus möglich sein, daß die Menschen, die sie früher in der Welt rekrutierte, um ihren militanten Zwecken Genüge zu tun, gegenwärtig verfügbar sind, und daß diese Menschen, obwohl sie eigentlich für das Transzendente gezeichnet sind, da sie sich ihrer Aufgabe nicht bewußt werden können, sich zu dem *einzigen Ausdrucksbereich* berufen fühlen, *der ihnen gewährt worden ist*: der Kunst, dieser minderwertigen Tätigkeit, die ihren Zweck in sich selbst trägt, die sich in ihrer Ausübung erschöpft und deren Ohnmacht sie unfehlbar anwidern muß.

Sollten solche Ereignisse, solche Ersatzhandlungen möglich sein? Sehen Sie, wie Tolstoi sich den Helden einer Geschichte, die er schreiben wollte, vorstellt: »Ein junger Mann. Er gehört einem revolutionären Kreis an. Er ist Revolutionär, Sozialist, schließlich gläubig. Mönch auf dem Berge Athos; danach Atheist, Familienvater, Quäker; er nimmt alles in Angriff, doch dann gibt er alles auf, ohne etwas zu Ende zu bringen. Die Menschen lachen ihn aus. Er hat nichts vollbracht und stirbt ganz unbekannt irgendwo in einem Krankenhaus. Und im Augenblick des Todes sagte er sich, daß er sein Leben vergeudet habe. Nun gut, das ist ein Heiliger!«

Diese verwirrende, aber so richtige Konzeption der Heiligkeit läßt sich bei der Mehrzahl der bekannten und als solche verehrten Heiligen nicht bewahrheiten. Wie sehr kommt ihr aber Rimbaud nahe, der mit acht Jahren einen Kameraden schlug, weil dieser einen Weihwasserkessel entheiligt hatte, der mit siebzehn Kommunard und Atheist, später Dichter und Weltenbummler war, »Dienstverweigerer« der französichen Armee und später »Freiwilliger« in der holländischen, der einer der größten Genies seines Jahrhunderts war, und sein Genie verachtete, der sich mit gleicher Inbrunst und gleicher Geschicklichkeit den Dingen des Geistes wie denen des Geschäftslebens hingab, der sich den Pariser Literaten gegenüber wie ein Schwein benahm und in Harar mit den Beduinen und Schwarzen wie ein Gentleman, der in Paris für einen Homosexuellen gehalten wurde und in Harar für den Sultan eines Harems, der jedoch die menschliche Liebe in all ihren Erscheinungsformen verabscheute und am Ende, als es zu spät war und er mit einem amputierten Bein im Krankenhaus lag, sich doch wünschte, eine Familie zu gründen, hier im Krankenhaus, wo er, glaubt man seiner Schwester, sich zum katholischen Glauben bekehrt haben soll, um sich fünf Minuten später wieder davon loszusagen.

Sollte Rimbaud etwa zu den ersten »Phänomenen« des großen geistigen Umbruchs der Moderne gehören, der zur Folge hat, daß die metaphysischen Temperamente[1], da sie im Rahmen des Historisch-Religiösen keinen Platz mehr finden können, wie überreife Früchte in die Welt fallen und in das Zeitliche einbrechen, ohne um ihre eigene Beschaffenheit als Träger einer metaphysischen Daseinsberechtigung zu wissen, derer sie sich nur noch durch die Kunst bewußt werden, in die sie unweigerlich ersticken und die sie schließlich eigenhändig zerschlagen?

Diese Reinheit wider Willen, derer man sich nicht bewußt ist, diese rasend aufgebrachte und unvernünftige Reinheit, dieser unauflösliche Widerspruch, diese verkehrte, auf den Kopf gestellte Heiligkeit, sollte das trotz alledem noch Heiligkeit sein? Die

---

[1] »Metaphysisches Temperament« ist, meiner Ansicht nach, nur ein sehr ungeeigneter Ausdruck, um Rimbauds Wesen erschöpfend darzustellen. Ich möchte vermeiden, ihm eine feste Kategorie wie Philosoph, Mystiker, usw. zuzuweisen, ohne zunächst deren Inhalt definiert zu haben. In diesem Kontext verstehe ich »metaphysisches Temperament« nicht als einen Menschen, der sich bewußt auf die Suche nach dem Transzendenten begibt, sondern als einen Menschen, der danach dürstet, für den die Wirklichkeit abwesend ist und dessen Verhalten die Doppelbewegung von Gier nach Gott und Abscheu vor Gott widerspiegelt. Ist dieser Mensch ein Dichter, so stößt er in sich selbst auf eine retardierende Kraft, denn Dichtung, was immer man daraus macht, ist letztlich nur ein Aufheben der Tätigkeit, ein Aufschub, der dem Realen zugebilligt wird.

Vermenschlichung einer bestimmten Art von Heiligkeit, die ihre schrecklichen Widersprüche auf die Spitze treibt, weil sie ihre göttlichen Attribute verloren hat, mündet in Wahn und erscheint den Menschen nur noch im Gegenpol von Ansehen und Autorität? Sollte der ehrbare Mensch heutzutage notgedrungen ein Strolch sein?

Die Literaturgeschichte, die nach dem Tode Gottes zur Erbin solcher Abgründe geworden ist, sollte öfters, als man meint, im Lichte dieser Idee betrachtet werden.

VII

»Ma vie sera toujours trop immense
pour être vouée à la force et à la beauté«
(Mein Leben wird immer zu ungeheuerlich sein,
um es der Kraft und der Schönheit zu weihen.)

RIMBAUD

Die Macht des Lebens ist so stark, daß dieses nach und nach die Ursachen, die seine verborgene Funktionsweise beeinträchtigen, zu zerreiben vermag, dergestalt, daß auf lange Sicht »Worte« wie geboren werden, sterben, singen, schreiben, weit davon entfernt, eine greifbare Bedeutung zu erlangen, schließlich eine Art Befreiung genießen: sie müsssen sich nicht mehr darstellen und den Fragestellungen der Vernunft unterziehen. Es genügt indes bereits eine kleine Abweichung vom Gewohnten, irgendein unvorhergesehenes geschichtliches Ereignis, damit ein Rimbaud, als ein Dichter geboren, die Dichtkunst auf seinen Schoß nimmt und sie bitter findet. Auf einen Schlag tauchen alle versunkenen Fragen wieder an der Oberfläche auf; die Absurdität wird wieder bedrohlich, das Leben beginnt an seinem Sein zu zweifeln und die Vernunft verliert den Verstand.

Doch wieso nimmt ein Rimbaud es sich heraus, der Dichtkunst den Prozeß zu machen, sie zu prügeln, sie dem Verhör zu unterziehen und an ihrer Unschuld Zweifel anzumelden, noch bevor er den geringsten Schuldbeweis gegen sie in der Hand hält? Als unerbittlicher Ankläger fordert er den Kopf seines Opfers, und sein Zauber ist so stark, daß man ihm zu Willen ist. Seine Zauberkraft bezieht er selbstverständlich aus der Tatsache, daß er sowohl Ankläger wie Angeklagter ist. Der erste Kopf, den er erhält, ist das denn nicht etwa sein eigener? Und schon kommt eine ganze Generation herbeigelaufen, um sich, obgleich sie die Gefahren kennt, die sie eingeht, aus eigenem Antrieb diesem schrecklichen Diktator anzubieten. In eigener Verantwortung nimmt sie den von Rimbaud bereits unternommenen Prozeß gegen die Schönheit wieder auf. »Warum schreiben Sie?« fragt sie die Dichter. Man muß zugeben, daß die Beschuldigten sich gar nicht schlechter verteidigen könnten, geradeso als hätten sie wirklich eine Schuld auf sich geladen. Der Rechtsfall ist damit entschieden; die Dichter werden inständig gebeten, mit dem Schreiben doch bitte aufzuhören, oder, wenn es sie denn weiterhin kitzeln sollte, es auf eine Weise zu tun, die deutlich zu erkennen gibt, daß sie sich dessen schämen, als sei es nur ein Zeitvertreib Kranker, und sind ebenfalls gebeten, gegebenenfalls die oberste Entschuldigung anzubringen, nämlich, daß sie durch diese infamen Praktiken nur eine Art von Erfahrung machen wollen – Erfahrung von was auch immer – gesetzt den Fall, es handelt sich dabei nicht erklärterweise um Lyrik.

»Warum schreiben Sie?« befragt wieder einmal eine große französische Zeitschrift die Dichter, in dem Wunsch – keiner weiß, warum – eine Anthologie zu diesem Thema zu veröffentlichen. Und in ihrer Umfrage bittet sie diese, auf weitere zweitrangige Fragen zu antworten; wann sind Sie geboren? usw. Wir haben es hier mit einer Umfrage zu tun, die vor dem Abenteuer Rimbauds unmöglich, ja sogar undenkbar gewesen wäre. Doch gehen wir einen Moment lang davon aus, dieser Dichter habe nie existiert; in diesem Fall wäre es möglicherweise gestattet, die so gestellten Fragen umzukehren, und die Dichter zu fragen: »*Warum* sind Sie geboren?« Denn schließlich weiß ich ja nicht etwa besser, warum ich geboren bin, als warum ich schreibe. Eine gute Methode sollte die chronologische Reihenfolge beachten, nicht wahr! Aber man findet es am Ende doch ganz *natürlich*, daß man geboren ist, warum sollte man es also seltsam finden, daß man schreibt? Daß man nicht weiß, *warum* man schreibt, erschöpft die Frage nicht; ich schreibe, ich werde auch weiterhin schreiben, und es wird zu allen Zeiten Dichter auf der Welt geben, selbst wenn man ihnen – im wörtlichen Sinn und nicht nur als Bildnis betrachtet – den Kopf abschlüge. Ich gebe zu, daß das keine Antwort ist, keine sinnvolle Antwort; und vielleicht läßt die Frage ja auch gar keine sinnvolle Antwort zu; und vielleicht ist auch die Frage nicht im geringsten sinnvoll. Doch was machen Sie dann mit der Bedeutung im Sinne Rimbauds, die sie einschließt, mit dem gegen die Dichtkunst eröffneten Prozeß, von dem sie herrührt, was machen Sie mit der »Urteilsbegründung«, die Rimbaud selbst lieferte, und mit diesem Leben, mit dem er für diese »Urteilsbegründung« bezahlt hat?

Man muß sagen, daß Rimbauds Urteilsspruch in der Geschichte der Dichtkunst nur deshalb *einzigartig* ist, weil hier ein Dichter – und zwar ein großer Dichter – Ankläger und Opfer zugleich war. Einzigartig auch deshalb, weil diesem Urteil unverzüglich die Kreuzigung auf den Fuß folgte. Wenn man es indes rein vom Blickwinkel des Gedankens betrachtet, so hatten sich viele andere eine ebenso geringschätzige Behandlung der Dichtkunst erlaubt wie Rimbaud. Bereits Platon hatte entschieden, daß der Dichter ein Verrückter, ein Unerwünschter sei, bestenfalls in der Lage, eine Meinung, nicht jedoch eine Wahrheit zu äußern. Und in unserer Zeit befand Renan, daß die Dichtkunst eine köstliche Kinderei sei, daß es jedoch weit an der Zeit sei, daß es mit dieser Kinderei ein Ende habe. Und es ist eine äußerst weitverbreitete Auffassung, mit dem Fortschritt der Aufklärung und dem endgültigen Siegeszug der Wissenschaft sei die Dichtkunst zu einem Widersinn, zu einem Anachronismus verkommen. Dies hat nicht nur die Dichter keineswegs daran gehindert, weiterzuwirken, es hat sie sogar genausowenig daran gehindert, den Texten von Platon und Renan Beifall zu spenden, die allerdings bis zum heutigen Tage von keinem politischen Diktator jemals ernst genommen worden sind. Wir haben es sogar erlebt, daß sich Dichter voll und ganz mit Rimbauds Urteilsspruch einverstanden erklärt haben, und damit forderten, daß man ihnen den Kopf abschlüge, ohne darum auch nur einen Augenblick mit dem Schreiben aufzuhören.

Bis heute weiß man nicht genau, was denn die Dichtkunst wirklich sei, ein Mittel des Ausdrucks, eine Erkenntnis oder einfach nur ein Spiel mit Worten. Doch das wenige, was man über den Dichter – und selbst den inspiriertesten bzw. vor allem den inspirierten Dichter – zu wissen glaubt, und zwar aus Erfahrung, ist, daß dieser offensichtlich ein wenig dumm sein muß, zumindest dumm genug es dahin zu bringen, daß seine Vernunft im Augenblick der dichterischen Schöpfung durch Abwesenheit glänzt, und daß diese Dummheit eine unerläßliche Bedingung seiner Leistungsfähigkeit darstellt.

Puschkin war einer der ersten, die diese paradoxale Beobachtung machten: »Gott verzeih mir«, schrieb er, »aber das Dichten wird immer eine etwas dumme Angelegenheit sein.« Über William Blake schrieb Chesterton gleichermaßen:»Das war ein inspirierter Idiot, ein Idiot, weil er inspiriert war!« Byron selbst, der ein ebenso großer Dichter wie Puschkin war, behauptete von Wordsworth, dieser sei nur ein »Idiot in allen Ehren« gewesen. Hugo befand, daß Barbey d'Aurevilly ein »kolossaler Schwachkopf« sei, und Leconte de Lisle wiederum, Hugo sei dumm wie der Himalaja! Fügen wir, wenn Sie wollen, noch hinzu, was Sophokles über Aischylos sagte:»Was dieser schrieb, war sehr gut, auch wenn er es ganz unbewußt tat«. Eine solche Anzahl von Verdikten, die von den Dichtern – und zwar den größten unter ihnen – in eigener Sache ausgesprochen wurden, kann man nicht einfach stillschweigend übergehen. Wenn die Dichter selbst von sich behaupten, in der Menschheitsfamilie nur Kinder, Primitive, Wächter der Finsternis, Vorlogiker zu sein, so bitte ich inständig darum, ihnen aufs Wort zu glauben. Dies ist ein Mysterium, ein ungeheures Mysterium, das jedoch möglicherweise leicht aufgeklärt werden könnte, indem man die Umfrage, von der ich weiter oben gesprochen habe, um einen Punkt erweitert:»Sind Sie dumm?«, sollte man die Dichter fragen. Bedauerlicherweise würde uns die so verstandene Umfrage nicht diese so grundlegende und beunruhigende Antwort – nämlich jene Rimbauds – liefern. Denn ich habe allen Grund zu der Annahme, daß Rimbaud sich nicht im geringsten für dumm hielt, und daß er darüberhinaus gerade der Dichtkunst eben haargenau jenes zum Vorwurf machte: daß sie wahrhaft eine zu dumme Angelegenheit sei. Was ihn anbelangt, so war er nicht dumm, ganz sicher nicht! Er war das gerade Gegenteil eines Idioten, ja erhaben sogar! Was ist ein Dichter?, fragte sich Kierkegaard. Und er antwortete darauf:»Ein unglücklicher Mensch, der in seinem Herzen tiefste Qualen beherbergt, und dessen Lippen so beschaffen sind, daß die Seufzer und Schreie, die von ihnen widerhallen, eine harmonische Musik ergeben.« Eine solche Definition wäre nach Rimbauds Auffassung einem Skandal gleichgekommen. Doch in Wahrheit dachte Kierkegaard ebenso wie Rimbaud, wenn er auch der Verfasser dieser Definition war. Auch nahm er später einige Verbesserungen vor und behauptete nun, der Dichter sei »ein lebender Telegraph, Mittler zwischen Gott und den Menschen«. Gerade noch rechtzeitig! Wir sehen daran sehr wohl, daß auch der Dichter, wie Kierkegaard ihn begreift, »daran arbeitet, sich sehend zu machen«. Doch nach geraumer Zeit wird am Ende auch Kierkegaard, gerade wie Rimbaud, feststellen, daß der »Telegraph« seinerseits nichts weiter als ein »magischer Sophismus« ist, daß er dem »Allgemeinen« und keineswegs dem »Absurden« untersteht. Und das war der Grund, warum sie die Schönheit »bitter« fanden und beschimpften. Die Schönheit stotterte. Zweifellos, sie sang, jedoch im Bewußtsein ihrer Dummheit, wozu also? Sie konnte ihnen das »wahre Leben« nicht geben. Sie träumte nur, anstatt zu sein.

Doch wieso wollte Rimbaud, daß die Dichtkunst willentlich Berge versetze? Warum forderte er von ihr, den Idioten zu spielen und Verantwortung für Dinge zu übernehmen, die ihr widerstrebten, Blitz und Donner, die ihr die Finger versengen würden, Alpträume, die ihr die Haare zu Berge stehen lassen würden, ungewöhnliche Handlungen, zu denen sie sich nicht berufen fühlte, zumindest nach dem, was ersichtlich ist. Ihre Aufgabe war zweifellos eine andere. Ihre Möglichkeiten waren andere. Es geht auf Rimbauds Ehrenkonto, daß er ihr nicht glauben wollte. Er glaubte an ihre Faulheit, ihre Trägheit. Er wollte um den Preis aller Formen des Leidens und des Wahnsinns für immer die Ausrichtung der Dichtkunst und selbst ihre Bedeutung verändern. Er scheiterte. Aber nicht darin liegt das Problem. Auf seinem Sturz riß er den großen Körper seines Opfers mit sich. Von diesem wütenden Nahkampf behielt die Dichtkunst Bißwunden, eine Müdigkeit, eine erschreckende Mattigkeit, wenn nicht sogar uneingestehbare und übrigens auch nie eingestandene Ängste zurück. Rimbaud verstummte, er ist tot. Aber nach seinem Tode hat die Dichtkunst nie mehr aufgehört, an sich selbst zu zweifeln, der Dichter mühte sich, endlich nicht mehr dumm zu sein, er arbeitete daran »sich sehend zu machen«.

Guter Wille allein reicht nicht aus, um Seher zu werden. Machte Gide nicht Mallarmé einmal das Kompliment, daß dieser immer zuerst *denke*, bevor er etwas sage? Von Mallarmé bis hin zu Valéry, bis zu den Surrealisten wurden in der Dichtung verzweifelte Versuche unternommen, sich selbst abhanden zu gehen, sich zu verlieren, von einer dunklen Macht ergriffen zu werden, die den Dichter nach Belieben auf fremde Wege leiten sollte. Die Dichtung fürchtet das Leben, das sie als antilyrisches

Material betrachtet, das gerade gut genug ist, *beschrieben* zu werden, zur dichterischen Schöpfung oder Nachschöpfung hingegen nicht taugt. Sie will nichts als eine Erkenntnis sein. Der bedingungslosen Freiheit, die sich ihrer selbst bewußt ist, zieht sie die goldverbrämte Knechtschaft der Kenntnis vor. Kenntnis haben, aber wovon? Von Mallarmé bis zu den Surrealisten wird das Gedicht vom Nichts erobert. Sein Fleisch besteht nur noch aus seiner eigenen Leere. Fortan wird es heißen: jetzt oder nie dem Orakel seine Wahrheit, sein Wissen entreißen. War Rimbauds Experiment ganz strikt persönlicher Art, der Ausdruck eines ganz besonderen und fast anachronistischen Dramas? Oder war es hingegen notwendig, war es ein für die dialektische Zukunft der Dichtkunst im höchsten Grade repräsentatives Experiment? Wenn es sich durch den größten aller Zufälle erweisen sollte, daß Rimbauds Experiment aus einem Zusammentreffen von Umständen erwachsen ist, die nicht mit dem Zeitpunkt seiner Entstehung in Verbindung gebracht werden können, so würde es folglich auch nicht die tiefsten Quellen der Dichtkunst berühren, und diese wiederum wäre zu Unrecht von der Prämisse ausgegangen, daß sie von unerbittlichen »historischen Determinanten« bestimmt sei, wo sie doch in Wahrheit nichts anderes tat, als einer falschen Notwendigkeit zu gehorchen und einen Fall nachzuahmen, der sich darüberhinaus als unnachahmlich erweisen sollte.

Im vorangegangenen Kapitel habe ich den Versuch unternommen, Rimbaud am Kreuzpunkt von zwei wesentlichen Faktoren zu situieren, die am Ursprung seines inneren Dramas teilhaben: ein bis zum äußersten Grade ausgeprägtes metaphysisches Temperament, im Fleische eines Dichters angesiedelt, *und der Kampf dieses Temperamentes, das sich selbst als solches nicht bewußt ist, um einen Ausweg aus diesem geschlossenen System der kunstimmanenten Sachzwänge zu finden, die es schließlich mit dem eigenen Trotz zerschmettert.* Was Rimbaud wollte, war eine sofortige, zerstörerische Handlung, welche die Bedingungen dieser Welt verwandeln sollte. Das Handeln jedoch, wie auch immer es nun konkret aussehen mag, könnte den seit jeher der Dichtkunst zugeschriebenen Zwecken nicht wesensfremder und inadäquater sein, und wäre lediglich dazu angetan, die aberwitzige Verstrickung in einen vollkommen unauflöslichen Widerspruch hervorzubringen, und zwar so sehr, daß diese »sinnliche Gier nach Gott«, indem sie sich unter Mißachtung ihrer innersten Beschaffenheit für die reinste lyrische Essenz hält, am Ende dahin gelangt, von der Dichtkunst, und zwar von dieser allein, Möglichkeiten zu fordern, die zu keiner Zeit je in ihrer Macht gelegen haben.

Während Rimbaud von der Dichtkunst alles andere erwartet, als daß sie seine Schreie und Qualen »harmonisch« werden läßt, mußte er erkennen, daß sie sich aufbäumte, sich auf die Hinterbeine stellte und sich weigerte, ihm die »Mächte« an die Hand zu liefern, die er von ihr einklagte. Wie konnte er annehmen, daß sie diese Fähigkeit besitze? Er folgerte daraus auf ihre Nichtigkeit. Doch wenn die Dichtkunst selbst, nachdem man sie dem Kreuzverhör unterzogen und sie grün und blau geschlagen hatte, sich weigert, ihm das »wahre Leben« auszuliefern, dann liegt der Grund darin, daß sie hier nicht das oberste Wort zu sprechen hatte. Ihre Aufgabe war geringer, dunkler; in Wahrheit weiß und wußte sie nie, worin ihre Aufgabe bestand. Hat sie denn überhaupt eine solche? Alles, was sie von sich weiß, ist, daß es sie gibt, daß sie sich nicht enthalten kann, zu sein. Tötet man sie, so wird sie einzig wiederauferstehen.[1]

---

[1] Croces dialektische Methode, die Kunst zu definieren, ist ausgezeichnet; er definiert die Kunst in Vermeidung konkreter Bezugnahme durch das, was sie nicht ist. So heißt es in der Definition von Kierkegaard, wenn die Kunst wirklich jene »Lippen« sind, welche die Seufzer und Schreie in eine harmonische Musik verwandeln, so bleibt es gewiß, daß sie selbst weder Seufzer noch Schrei ist. Ihre Unfähigkeit, Wesentliches auszudrücken, Initiator einer sofortigen Handlung zu sein, ist absolut. Wenn das »Schreien« (das einfache Schreien, ohne Artikulation von Worten) jedem Gebet überlegen ist, (so steht es im *Sohar*, dem heiligen Buch der Kabbala) und wenn »die Schreie des Menschen einen großen Einfluß auf die heutige und die zukünftige Welt ausüben«, wenn sie über die »himmlische Strenge« triumphieren, in diesem Falle steht das Gebet in der metaphysischen Rangordnung erst hinter dem Schrei, und das Gedicht wiederum erst weit hinter dem Gebet. Handeln, etwas Bewirken, mit etwas brechen, das ist nicht seine Aufgabe. Nichts läuft seinen Interessen mehr zuwider als die großen Umwälzungen, als die entfesselte Handlung, die übersteigerten Ambitionen, denn das sind die Hauptpunkte des Konfliktes zwischen *dem, was ist, und dem, was sein wird*. Nun tritt also die Dichtkunst erst auf den Plan, nachdem der Konflikt besänftigt wurde, sich der Sturm gelegt hat; sie ist eine Wiedererinnerung, eine Nostalgie, ein Sicherheitsventil, ein Bad in völliger Freiheit, ein Ich-Verlust, eine Wiederauferstehung – eine Emotion, an die man sich in Ruhe wieder erinnert, wie Wordsworth es etwas platt ausdrückt. Folglich ist sie eine *mittelbare* Handlung, Einsatz großer Worte, Eloquenz, Unwissenheit, Ausdruck

Man kann es gewiß niemandem zur Last legen, in Bezug auf eine solch komplexe Ganzheit, die man aber naiverweise für eine ganz simple Ganzheit hielt, geirrt zu haben. Dies erinnert an jene Fälle von Doppelgängertum, in denen der Untersuchungsrichter auf der Suche nach einem Verbrecher am Ende die Entdeckung macht, daß er selbst der gesuchte Verbrecher ist, und in denen der erste so hinterlistig ist wie der zweite gerissen. Hätte Rimbaud weniger Genie besessen, oder, um mit Kierkegaard zu sprechen, wären seine Lippen nicht dazu angetan gewesen, seine Schreie in

der Dummheit. Der Schrei ist ein Mittel, die Wirklichkeit zu verwandeln; er bewirkt das Wunder. Die Dichtung hingegen (sei sie nun begeisterte Resignation oder ganz und gar Revolte) ist eine Annahme des gegenwärtigen Zustandes, bestimmt durch das, was diesen verändern will; sie bestätigt nur das Wunder; daran, daß der Schrei sich der Dichtung bemächtigt, und zwar nicht als Wiedererinnerung, sondern als Mittel zum Handeln – an dieser Klippe zerschellt sie.

Aber, sagt man mir, der reine Schrei, der Schrei Hiobs oder der Schrei der Psalmisten, was ist das denn anderes als höchste Dichtung; darin stimme ich überein, aber ich unterscheide den Schrei Hiobs, den Schrei des Psalmisten, den wahren Schrei, den Schrei, der wahrhaft Gott entgegengeschrien wird von demjenigen Schrei, der nachträglich im Gedicht festgehalten wird, vom nur erzählten Schrei, vom Schrei, dessen man sich nur *erinnert*. Sicher, diese Gipfelfahrt erlaubt dem Dichter, den Schrei im Vorbeigehen aufzulesen, wie ein beachtliches Ereignis, einen dichterischen Rohstoff erster Ordnung. Daß ein Rimbaud, unter Fehleinschätzung seiner eigenen Rolle, sich nicht nur seines Schreies erinnern will – (Sehen Sie hierzu das Gedicht *Vertige*, in dem er am Ende zugibt: «Nichts ist's: hier bin ich, bin noch hier.») – sondern in der Dichtung selbst schreien will, Inspiration und Schrei in eins fallen lassen möchte, das wirft die Frage nach dem Wesen der Lyrik auf und bestimmt ihre Grenzen, ihre Unfähigkeit, die Wirklichkeit zu modifizieren, *ihre Zwänge zu sprengen* usw. Danach blieb Rimbaud nichts anderes übrig, als sein Instrument zu zerstören oder aufzugeben.

Ich möchte noch einmal mehr die Tatsache unterstreichen, daß es uns nicht gegeben ist zu wissen, was die Dichtkunst *ist*, auch wenn wir den Eindruck haben, daß sie doch einiges sei. Wie wollen hier in keiner Weise den Versuch unternehmen, sie jeglicher ethischer oder metaphysischer Substanz zu berauben – die Dichtung Rimbauds ist ein ausdrücklicher Beweis für die Höhen, die sie erklimmen kann, wenn sie sich auf den Ausdruck unermeßlicher Wirklichkeiten erstreckt. Nichts Menschliches ist ihr fremd; der Mensch als Ganzes ist ihr keine zu große Last. Aber eine Handlung, die darauf abzielt, die Wirklichkeit zu verändern, selbst wenn sie ein vorzügliches Thema und ein herrlicher Stimulus für die Dichtung ist, kann darum noch lange nicht als mit der dichterischen Handlung *identisch* betrachtet werden. Daher erscheinen uns die Begriffe, mit denen wir Rimbaud zu charakterisieren suchen – metaphysisches Temperament –, vollauf ungenau zu sein. Man könnte annehmen, wir würden darunter einen kontemplativen Charakter verstehen, indes es sich hier vielmehr um einen kämpferischen Charakter handelt, für den jeder Akt, der die Revolte gegen das Gegebene nicht in Begriffe der Handlung, in den Willen zu zerstören umsetzt, unnötig, überflüssig und absurd ist, jene Handlung, die das schönste Gedicht der Welt hervorbringen würde. «Das will er, mein Geist», schrieb Rimbaud.

eine harmonische Musik zu verwandeln, so hätte irgendein Bruch, irgendein Hiatus es uns erlaubt, das Mißverständnis auf freiem Felde zu ertappen, das Wirrwarr zu entschlüsseln. Wir hätten dann geahnt, daß es sich hier um die besondere Tragödie eines verirrten Alpinisten gehandelt hat, der sich aus Zufall oder glücklichen Umständen in einen großen Dichter verirrt hat. Doch es war eben genau jenes Genie, seine funkensprühende Pracht, die uns daran gehindert hat zu sehen, daß es sich nur um den Ausdruck eines unfreiwillig absurden Willens eines Temperamentes gehandelt hat, das Gott suchte und das in der Folge daran erstickte, nicht durch die Vermittlung dieses seltsamen ihm an die Hand gelieferten Instrumentes ungehindert zu einem »Beschluß« zu gelangen. Aus diesem Grunde erscheint uns der »Fall« Rimbaud so grausam, das genau ist es, was ihm seine unerklärliche Macht über uns verleiht, kein Zweifel!

Rimbauds Drama spielte sich an den äußersten Grenzbereichen derDichtkunst und ihrer Beurteilungen ab, und seine Gewaltausbrüche, seine Heftigkeiten – obgleich sie ihre Landkarte noch um einige unbesteigbare Klippen, unbetretene Gebiete, unbewohnbare Pole, unerforschte Länder erweiterten – können darum nicht ihr innerstes Wesen umbilden, damit meine ich, sie konnten ihr nicht die Schreie und die Lippen beseitigen und ihr eine neue Dimension verschaffen. Es wäre für die Welt wünschenswerter, wenn der Dichter seine Freiheit wieder verschüttet hätte, und wenn seine Lippen, nachdem er selbst wieder ein bißchen dumm geworden ist, harmonische Klänge hervorbringen würden. Es handelt sich hier nicht um eine Rückkehr zu was auch immer; man kehrt nicht zu etwas zurück. Aber es ist höchste Zeit, daß die Dichtung aufhört, vernünftig zu sein, aufhört zu glauben, sie wisse, was sie wolle, aufhört, etwas zu wollen, was sie nicht leisten kann, etwas zu können, was sie zerstört. Man muß sie auf ganz natürliche Weise wieder der Absurdität anheimgeben, die ihr, und zwar ganz allein, einen Sinn gibt, ohne weiterhin zu fragen: warum? Schon jetzt geht sie an ihrem allzu großen Wissen zugrunde.

Was auch immer man unternimmt, und was auch immer Rimbaud unternimmt, aus dem »Fall« gibt es kein Entrinnen. Er ist auf alle Zeiten dazu verdammt, in unentwirrbaren, doppeldeutigen, ja sogar heiklen Situationen zu leben. Er ist in alle

Ewigkeit dazu verdammt, in was auch immer er sich einmischen, in welche Abenteuer auch immer er sich stürzen mag (ob er nun schreibt oder schweigt, oder er kämpft oder sich dreinschickt, ob er ein Seher wird oder ein sehr böswilliger Verrückter), ein ungewöhnliches Etwas zu sein, seltam, nicht einzuordnen – ein Strolch und nichts weiter.

VIII

*»Donc tu te dégages
Des humains suffrages,
Des communs élans!* ...«
(Vom menschlichen Entscheiden
Vom allgemeinen Wahn
Willst du dich also scheiden ...)

RIMBAUD

Aber da protestieren Sie schon gegen den Begriff »Strolch«, den ich hier ganz mit Absicht gewählt habe, und schon sehe ich mich genötigt, das Wörterbuch zu Rate zu ziehen, um die Bedeutung dieses Wortes zu überprüfen:

Strolch, S. m. Individuum mit liederlichen Sitten, das normalerweise auf der Straße lebt.

Der *Larousse* ist in diesem Punkt ganz klar.

Ich weiß, daß nichts Sie daran hindern kann, sein Leben und sein Werk Punkt für Punkt durchzugehen, doch können Sie denn wirklich ruhigen Gewissens behaupten, daß Rimbaud anders denn auf der Straße gelebt hat? Erinnern Sie sich nur einmal seiner Fluchten, seiner Reisen zu Fuß von Charleville nach Paris, nach Brüssel, seine unleugbare Rastlosigkeit (die ein Arzt als *paranoia ambulatoria* diagnostizierte), die ihn ganz Europa und Asien durchstreifen und in Abessinien neue Handelswege erschließen ließ, und erinnern Sie sich auch an die kleinen schrecklichen Reisen, die er selbst während seiner Krankheit von Marseille nach Paris, dann nach Roche und schließlich wieder nach Marseille unternahm. In seinem moralischen Leben ist er nicht weniger flatterhaft; er ist ein Händler, ein Vagabund! »Individuum mit liederlichen Sitten«, das ist es wohl, was Sie am meisten schockiert. Nicht daß Sie etwa bei sich zuhause, in der Familie, im tiefsten Innern Ihrer selbst anders gedacht hätten. Aber es fällt Ihnen schwer sich vorzustellen, daß ein Autor, der mit dem Finger an der Schläfe an seinem Arbeitstisch sitzend über Rimbaud schreibt und der doch folglich sein Bild etwas erheben und verschönern *muß*, daß dieser Autor nun um jeden Preis – und ungeachtet aller Schicklichkeiten – an dem Wunsch festhält, ein getreues Bild von diesem zu bewahren.

Vielleicht tue ich Unrecht daran, so hartnäckig auf den »Häßlichkeiten« Rimbauds zu beharren; Ihnen wäre nichts lieber, als diese zu vergessen. Aber genau darauf kommt es an, daß man sie nicht vergißt! Wozu ihn mit moralischen Qualitäten bemänteln, die er nie besessen hat, einmal einen Heiligen, dann wiederum einen Seher aus ihm machen? Ich möchte Sie gleichfalls daran erinnern, daß nach Rimbauds eigenem Dafürhalten die Theorie des Sehers, weit davon entfernt nach landläufigen Moralkriterien eine »schöne« Tat zu sein, die Tat eines Strolches schlechthin ist, eine Tat, durch die man sich gleichermaßen der Vergangenheit wie der Zukunft bemächtigt. Rimbaud war sich im übrigen dessen vollauf bewußt. Sagt er nicht selbst, noch im Augenblick der Erfindung dieser Theorie, weit davon entfernt, sich die schöne Rolle zuzuschreiben, weit davon entfernt, die hieratische Stellung des Sehers einzunehmen: »Ich wühle mich immer mehr in ein Luderleben hinein...«? Das Wort, das er verwendet, um sich und sein Handeln zu bezeichnen, ist zufälligerweise eben jenes Wort aus dem *Larousse*.

Aber sollte er auch vielleicht kein Strolch im wortwörtlichen Sinne gewesen sein, so wäre er es doch zumindest auf geistiger Ebene, denn ist dies etwa nicht eine Definition nach Art eines Strolches: »Der Geist ist *Autorität*, er *befiehlt* mir, im Abendlande zu bleiben. Ich müßte ihn *zum Schweigen bringen*, um zu entscheiden, wie es meine Absicht war?« Zweifellos sagt Ihnen dieser Satz nichts, womit man etwas anfangen könnte; man ist es schon gewohnt, von Literaten, die für obskur gelten, obskure Worte zu hören. Doch Rimbaud nimmt es eigenhändig auf sich, uns über die Folgen aufzuklären, die in diesen Worten mitschwingen, über die Gefahren, die sie implizit enthalten: »Die Psalmen der Märtyrer, die Gattungen der Kunst, den Stolz der Erfinder, die Gier der Plünderer, all das schickte ich zum Teufel; ich kehrte in den Orient und zur ersten und ewigen Weisheit zurück. – das scheint man für einen Traum zu halten, der nur aus grober Faulheit kommen kann.«

Ein Strolch, sagte ich Ihnen nicht, daß er Punkt für Punkt den

Merkmalen eines Strolches entspricht? Die Märtyrer zum Teufel schicken (und nicht nur die Folterknechte), die Gattungen der Kunst (und nicht nur die Kanzelreden und die Literatur), den Stolz der Erfinder (der Erfinder unserer Götter!), die Gier der Plünderer (Märtyrer und Plünderer in einen Sack gesteckt) und zu einer ersten Weisheit zurückzukehren, die man im Orient situiert, die jedoch zweifellos nur ein Traum ist, der aus grober Faulheit kommen kann, denn es gibt keine Weisheit, die bislang sei es auch nur ohne die »Psalmen der Märtyrer« ausgekommen wäre, heißt das etwa nicht *auf der Straße leben?* Sobald ein Haus da ist, ist es Geist, ist es Autorität, ist es im Abendland erbaut, hat es seine Märtyrer, seine Erfinder, seine Kunstgattungen, seine Plünderer. Auf der Straße leben! Das ist Rimbauds Schicksal, ein Schicksal, dem er kaum zu entgehen sucht, denn wenn er auch das Abendland verlassen will, so hat das vielleicht seinen Grund darin, daß er dessen Autorität zu entfliehen sucht, nicht jedoch darin, sich Unannehmlichkeiten zu ersparen: »Dennoch«, fügt er im gleichen Text hinzu, »dachte ich damals kaum an das Vergnügen, den Leiden von Heute zu entgehen.«

Daß der Geist Autorität sei, das ist es, woran Rimbaud kaum gezweifelt hat, worunter er gelitten hat, und daß der Geist absolut fordert, wir sollen im Abendland bleiben. Und nicht nur die Religion, jede Religion fordert das, doch genauso alle Philosophen, alle Theologen, Atheisten, Wissenschaftler, Theosophen usw. Auch die Revolution will nichts anderes. Diesen Stand der Dinge sollte Goethe mit folgenden Worten umschreiben: »Die erhabensten Meisterwerke sind vom Menschen geschaffen und sind zugleich höchste Naturerzeugnisse; sie sind nach den wahren und natürlichen Gesetzen geschaffen, *hier ist nichts Willkürliches, nichts Erfundenes; da ist die Notwendigkeit, ist Gott«* Sie sehen hier sehr wohl, der Geist im Abendland ist immer Notwendigkeit, die *Ananke* des Aristoteles ist immer Gott, und dies selbst für einen der seltenen Männer, die sich, und sei es auch in noch so geringem Maße, von der Vormundschaft des Gemeinplatzes befreien konnten.

Zudem geht im Abendland Gott niemals dem Geist, der Autorität ist, voraus, – er folgt ihm. Selbst wenn man etwas anderes an seine Stelle setzt (und man setzt fast immer irgend etwas an seine Stelle), wird das, womit man ihn ersetzt, fast unverzüglich mit allen Attributen des alten Gottes versehen. Selbst in den Augen derjenigen, für die Gott nichts anderes als ein »Schwein« sein kann, gibt es immer eine geheime Nische, in die eine neue Macht eingesetzt werden kann, die man der Einfachheit halber den Geist nennt, und sogar den Geist der Finsternis, und, da wir im Reich des Wortes leben, und somit dieser Gott genauso gesetzesmäßig wie der andere ist, sind wir bereit, ihm Beachtung zu schenken, nicht ohne zuvor eine Frage vorauszuschicken: welches sind die Attribute des neuen Gottes, die ihn vom alten unterscheiden, da es sich, wenn man es recht bedenkt, nicht um die Substituierung einer Person, sondern um eine Transmutation von Werten handelt?

Aber da sind wir schon wieder mitten drin, was auch immer man unternehmen mag, auch dem neuen Gott wird man stets seinen Herkunftsort anmerken; er stammt aus dem Abendland, er kommandiert, er befiehlt, er schreibt vor, er erlegt auf, er fordert, daß man ihm Gehorsam leiste, er tyrannisiert mit Hilfe von Leuten, die sich für qualifizierter als andere erachten, um in seinem Namen zu sprechen, auch er begeht seine Sünden wieder den Geist, von denen ihn selbst das gesamte Wasser des Meeres nicht reinwaschen könnte, er hat seine Sanktionen und seine Belohnungen. Dieser Gott, ebenso wie der andere, ist unfehlbar und absolut, auch er gehorcht der Notwendigkeit, auch er ist Autorität. Und diesen »Geist« will man uns nun als den Gott Rimbauds vorsetzen? Diesen Geist, der »Autorität« ist, der fordert, daß wir im Abendland bleiben, sollte der »Geist« Rimbauds sein? Sagt Rimbaud nicht über diesen Geist, ebenso wie über den anderen: »Ich müßte ihn zum Schweigen bringen, um zu entscheiden, wie es meine Absicht war«?

Nein, bei Rimbaud handelt es sich nicht um einen Geist dieser Art, sei der auch noch so authentisch hegelianisch und hätte er auch noch so sehr die Dialektik auf seiner Seite: es handelt sich im Gegenteil um einen *Traum, der aus grober Faulheit kam*, nur um einen Traum, während wir uns, mit aufgekrempelten Ärmeln, bis in die abgründigsten Tiefen der »Leiden von Heute« stürzen.

IX

»Mais pourquoi regretter un éternel soleil,
si nous sommes engagés à la découverte de la
clarté divine – loin des gens qui meurent sur
les saisons?«
(Doch warum uns nach einer ewigen Sonne
sehnen, wenn wir schon auf die Entdeckung
der göttlichen Klarheit ausgegangen sind –
fern von den Menschen, die in den Zeiten
sterben?)

RIMBAUD

Die Ansichten gehen weit auseinander, wenn es sich um die
Gründe dreht, die Rimbaud dazu zwangen, der Wirklichkeit sein
Veto auszusprechen und sich durch einen Gewaltakt des »wahren
Lebens« mittels einer neuen Technik zu bemächtigen, die ihm
geeignet erschien, an die Stelle der Gnade zu treten und die letzten
Widerstände der Notwendigkeit zu besiegen, ich rede von der
Technik der Theorie des Sehers.

Man ist indessen einer Ansicht über die Tatsache, daß Rimbaud
in tiefste Verwirrung gestürzt wurde bei der Feststellung, daß das
wahre Leben auf Erden »abwesend« war, und daß er dieser Leere
die großartige Vision einer jungfräulichen Welt gegenüberstellte,
die er manchmal zeitlich *vor* der aktuellen Menschheit, in fern-
sten Urzeiten, ansiedelt, oft jedoch auch in die *Zukunft*, ans Ende
aller Zeiten projiziert, – freischwebend und voller Spannung
zwischen einer bereits gelebten Wirklichkeit und einer zum Leben
drängenden Fata Morgana. Diese Welt, die er aus allerlei Stückwerk zusammenzusetzen scheint, befindet sich in einem so
reichen Seinszustand, hat einen so perfekten, Knochenbau, ist
bereits auf so wundervolle Weise bestückt und fertig, daß man
Mühe hat, sie für das simple Resultat einer Einbildung zu halten,
so wunderbar auch immer diese gewesen sein mag. Darum ist
man zu denken versucht, daß es sich hierbei nicht so sehr nur um
die Andeutung eines unbekannten Wunders handelt, als vielmehr

um die so glühende wie präzise Erinnerung an ein bereits geschautes Paradies, jenes vor den Sintfluten, die über ihm zusammenschlugen, und welches die zukünftigen – in höchstem Maße wünschenswerten Sintfluten – uns nur wieder rückerstatten müßten. Einige haben es vorgezogen, hierin eine Art Rückkehr zum Paganismus zu wittern (»das heidnische Blut kehrt wieder. Der Geist ist nah«), doch Rimbaud hat selbst dafür gesorgt uns mitzuteilen, daß er diese Urzeit im Orient ansiedelt (– »Das ist wahr, ich dachte an das Paradies …« und »ich gehe in das wahre Königreich der Kinder Hams ein«), und daß er darunter nicht ein Aufblühen der Lebensform und der Freude verstand, sondern ganz einfach »einen Traum, der aus grober Faulheit kam«, kein Traumgesicht von köstlichen Wonnen, sondern einen Traum von absoluter Freiheit, und auch nicht ein Land, in dem man herumhuren, sich austrecken, schlafen kann, sondern ein abstraktes Grenzgebiet, in dem es uns endlich erlaubt sein soll, nach eigenem Belieben frei entscheiden zu können. Ein Paradies, das dazu angetan ist, zu einem »Beschluß« zu kommen, und nicht ein Paradies der Sinnenfreude; einzig die Freiheit zählt; was die Ethik anbelangt, vor dieser möchte er gerne die Augen verschließen; er ist so wenig auf der Suche nach dem Glück, daß er sogar dem Leiden Eintritt in sein Paradies gewähren will, und was das Schlimmste ist, selbst den größten »Leiden von Heute«: »O Welt! Und der helle Gesang all des neuen Unglücks!«

Diese jungfräuliche Welt, dieses verlorene Paradies, stellt Rimbaud sich wie eine ferne Kindheit, wie wahre Ferien vor. Wäre seine eigene Kindheit nicht ab dem Alter von sieben Jahren durch die Bibel mit »kohlgrünem« Schnitt vergiftet worden, wäre seine Seele nicht soweit seine Erinnerung reicht »Widerlichkeiten ausgeliefert« gewesen und wäre es nicht das größte Glück für ihn gewesen, sich in die »Frische der Latrinen« einzuschließen, vielleicht hätten wir dann eine Interpretation verführerisch gefunden, derzufolge Rimbaud seinem momentanen Leben nichts als die Freuden der reinen Kindheit gegenübergestellt hatte (ohne die geringste christliche oder mystische Bedeutung), und derzufolge er nur versucht hatte, die Welt zu dieser absoluten, einzigen Kindheit zurückzuführen, nach einer Reinigung, die selbstverständlich nicht von den schlimmsten menschlichen

Mißgeschicken ausgenommen gewesen wäre. Bauern, wie wir alle sind, würden wir es vorziehen, den Traum Rimbauds irgendwo zu situieren, vorausgesetzt, daß wir ihn dieser ursprünglichen Matrix der Welt entreißen könnten, in der wir alle mit Hegel einer Meinung gehen, daß der Mensch, indem er von der Frucht des Baumes der Wissenschaft gegessen hat, sich auf ewig mit den Prinzipien aller Philosophie ausgezeichnet hat, ausgehend vom Prinzip der größten Freude, dem Prinzip des *summum bonum*. Wir müssen uns unfreiwillig eingestehen, daß Rimbaud die Autorität Hegels und die der Philosophen jedweder Machart ablehnt. Wäre er Hegelianer gewesen, so hätte es ihn begeistert, daß Gott Autorität und das wahre Leben abwesend ist, und daß es auf der Welt nicht die geringste Spur einer »freien Freiheit« gibt. Wäre er Hegelianer gewesen, so hätte er gewußt, daß die Notwendigkeit die Mutter aller Philosophie, das »wahre Leben« eine Absurdität und die Autorität das oberste Gut ist.

Doch Rimbaud wirft sogar dem Christentum vor, eine »Verkündigung der Wissenschaft« zu sein. Er hat also nicht in die Hegelsche Frucht gebissen, sondern vielmehr in die Frucht des Baumes des Lebens. Dieser, der für Hegel nur der Baum der Absurdität ist, hatte hingegen alles, was nötig war, um Rimbaud zu gefallen: die freie Freiheit, einen Geist, der nicht Autorität ist, einen Glauben, der keineswegs eine Verkündigung der Wissenschaft ist. Der Wissenschaft, der Sinnlosigkeit, dem Tod stellte der Baum des Lebens die Unwissenheit, die Freiheit und das ewige Leben gegenüber. Nichts war so wenig fleischlich und auch so wenig ethisch wie der Geist Rimbauds, die Freude, die er fordert, ist eine reine Freude; es ist die Freude, sich frei zu fühlen, nicht zu arbeiten, nicht in welchem Dienstverhältnis auch immer Gehorsam leisten zu müssen, von aller Moral befreit zu sein und über die Gerechtigkeit nachzusinnen. Obgleich diese Freude keineswegs christlich ist, so hat sie doch noch lange kein heidnisches Angesicht; aber verstand Rimbaud unter »heidnisch« nicht einen Zustand, der noch von den Zeiten vor den Gesetzen, vor dem Christentum und vor dem erbärmlichen und dummen Abenteuer des Sündenfalls herrührt?

Ausgehend von dem, *was ist*, durch welchen Verbindungssteg könnten wir uns dem nähern, *was war?* Als Mittler zwischen dem Menschen und dem ursprünglichen Paradies besitzen wir die Zugbrücke der Offenbarungsreligionen, die uns den Eintritt ins Paradies verweigern, diese Religionen, die vom Biedermann, der gleichzeitig mit Christus auf die Welt kam, geschaffen wurden. Christus ist nicht mehr! Und die Zeit des Evangeliums ist auch vorbei! Wie, durch welches Wunder, sollen wir die zweitausend Jahre aus der Welt schaffen, die uns davon trennen, wie sollen wir die Zeit aufheben? Was sollten wir tun, damit Christus in die *heutige* Zeit wiederkehre, damit der Geist seine Autorität verliere und die Freiheit wieder frei werde? Darin liegt das wesentliche Problem Kierkegaards, der ebenfalls nach dem »Geist in der Minute seines Erwachens« sucht, der ebenso weiß, daß man »über den Geist zu Gott gelangt«. Kierkegaard faßt dies so auf, daß das einzige Mittel zu Gott zu gelangen darin besteht, Hegel den Hals umzudrehen, die Notwendigkeit zu zerstören, die Zeit aufzuheben und sich an einen »außeramtlichen Wissen-den« zu wenden, an Hiob, der uns die »Absurdität« anrät.

Die Verwicklung seiner metaphysischen Suche mit seinem ästhetischen Standpunkt verwirrte Kierkegaards Geist so stark, daß er schließlich den Boden unter den Füßen verlor und von Sokrates wieder aufgehoben wurde – einem Sokrates, der Hegel zum Verwechseln ähnlich sah. Rimbaud durchlitt eine in allen Punkten gleichartige Verwirrung. Doch da er es eiliger hatte als der dänische Schriftsteller, entschied Rimbaud, das Absurde voranzutreiben, und zwar nicht mit den Mitteln des Glaubens, »der Berge versetzt«, sondern mit den Mitteln jener dichterischen Methode, die aus der Kabbala stammende Methoden zu Hilfe nimmt: Drogen, Rausch, Leiden, vorsätzlichen Wahnsinn usw. Weniger begünstigt als Kierkegaard hatte Rimbaud nicht das Glück, in die Arme eines Sokrates oder eines Hegel zu fallen, die für ihr Teil das Geheimnis der Freude gefunden hatten – die *Freude der Entsagung.*

Die Lösung Rimbauds ist schrecklicher als diejenige Kierke-gaards, denn dieser weiß nicht, daß er alles verloren hat, während Rimbaud das sehr wohl weiß, er weiß, daß er völlig nackt ist, daß er gemogelt hat und daß er, während er von der Frucht des Baumes der Wissenschaft aß, Gott hatte Glauben machen wollen, er habe von der Frucht des Baumes des Lebens gegessen. Seine Eile hatte ihn – wie schon so oft – dazu veranlaßt, auf die Rezepte und Praktiken des Baumes der Erkenntnis zurückzugreifen.

Dieser Baum jedoch, wenn man der Genesis Glauben schenkt, war der Baum des Todes. Dadurch, daß er das »wahre Leben« im Galopp erringen wollte (»daß das Gebet vorwärts stürmt«) und daß er alle Mittel dazu für rechtens hielt und der Ansicht war, der Sieg würde sie auf einen Streich rechtfertigen, hat sich Rimbaud am Ende auf eigene Verantwortung und willentlich der großen metaphysischen Sünde schuldig gemacht, die ihn aller Möglichkeiten der Rückkehr zum Wunder beraubte und uns künftig, was auch immer wir tun, vor den Baum des Todes stellt. Wie soll man in Zukunft zum »wahren Leben« gelangen können, ohne zuvor die Notwendigkeit zu zerschlagen, sie zu überschreiten? Und wie sollte man die *Ananke* mit Hegels Methodenapparat zerschmettern?

Wenn auch die Meinungen stark auseinandergehen in bezug auf die Motive, die Rimbaud dazu getrieben haben, das Leben zu hassen und ihm das wahre Leben vorzuziehen, so ist sich zumindest alle Welt darüber einig, daß Rimbaud nach dem Experiment des Sehers auch von dem Wunsch nach dem wahren Leben verlassen worden ist, gleich als ob dieses erste und totale Experiment zu erschöpfend, zu zerstörerisch gewesen wäre. Erst am folgenden Tag nach seinem vereitelten Versuch wird Rimbaud, und zwar diesmal für lange Zeit, im wissenschaftlichen Wahnsinn dämmern, der ihm auf perfekte Weise demonstrierte, daß er keineswegs ein Sonnensohn war, sondern ein einfacher Bauer aus dem Abendland, Erbe einer langen Generation von Idioten, die aus den Menschen- und Bürgerrechten hervorgegangen ist.

X

»De profundis, Domine! ... Suis-je bête!«
(De profundis, Domine! ... Wie dumm bin ich doch!*)

RIMBAUD

»Ich! Ich, der ich mich Magier oder Engel genannt, mich von jeder Moral losgesagt habe, ich bin der Erde wiedergegeben, um mir eine Pflicht zu suchen und die rauhe Wirklichkeit zu umarmen! Bauer!« In diesem einzigen Angstschrei findet sich der ganze Rimbaud ausgedrückt, und zwar mit einer Deutlichkeit, einer Bestimmtheit, wie wir sie auf keiner einzigen Seite seiner schrecklichen Apokalypse wiederfinden werden.

Man kann die Kategorien der Metyphysik von denen der Ethik nicht auf direktere Weise scheiden, als Rimbaud es in diesen wenigen Zeilen getan hat. Auf der einen Seite sind die Kategorien der Metaphysik, die sich, von jeglicher Moral und jeglicher Pflicht befreit, in einem Bereich jenseits von Gut und Böse ansiedeln lassen: »Niemals werde ich arbeiten!«, auf der anderen Seite sind die ethischen Kategorien, die der rauhen Wirklichkeit, die es zu umarmen gilt, von Gut und Böse, von der Pflicht, von der Notwendigkeit, der Arbeit. »Magier oder Engel«: das ist die Seite der Metaphysik; »Bauer«: das ist die Seite der Ethik. Rimbauds Sündenfall wiederholt Schritt für Schritt den des ersten Menschen; die Strafe besteht nicht darin, vom Guten ins Böse zu fallen, wie uns die Theologen und die weltlichen Philosophen lehren; die Freiheit, die sie uns anbieten, die Freiheit der Wahl zwischen Gut und Böse, ist ganz im Gegenteil nichts als der schlagende Beweis dafür, daß wir keine freien Wesen sind, daß es in Begriffen der Wirklichkeit gesprochen keine Freiheit gibt. Dort, wo es eine Unterscheidung zwischen Gut und Böse gibt, gibt es auch die Realität des Sündenfalls, gibt es die Ethik; *die Strafe besteht einzig und allein in der Vertreibung des Menschen aus der metaphysischen Kategorie, jener des wahren Lebens, hinaus ins Land der ethischen Kategorien,* jener der realen Zeit.

Die Wirklichkeit hat uns wieder! Rimbaud konnte folglich nur ein Bauer sein, bereits lange bevor er versuchte, aus der Kategorie des Wirklichen »*mit seinen zwei Flügeln ohne Federn*« zu fliehen; »*auf die Gefahr, eine Ewigkeit zu fallen*?« Man kann ihm also weder einen Stand reiner Unschuld zuschreiben, wie es Jacques Rivière versuchte, noch ihn von der Erbsünde befreien. Doch Rimbaud dachte bis zu seinem Versuch, der so erbärmlich fehlschlug, es stünde in der Macht des Menschen, der Pflicht zu entgehen; er glaubt, es sei ihm möglich, zu schmarotzen; er will aufhören, ein Bauer zu sein, versucht es, bereit, sich die Hände zu schinden, sich das Gesicht zu zerschlagen. Er nimmt diese Niederlage *a priori* nicht hin. Er würde weder eine »Hand, die die Feder führt«, noch eine »Hand am Pfluge« sein: »Nie werde ich arbeiten!« ruft er aus. Indessen verläßt ihn dieses Gefühl, ein Bauer zu sein, selbst in dem Augenblick nicht, in dem er seine Theorie des Sehers hervorbringt, die ihn auf einen Satz der Wirklichkeit entreißen und es ihm ermöglichen sollte, sich bequem im »wahren Leben« einzurichten. Er kann noch so sehr in Feuer geraten, sich noch so sehr ins Delirium stürzen, nie wird er das Gefühl los, daß es sich dabei um einen vergeblichen Versuch, um das falsche Ventil, um einen verheerenden Ausweg handelt. Er wird sich stets bewußt bleiben, eine schlechte Tat zu begehen, dem Geist den Vorzug vor der Wirklichkeit einzuräumen, deren Erfolge zu verleumden, die Sache des Menschen und den »Kampf des Geistes« für eine großartige, aber feige Lösung zu verraten. Der Seherbrief ist auf den Mai 1871 datiert, schauen wir uns an, was er zwei Wochen zuvor – also zu der Zeit, in der er diesen Brief plante – an seinen Freund Demeny in einem auf den 17. April datierten Brief schrieb: »Da ich nichts weiß von dem, was man wissen muß, entschlossen bin, nichts von dem zu tun, was man tun muß, bin ich verdammt, seit immer, für allezeit«.

Ist das etwa der unerschütterliche Glaube eines Mannes, der von sich denkt, die letzte Gewißheit gefunden zu haben, der glaubt, die Wahrheit, und sei es auch nur ein kleines Stück davon, in Händen zu halten? Während er sich an seiner erstaunlichen Erfindungsgabe berauscht, ist ihm sein Scharfsinn dennoch nicht abhanden gekommen. Er weiß, daß er betrügt, daß er zu »einer Märchenoper« wird, daß er mit Absicht »die Verwirrung seines

Geistes« als »heilig« empfindet, daß er verrückt wird, vorsätzlich und aus Stolz, um die Stimme zu vergessen, die ihm zuruft: »Bauer!« – um zu vergessen, daß die Welt existiert, unentwirrbar, trügerisch, unerbittlich. Wenn er auch noch seine Hoffnung darein setzt, die Realität zu zerschlagen, wie schwach ist diese Hoffnung doch! Nein, er stürzt sich nicht mit jenem Glauben, der Berge versetzt, in das Abenteuer des Sehers, sondern ohne allen Glauben, von Anbeginn verloren, ohne Hoffnung. Magier oder Engel! Wie lächerlich! Wie wenig bedeutet es ihm doch, zu überzeugen, zu überreden, Recht zu haben, und noch weitaus weniger, Schüler zu haben! Was bedeuten ihm noch die Versprechen, die er gemacht hat, und sei es auch nur gegenüber Paul Verlaine: »In der Tat, ich habe es mir in aller Seelenruhe zur Aufgabe gemacht, ihn seinem ursprünglichen Stand eines Sohnes der Sonne zurückzugeben.« Jetzt sucht er nur noch für sich alleine »den Ort und die Formel«. Doch »entschlossen, nichts von dem zu tun, was man tun muß« wird er nie diesen Ort, diese Formel finden! Er ist verdammt, seit immer, für allezeit!

»Nous t'affirmons, méthode!»
(Wir bejahen dich, Methode!)

RIMBAUD

»Verurteilt, seit immer, für alle Zeit ... «

Doch es bleiben keine sichtbaren Spuren im Sand zurück. Weder Gut, noch Böse, noch Sünde, noch Reue, lediglich dies: »da ich nichts von dem weiß, was man wissen muß, nichts von dem tun will, was man tun muß ...« Was ist das also für ein Dämon, der sich von Anfang an Rimbauds Schicksal bemächtigt hat? Und wer könnte es wagen, aus dieser Klage des Dichters bereits die Vorbedingungen für eine Bekehrung *in extremis* herauslesen zu wollen?

Ich weiß sehr wohl, daß Paul Claudel diese Bekehrung für eine natürliche, logische Folge hielt, die selbst aus den kleinsten Äußerungen des jungen Rimbaud vorherzusagen gewesen wäre. Das Mißverständnis, das Rimbauds Leben darstellt, scheint für Claudel aus der Quelle des reinsten Katholizismus zu strömen. Hatte der Abschluß dieses Lebens das Mißverständnis nicht etwa auf ebenso glanzvolle wie zwingende Weise aufgelöst? Deutet seine Erziehung (»meine dreckige christliche Erziehung«) etwa nicht in gewisser Weise auf sein Ende voraus? »Ich bin einer von denen, die ihm aufs Wort geglaubt haben«, sagte er. Aufs Wort, das ist doch etwas übertrieben, denn nichts ähnelt Rimbauds Glauben weniger als dem Glauben Claudels. Rimbaud forderte vom Glauben, daß er ihm die absolute Reinheit des Sonnensohnes verbürge, er forderte die Freiheit im Heil, die »freie Freiheit«; was konnte ihm also das Kirchendogma bieten, was auch nur annähernd mit diesen absurden Forderungen vergleichbar gewesen wäre? Falls Rimbaud ein Mystiker ist, so ist er sicherlich keiner nach der Art, wie Claudel ihn sich vorstellt, im Stande des Wilden, sondern ganz im Gegenteil ein Mystiker im auf die Spitze getriebenen Stand des Kulturmenschen, der von den Leiden unserer Zeit verzehrt wird, den man einzig und allein im Bereich der Vernunft ansiedeln kann, der zudem aus der Vernunft einen schrecklichen Gebrauch zieht und sie mit eigener Kraft zu zerstören sucht. Rimbaud ist der erste Mann unserer Zeit, der die Krise des Humanismus zutiefst empfunden hat; Nietzsche und Dostojewski werden ihm unmittelbar folgen. Hier liegt das ganze Problem: mit der Vernunft kann man nicht leben, aber es ist unmöglich, ohne Vernunft zu leben; mit dem Glauben kann man nicht leben, aber es ist unmöglich, ohne Glauben zu leben, es geht nicht darum, was zu glauben *vorzuziehen* ist, sondern was zu glauben man ein *Bedürfnis* hat, und was zu glauben *möglich* ist. Bis zu welchem Grad ist der Mensch frei? Diese Feinheiten müssen gemessen werden. Man braucht »Gewißheit«, sicher! Aber wie gelangt man dahin? »Da ich nichts weiß von dem, was man wissen muß ...« – ausgerechnet jetzt! »Entschlossen, nichts zu tun ...« – und schon ist das Spiel verloren!

In diesem unlösbaren Dilemma ist kein Durchschlupf erkennbar, durch den sich auch nur die geringste katholische Betrachtungsweise einschleichen und Wurzeln schlagen könnte.

Und die Bekehrung? Denn die Bekehrung ist erfolgt, und niemand könnte sie Rimbaud bei lebendigem Leibe wieder entreißen! ... Es sei denn ... Ich werde mich wohl hüten, Zweifel an dieser Tatsache anzumelden, auch wenn es nur einen einzigen Zeugen dieses Ereignisses gibt, einen parteiischen, zweifelhaften Zeugen (es ist ziemlich bezeichnend, daß Rivière in seinem Buch über Rimbaud, das vor dessen Bekehrung begonnen, aber erst wesentlich später beendet worden ist, darüber kein Sterbenswörtchen verliert). Wenn Sie wünschen, so wollen wir dem Bericht dieses Zeugen Glauben schenken. Was ist Erbauliches daran? In dem Brief, den Isabelle ihrer Mutter aus dem Krankenhaus schickte, wird uns Rimbaud als ein schwerkranker Mann geschildert, lange verweigert er sich dem drängenden Wunsch seiner Schwester, »seine Arme sind gelähmt, er läßt sie wie untaugliche Waffen hängen«, er läßt sich überzeugen: »wir können wohl dieselbe Seele haben, da wir dasselbe Blut haben. Du glaubst also?« Dieses Argument bringt ihn ins Wanken.

Der ans Totenbett gerufene Priester ist erstaunt: »Aber was erzählten Sie mir denn, mein Kind. Er hat den Glauben, und ich kann sogar sagen, daß ich nie zuvor einen solchen Glauben gesehen habe.« Doch nachdem der Priester gegangen ist, stimmt Rimbaud wieder die alte Leier an: »Du bist vom selben Blut wie ich, glaubst du?« Und kurz nach der Beichte (denn Rimbaud legt die Beichte ab): »Ja, sie behaupten, daß sie glauben, sie tun so, als wären sie bekehrt, aber nur damit man liest, was sie schreiben, das ist Berechnung.« Ich hoffe, man wird mir gestatten, in diesen Bemerkungen einen leicht Voltairianischen Beigeschmack zu entdecken, der in dieser Unterhaltung bzw. dieser freiwilligen Bekehrung doch reichlich erstaunt. Wenn ich einmal kurz von der Annahme ausgehe, daß er die Gnade ersehnt hat, darf ich dann aus diesen Texten schließen, daß er sie auch erhalten hat? Doch auf die Frage Rimbauds antwortet seine Schwester: »Man muß glauben!«. Genau dieses *man muß*, das Rimbaud wie nichts anderes in seinem Leben gehaßt hat, das seine unbeugsame Freiheit in Ketten zwang, das der »Überredung« nicht zugänglich war, dieses *»man muß«* stammt aus jenem Geist, den er vor allem anderen verabscheute: dem Geist, der AUTORITÄT ist.

Warum also sollte Rimbaud sich bekehrt haben? Etwa nur, um dem wiederholten Drängen seiner Schwester nachzugeben, um ihr einen Gefallen zu tun? Er ist allein, er liegt im Sterben, er stirbt unter falschem Namen, ohne Zeuge, ohne Spiegel, ohne jegliche Verantwortung, warum nicht? Sollte es sich lediglich um die Schwäche eines Schwerkranken gehandelt haben? Sollte es die Angst vor dem Tod gewesen sein? Die Angst vor dem Leben? In diesem Falle aber – wie reimt sich das mit den gotteslästerlichen Reden, die er seiner Schwester hält, direkt *nachdem* er seine Beichte abgelegt hatte?

Es gibt indes noch eine letzte Hypothese, die seiner Schwester in ihrer Arglosigkeit entgangen sein könnte und die nur schwer zu erkennen gewesen sein dürfte, da Rimbaud ihr wohl, aus gutem Grund, nicht seine geheimsten Motive für diese Handlung mitgeteilt haben dürfte, da sie ganz offensichtlich dazu angetan war, ihr Gefallen zu finden. Wir haben bereits angemerkt, daß Rimbaud für uns kein Seher, kein Besessener ist, keiner dieser Männer, die laut dem Alten Testament plötzlich anfingen, Prophezeiungen auszusprechen, sondern jemand, der ganz im Gegenteil »daran *arbeitete*, sich sehend zu machen«, der nur ein Seher sein wollte, um aufzuhören, ein Bauer zu sein, der die

Vernunft »auf feurige Weise« benutzte, trotz allem aber noch die Vernunft, und das zu dem einzigen Ziel, mit ihrer Hilfe, nachdem er sich mit Tugend vollgestopft hatte, mittelbar das Sehertum zu erlangen. Er gilt nicht ohne Grund in genau jenem Moment, in dem er zum Preis von unerhörten Leiden »daran arbeitet, sich sehend zu machen«, als der schlimmste Strolch. Ich vermute, daß Rimbaud, als er sich auf dem Krankenbett ausstreckt, schon halb vom Tode gestreift, sich in Wahrheit einem weiteren verzweifelten Abenteuer hingibt, das in allen Punkten dem zuvor mit seiner Theorie des Sehers erprobten gleicht. *Wieder einmal wird er verzeifelt versuchen zu sehen, ob die Form nicht den Geist in sich birgt, ob das Zeichen nicht die Wirklichkeit nach sich zieht, ob die Freiheit nicht in der Unterwerfung liegt, OB MAN DIE GNADE NICHT ZWINGEN KANN: er »ARBEITET« in diesem Augenblick daran, katholisch zu werden.*

Und sicher, es wäre möglich, ja es wäre wünschenswert gewesen, daß Rimbaud nach Beendigung dieses Experiments fündig werden würde oder zumindest in dem Glauben gewesen wäre, fündig geworden zu sein; doch sobald das Experiment abgeschlossen war, kam der Alchimist in ihm nicht umhin, die Resultate in Augenschein zu nehmen; aus dem gemeinen Blei ist kein Gold geworden. Die Form konnte den Geist nicht ausschwitzen, der Ritus konnte keine Wirklichkeit absondern, keine Zauberformel konnte die Gnade hervorlocken. Aus zwanzig Schritten Abstand betrachtet, scheitert sein letzter metaphysischer »Putsch« ebenso kläglich wie sein erster.

Was tun? Da er Isabelle gegenüber die Komödie des schmerzlich Besiegten nur gespielt hatte, nimmt er es ihr übel, ihn zur Einwilligung in diese Feigheit gezwungen zu haben, erneut beklagt er sich, spottet er. Es braucht nicht betont zu werden, daß man dem logischen und kühlen Bild, das Isabelle für ihre Mutter vom Tode Arthurs zeichnet, nicht trauen kann. Einerseits sind ihre Worte an eine geizige und grobe Bäuerin gerichtet, die wenig geeignet war, den Wankelmut und die Strukturiertheit ihres Sohnes verstehen zu können; andererseits ist Isabelle zur Stunde von Arthurs Tod zur Stelle, streng und spröde, einzig von der stetigen Sorge beherrscht, ihrem Bruder, den sie noch nicht lieben gelernt hatte und erst viel später lieben sollte, dabei zu helfen, eines »schönen Todes« zu sterben. Das ist keine Schwester, die hier am Bett steht, das ist ein Todesengel, der im Begriff ist, letzte Sorge für die Seele eines Bruders – nein, für ein abstraktes Wesen zu tragen, für ein menschliches Wesen, das sich in ihren Augen in Anmaßung und Hochmut verirrt hat. Wie wenig sie doch von Arthur weiß; entweder kennt sie sein Werk nicht oder sie unterschätzt die Bedeutung, die sein lyrischens Abenteuer für seine Zeit hatte, und behält nur die Erinnerung an einen Menschen, der vom rechten Wege abgekommen ist, an einen ausgehungerten Vagabunden, einen Strolch ohne Treu und Glauben. Jahre später, als sie wieder versuchen sollte, sich zu erinnern, wird es zu spät sein. Wozu noch einmal von vorn anfangen? War Arthur nicht, alles in allem, eines »schönen Todes« gestorben, warum dann den Prozeß wiederaufnehmen? Man täte besser daran, nicht in den alten Erinnerungen herumzuwühlen. Doch wenn es sich um sein Seelenheil handelte, so dürfte selbst eine offensichtliche Lüge sie nicht sonderlich geschreckt haben.

Wie hart muß für Rimbaud das Erwachen nach diesem zweiten Experiment, dem letzten, doch gewesen sein! Nichts zu machen! In diesem unentwirrbaren Durcheinander, in dem der Mensch im finstersten Dunkel tappt, geht der erbärmliche Handel mit einigen Werten, deren Bedeutung schon lange verlorengegangen ist, stetig weiter. Das Wort mag noch so sehr das gleiche sein, die Forderungen Rimbauds an das Christentum würden im heutigen Katholizismus nicht mehr auf große Resonanz stoßen; und was hätte ihm der katholische Glaube auch anderes liefern können als eine Doktrin der Autorität, die wenig geeignet ist, gleichermaßen Herz und Geist zu befriedigen? Das Christentum hat sich schon längst von jeder Metaphysik losgesagt, seine Botschaft ist schon längst in die Hände der weltlichen Philosophen übergegangen. Um heute Christ sein zu können, muß man sich nicht unbedingt zum Christentum bekehren, es genügt, in Königsberg die Kurse des berühmten Herrn Professor Immanuel Kant über die »praktische Vernunft« zu hören.

XII

»J'ai dit: Dieu!«
(Ich habe gesagt: Gott!)

RIMBAUD

»Das Christentum ist jeden Augenblick noch möglich. Es ist an keines der unverschämten Dogmen gebunden, welche sich mit seinem Namen geschmückt haben: es braucht weder die Lehre vom persönlichen Gott, noch von der Sünde, noch von der Unsterblichkeit, noch von der Erlösung, noch vom Glauben; es hat schlechterdings keine Metaphysik nötig, noch weniger den Asketismus, noch weniger eine christliche ›Naturwissenschaft‹. [...] Wer jetzt sagte ›ich will nicht Soldat sein‹, ›ich kümmere mich nicht um die Gerichte‹, ›die Dienste der Polizei werden von mir nicht in Anspruch genommen‹, ›ich will nichts tun, was den Frieden in mir selbst stört: und wenn ich daran leiden muß, nichts wird mehr mir den Frieden erhalten als Leiden‹ – der wäre Christ.« (Nietzsche, *Der Wille zur Macht*).

Nietzsche hat mit dieser außergewöhnlichen Sicht, die es ihm erlaubte, die beachtlichen Distanzen, welche ihn vom Menschen trennten, unglaublich zu verringern, den heutigen Typus des Christen vorwegnehmend definiert und dargestellt, des Christen, der sich nicht bewußt ist, ein solcher zu sein, der einerseits halb Revolutionär, andererseits halb Freudianer ist. Noch heute gibt es diesen Menschenschlag, der nicht Soldat sein will, sich nicht um die Gerichte kümmert und nicht die Polizei in Anspruch nehmen will, der »die Reichen auffordert, sich zu ruinieren, um der allmächtigen Logik zu gehorchen, die es mir gestattet, ein moralisches Urteil über sie zu fällen«, der schreibt: »Wir sind unkorrumpierbar, und unkorrumpierbar müssen diejenigen sein, die unsere Freunde bleiben wollen«, der von Zerstörung und Anarchie träumt, im Namen einer schlecht definierten moralischen Reinheit und eines Geistes, der von der Sünde charakterisiert ist, von der Opposition gegen den Geist, vom Haß gegen jegliche logischen, psychologischen Widersprüche, der das individuelle Leiden, ja sogar das Individuum verabscheut, und zwar in dem Maße, daß er den beiden russischen Dichtern Majakowski und Jessenin vorwirft, die Sache der Revolution und des Menschen verraten zu haben, indem sie ihrem Leben ein Ende machten.

Genau dieser Typus eines Christen, der seit dem Tode Christi die Straßen der Geschichte bevölkert und der auf Christus spuckt, der Christ, den sowohl Nietzsche wie Kierkegaard nicht ausstehen konnten, und zwar aus Gründen, die man auf den ersten Blick für äußerst entgegengesetzt halten könnte. Nietzsche sieht im Christen nichts als diese Anhäufung falscher Werte und haßt ihn; Kierkegaard erklärt aus denselben Gründen, es sei auf der ganzen Welt kein einziger Christ mehr zu finden: das Christentum ist tot. Sollte somit sowohl für den Mystiker wie für den Antichristen das wahre Christentum einzig in den Lehren vom persönlichen Gott, von der Sünde, von der Unsterblichkeit, von der Erlösung, vom Glauben gelegen haben? Wenn das der Fall ist, so hat Kierkegaard recht, es gibt keine Christen mehr; der letzte Christ, ein Pascal zum Beispiel, protestierte der etwa nicht schon gegen den abstrakten Gott der »Gelehrten und der Philosophen«, und rief der nicht schon nach dem Gott Abrahams, Isaaks und Jakobs? Und Nietzsche hat ebenso recht, indem er den Christen auf seine Weise definierte; wenn er sich täuscht, so ist das nicht seine Schuld; er wußte nicht das, was Kierkegaard sehr wohl wußte, daß es keinen Christen mehr auf der Welt gibt. Sein Angriff ist aus dem Grunde umso vernichtender, als er sich gegen ein gesellschaftliches Individuum richtet, das sich zu seiner Verteidigung nicht mehr im Besitz der geringsten metaphysischen Waffen befindet. Die christliche Moral hat den Glauben ersetzt.[1]

Wenn man das Rimbaudsche Werk für sich selbst nimmt, als organische Ganzheit betrachtet und nicht in kleinste Stücke auseinanderreißt, nicht als »berühmte Texte«, aus denen man sorgfältig den widerspruchsvollen Gehalt ausfiltert, sondern als lebendige Einheit, dann sind darin keine christlichen Kennzeichen im besten Sinne Nietzsches auszumachen. Rimbaud hegt vor allem gegen den moralischen Warentausch einen tiefen

[1] Baudelaire: »Selbst wenn es Gott nicht mehr gäbe, bliebe die Religion weiterhin heilig und göttlich.« Dostojewski hatte das Problem besser verstanden, wie wir daran sehen können, daß er auf die These Iwan Karamasows: »Gott existiert nicht!« den alten Karamasow antworten ließ: »Aber dann ist ja alles erlaubt, nicht wahr?«

Abscheu. Mehr als alles andere auf der Welt befürchtet er:»daß ein einziger Tag des Erfolgs uns über der Schande unserer fatalen Ungeschicklichkeit einschlafen lassen könnte«. Er schreibt:»Ich, ich bin unberührt, und das ist mir gleich«, und er fordert, daß man»die tyrannischen Ehrbarkeiten wegschaffe, daß wir unsere ganz reine Liebe herbeibringen können«. Eine Unzahl von Merkmalen zwingen uns zu der Annahme, daß es ganz im Gegenteil ausnahmslos die Fragen des persönlichen Gottes, der Sünde, der Unsterblichkeit, der Erlösung und des Glaubens sind, die Rimbaud leidenschaftlich beschäftigen; zwar glaubt er nicht daran, das ist gewiß, doch genau wie Kierkegaard wird er dem überlieferten Christentum vorwerfen, nichts als das Werk eines Biedermanns, und, nach abschließender Analyse, nichts als eine »Verkündigung der Wissenschaft« zu sein.

Einige Dinge sollten wir klar und deutlich festhalten: Rimbaud will nicht nur kein wissenschaftliches Christentum, keinen Gott, dessen Existenzbeweis durch Tatsachen erbracht und der im Laboratorium homologisiert worden ist, sondern der Glaube wird ihm vorwiegend dadurch auf ewig verleidet, daß die Vernunft und die Wissenschaft sich eingemischt haben. Nicht der Wissenschaft wirft er vor, daß sie sich auf den Glauben eingelassen hat, sondern vielmehr wirft er dem Glauben vor, wissenschaftlich geworden zu sein: »Oh! Die Wissenschaft! Man hat alles wieder aufgenommen. Für Leib und Seele – als Wegzehrung – gibt es die Medizin und die Philosophie – die Hausmittel der alten Weiber, aufbereitet wie die Volkslieder. Und die Vergnügungen der Fürsten und die Spiele, die sie verboten! Geographie, Kosmographie, Mechanik!« Das gibt uns ein etwas anderes Bild von Rimbaud als das, was wir uns bisher von ihm gemacht haben, und ruft neue Mißverständnisse zwischen ihm und seinen Schülern hervor.

Eine ganze Generation, unsere eigene, ist im Zeichen Rimbauds in den »Kampf des Geistes« eingetreten. Emsig las sie für ihre Belange die vom Meister über Bord geworfenen »magischen Sophismen« wieder auf, nach links und rechts focht sie ihre Angriffe aus, immer im letzten Moment, wie es vereinbart worden war. Sie forderte die Freiheit im Namen sittlicher Urteile, denen noch das moralische Erbgut und die Färbung des Christentums anhaftete, wobei sie sich zugleich gegen dessen metaphysische Wahrheiten wandte. Doch Rimbaud sucht »die Freiheit im Heil«, er will keine andere. Er sucht nicht nach einer von den Philosophen aus Stückwerk zusammengebauten Moral, die ihre metaphysischen Grundlagen verleugnet oder verloren hat: »Ich glaube mich nicht in eine Hochzeit verwickelt zu haben mit Jesus Christus als Schwiegervater!« Und außerdem: »Ich bin kein Gefangener meiner Vernunft. Ich habe gesagt: Gott!«

XIII

»Nous massacrerons les révoltes logiques!«
(Wir werden die vernünftigen Empörungen niedermetzeln!)

RIMBAUD

»Kennen wir es doch als charakteristischen Zug der Libido«,
sagt Freud, »daß sie der Unterordnung unter die Realität der
Welt, der Ananke, widerstrebt?« Wir haben an anderer Stelle
bereits über die aristotelische Ananke gesprochen und werden
dies hier erneut tun, diese entsetzliche Notwendigkeit, angesichts
derer die Philosophen als Priester der Vernunft und die Vernunft
selbst als gesellschaftlicher Selbsterhaltungstrieb keinen Augenblick abgelassen haben, uns zur Unterwerfung zu zwingen.
Andererseits ist Rimbaud für uns immer der am wenigsten
verfälschte Repräsentant dieser Auflehnung gegen die Ananke
gewesen, oder um in den Begriffen des Dichters zu sprechen: der
Geist ist Autorität – das Christentum ist eine Verkündigung der
Wissenschaft – Philosophen, ihr seid in eurem Abendland – ich
suche die Freiheit im Heil – die freie Freiheit – ich, der ich eilig
bin, den Ort und die Formel zu finden, usw. usw.

Wenn aber das erotische Ich oder die Ichlibido es ablehnt, sich
der Realität der Welt zu unterwerfen, und damit das Individuum
für das gesellschaftliche Leben untauglich wird – und hierin liegt
sicherlich der Grund für den Haß, den man diesem in allen Zeiten
entgegengebracht hat –, so ist das asexuelle Ich oder Über-Ich
hingegen durch die blinde Unterwerfung unter eben jene Ananke
gekennzeichnet, eine Unterwerfung, die es ihm ermöglicht, sich
in der Wirklichkeit zu entfalten, sich diese nutzbar zu machen
und zu unterwerfen. In jedem normalen Individuum geraten
diese beide Teile des Selbst täglich aneinander, doch da beiden
eine gleichgroße Stärke eigen ist, korrigieren sich diese beiden
Hälften gegenseitig, mäßigen sich und halten schließlich einander
das Gleichgewicht. Wir begegnen jedoch häufiger dem Fall, daß
das Gleichgewicht ganz eindeutig einmal zugunsten einer Steige-
rung der Libido zum Nachteil des bewußten Ich gestört worden

ist – ein andermal zugunsten des bewußten Ich, in einer Sublimierungsleistung oder besser gesagt einer Ableitung der Energien der Libido, die diese verstärken. Das Gleichgewicht dieser beiden gegenwärtigen Kräfte ist somit nicht durch ihren Gleichstand zustandegekommen, gleichwohl läßt sich nicht leugnen, daß es sich dennoch um eine Ausgeglichenheit handelt.

Bei Rimbaud ist das nicht der Fall, überhaupt stellt sich uns sein Fall nicht als eine durchgängige Linie dar – Rimbaud hat in seinem ganzen Leben keine einzige durchgängige Verhaltenslinie verfolgt, genau das macht ja sein Drama aus. Man könnte sagen, daß das sexuelle Ich Rimbauds, seine Libido, in der Epoche der Theorie des Sehers gesteigert war, und zwar so sehr, daß es sein anderes Ich – sein Über-Ich – vollständig absorbierte, dieses Ich, demgegenüber er seine Verweigerung, sich der kosmischen Realität, der Ananke, zu unterwerfen, ausgesprochen hat, seinen Haß auf die Autorität. Die auf seine totale Verweigerung der Ananke folgenden *Tatsachen* bezeichnet Rimbaud mit folgenden Worten: »ich fühlte, daß ich eine Märchenoper wurde« – und auch: »Zuletzt kam ich dahin, die Verwirrung meines Geistes geradezu als etwas Heiliges zu betrachten« – und die *Konsequenzen*, die seine völlige Verweigerung der Ananke zur Folge haben, kündet er in den Worten an:»Ich fühlte, daß ich verrückt wurde«.

Aber auf die gleiche Weise, wie die Libido sich vollständig der Person des ersten Rimbaud zu bemächtigen scheint, verhält es sich beim zweiten Rimbaud, demjenigen zwischen der *Saison en enfer* und seinem Tod, als ob eine gerade umgekehrte Prozedur stattgefunden habe: sein bewußtes Ich scheint Rimbauds Libido vollständig absorbiert, ihn von seinem eigenen Bestreben abgebracht, ihn gezwungen zu haben, sich der Ananke zu unterwerfen: von nun an regiert allein das Über-Ich, das die Unterwerfung unter die Notwendigkeit bejaht, so wie zuvor das Es regierte, das sich dieser Unterwerfung hartnäckig verweigerte. Nachdem die Libodo verdrängt wurde, bleibt nichts mehr von ihr zurück: weder sexuelle Liebschaften, noch künstliche Paradiese, noch die totale Revolte – alles Produkte der Libido; die dichterische Schöpfung selbst, welche Ausdruck der absoluten Revolte der Libido gewesen war, kann die Widerspiegelung der

Doktrinen der Ananke in der Sublimierung nicht akzeptieren: sie verstummt ebenfalls. Es bleibt nur noch das Über-Ich, das der Pflicht, der rauhen Wirklichkeit, die es zu umarmen gilt, der Autorität unterworfen ist.[1]

»Nie werde ich arbeiten!« hatte die Libido gesagt; nun ist Rimbaud einer der ungeheuerlichsten Arbeiter der Welt. Einen Beweis dafür, daß die völlige Verdrängung seiner Libido nicht von einem Augenblick auf den anderen vonstatten gegangen sein kann, finden wir in der Tatsache, daß in Rimbaud, nachdem er nach Afrika gegangen ist, der Händler vom Forscher überlagert

---

[1] Ich muß zugeben, daß die beiden begrifflichen Gegensatzpaare, die Freud verwendet – auf der einen Seite die Libido, die totale Verweigerung, der Wille entfesselter Mächte, und auf der anderen Seite das bewußte, das asketische Ich –, mir in einer gewissen Dunkelheit zu schweben scheinen. Diese Lehre könnte nur gewinnen, wenn man sie in die Begriffswelt Nietzsches übertragen würde, und zwar diejenige aus der *Geburt der Tragödie*, denn dadurch würde ihr ein dritter Begriff zur Verfügung stehen, an dem es ihr selbst mangelt, und der empfindlich ihre Tauglichkeit verringert, alle Fälle, die im Drama des Selbst auftauchen können, miteinbeziehen zu vermögen. So bietet uns Nietzsche für die Libido den dionysischen Typus der Weltauffassung, der durch fast die gleichen Merkmale gekennzeichnet ist; doch für das bewußte, asketische Ich liefert er uns zwei verschiedene Typen, die geeignet sind, diese Weltauffassung darzustellen: der eine ist der apollinische, der in fast allen Fällen dem bewußten Ich Freuds gleichkommt und der seine Energien aus der Libido abgezogen hat, um sie für die intellektuelle oder sogar künstlerische Aktivität zu vereinnahmen – der andere ist der sokratische, der übermäßig und wahrhaft asketische Typus, die rein vernunftbestimmte Vernunft, welche nicht mehr aus der Libido Nutzen zieht, diese nicht sublimiert, sondern sie in gewisser Weise unterdrückt. Rimbauds Verdrängung der Libido in der zweiten Phase seines Lebens muß in die Kategorie der sokratischen Weltauffassung eingeordnet werden – und genau das macht die Diskrepanz so drastisch. Wir können gut verstehen, daß der Mensch diesem ungebremsten Machtwillen Einhalt gebieten wollte, indem er sich diese Macht für bestimmte Zwecke *nutzbar* machte – das ist der apollinische Typus – , aber dem Phänomen eines Menschen, der seine Libido vollständig zugunsten der einzigen und reinen Vernunft unterdrückt, einem Sokrates, einem Spinoza, stehen wir immer wieder fassungslos gegenüber.

Es versteht sich von selbst, daß der Gebrauch der Begriffe »Libido« oder Über-Ich bei uns nicht »grosso modo« verstanden werden muß, es handelt sich nur um ein »bequemes« Mittel, verschiedene Kategorien zu unterscheiden und Trennungen vorzunehmen in Dingen, die im Grunde untrennbar sind. Man muß bedenken, daß uns, auch wenn wir heutzutage einige Fünkchen über das Unbewußte wissen, dessen Hauptakteure die Libido und das Über-Ich sind, diese Ganzheiten dennoch im Dunkeln bleiben – es sind mythologische Begriffe, nichts weiter. Wir haben die Worte: Gott, Seele ausrangiert, aber die Worte: Geist, Bewußtsein, Zensur, Ich, Libido sind nicht weniger dunkle Begriffe, unsichtbare, nichtlokalisierbare Organe, deren physische wie metaphysische Bestimmung noch festgesetzt werden muß – eine Tatsache, die es uns augenblicklich noch erlaubt, mit kühnen Hypothesen zu spielen, die im übrigen sowenig wissenschaftlich sind wie die Wissenschaft selbst.

wird, daß er eine müßige Arbeit aufgibt, um in der Fremde Handel zu treiben, daß er seine in Roche erwachten Träume mit »kunstvoll« arrangierten Bildern bevölkert – und ebenso, daß er sich bekehrt. Was im Fall Rimbaud am meisten erstaunt, ist einerseits die *totale Verweigerung* der Ananke in seiner ersten Periode, und andererseits, später, die *totale*, ausschließliche, absurde *Hinnahme* eben dieser Ananke (er träumt davon, einen Sohn zu haben, dem er eine erstklassige *wissenschaftliche* Erziehung angedeihen lassen will, usw.), das heißt, daß Rimbaud sowohl vor wie nach der *Saison en enfer* nie zu einem Ausgleich gelangte, er erlaubte den beiden Teilen seines Selbst niemals, sich gemeinsam zu äußern, sondern jedesmal war es ein einziger Teil, der den anderen vollständig absorbierte oder zu absorbieren schien. Daher auch der Eindruck der Maßlosigkeit, den er uns im einen wie im andern Fall vermittelt, einmal maßlose Verweigerung, dann wieder maßlose Unterwerfung – ein Eindruck von Unmenschlichkeit. In der ersten Phase seines Lebens verdrängt Rimbaud auf so erschreckende Weise sein asketisches Ich, daß dieses in der zweiten Phase die Oberhand gewinnt, indem es das sexuelle Ich wiederum bis auf die letzten Spuren verdrängt. Daher unser Eindruck, es beim Rimbaud der ersten Phase mit einem Strolch zu tun zu haben, und mit einem Heiligen in der zweiten.

Auch könnten wir sagen: Wenn der erste Rimbaud vorwiegend von der Auflehnung gegen den Tod bestimmt ist – der schärfsten Absage, mit der ein Mensch sich jemals der Ananke widersetzt hat –, so ist der zweite Rimbaud von der Furcht vor dem Tod bestimmt, das heißt, von der absoluten Annahme der Notwendigkeit, von der verzweifelten Überzeugung, daß man sterben muß und daß es kein Mittel gibt, durch das man den Tod umgehen könnte. – Und dennoch, in dieser verzweifelten Lage scheint doch seine Bekehrung ... – Wir haben bereits dargelegt, was wir von dieser halten. Seit unseren ersten Schritten in der Untersuchung Rimbauds haben wir diese Bekehrung als eine Wiederholung der Handlung des Sehers betrachtet, folglich als eine Handlung des ersten Rimbaud, die Handlung eines Rebellen gegen die Ananke. Leider fühlt sich Rimbaud verpflichtet, die eine Hälfte seiner Persönlichkeit verdrängen zu müssen, um dahin gelangen zu können, er ist jedesmal darum bemüht, schnell

voranzukommen, schnell zu gewinnen, und gebraucht eine
»Technik«, die bestimmt ist, ihm die Aneignung des erstrebten
Gehaltes zu erleichtern, hier der Fähigkeit des Sehers, dort der
Gnade Gottes. Jedesmal, wenn Rimbaud versucht, die Wahrheit einzufangen,
verwehrt er dieser ihre eigenen Bedingungen, er zwingt sie dazu,
die seinen anzunehmen – das Lösegeld bleibt immer das gleiche.
Wissen zu wollen, wohin er ging, führte ihn immer wieder zu den
gleichen Gedankenkategorien, die jedoch unfähig waren, ihm
etwas anderes als ihre eigene Logik zu liefern! Bis zum Ende wird
er sich in den Glauben verbeißen, daß die Freiheit das Ergebnis
eines Willensaktes, einer Entscheidung, einer Wahl sei, obgleich
er doch – da er ganz offensichtlich seine Wahl bereits getroffen
hatte und nacheinander bis zum Endpunkt einer jeden Alternative
gegangen war – hätte wissen müssen, daß die Freiheit in der Aufhebung der Wahl liegt, das heißt *anderswo*. Deshalb darf man den
wahren Rimbaud nicht in den Augenblicken suchen, in denen er
sich in voller Absicht zu etwas entscheidet, sei es nun, daß er sich
entscheidet daran zu »arbeiten«, sich sehend zu machen, oder zu
arbeiten, um zur Askese zu gelangen, er zeigt sich uns vielmehr in
den Augenblicken, in denen er – wie in der *Saison en enfer* –
gegen seinen Willen von zwei widerstreitenden Mächten besessen
ist, die um seine Seele kämpfen, und er sich für keine von beiden
entscheiden kann. Den wahren Rimbaud gilt es weder allein im
Seher noch einzig und allein im sokratischen Extrem zu suchen:
an diesen beiden Extremen betrügt Rimbaud, um die dritte
Lösung zu vermeiden, diejenige, die sich nicht gewählt sehen,
sondern die selbst wählen will. An diesen polaren Gegensätzen
sieht man, vielleicht etwas überspitzt, die Härte der »logischen
Systeme« zum Vorschein kommen.

XIV

Wir haben bislang immer wieder – und das wird auch weiterhin so sein – unterschiedslos Texte von Rimbaud zitiert – Briefe, Gedichte –, die er im Laufe seines Lebens geschrieben hat, ohne uns allzu viele Gedanken über den Zeitpunkt der Niederschrift zu machen, ohne klar und deutlich den ersten Rimbaud vom zweiten zu scheiden, indem wir den Dichter in bestimmte Umstände versetzt und ihm Verhaltensreaktionen nachgesagt haben, die weder voll und ganz der ersten noch der zweiten Kategorie zugeordnet werden können. Denn wir hatten in den Brennpunkt unserer Studie über Rimbaud ein Werk gestellt, das weder völlig auf der Seite des ersten Rimbaud, des Sehers, noch auf der des zweiten, des Forschers, angesiedelt werden kann. Dieses Werk geht nicht restlos in der Darstellung auf, die wir von den beiden Rimbauds gemacht haben; es ist weder ausschließlich Ausdruck der hundertprozentigen Verweigerung noch der hundertprozentigen Annahme der Ananke, sondern in gewisser Weise *gleichzeitig* Ausdruck des einen wie des anderen.

Es versteht sich von selbst, daß wir hier von der *Saison en enfer* sprechen, jenem Werk, das dem Höhepunkt seiner Krise entsprang, in dem Rimbaud seinem Versuch, sich sehend zu machen, abschwört und bereits seine spätere asketische Lebensform einläutet, ohne sich schon völlig von ersterer abgewendet zu haben oder bereits völlig in die zweite verstrickt zu sein. Ohne die *Saison en enfer* hätten wir nie verstehen können, wo das Zentrum der wahren Persönlichkeit Rimbauds auszumachen ist, wir wären dem Glauben verhaftet geblieben, es einzig und allein mit den beiden im vorangehenden Kapitel beschriebenen Typen seines Wesens zu tun zu haben, einem völlig von der Libido beherrschten Rimbaud – dem Seher – auf der einen Seite, und einem völlig vom Über-Ich beherrschten – dem Sokratiker – auf der anderen. Die *Saison en enfer* macht uns deutlich, wie sehr weder der eine noch der andere Typus chemisch rein ist; wir haben allen Grund dazu, im einen wie im anderen Fall eine beträchtliche Verdrängung entweder der Libido oder der Askese zu beobachten, und sowohl die eine wie die andere Verdrängung erweist sich als entsetzlich mühevoll, woraus sich folglich ergibt, daß der wahre Rimbaud für uns lediglich in seinen Augenblicken der Krise faßlich wird, in denen die Dualität seines Wesens klar ersichtlich ist, und daß allein diese Dualität seinem Leben die volle Bedeutung verleiht.

In der *Saison en enfer* treffen zwei Grundtendenzen Rimbauds aufeinander, zu einem Zeitpunkt, in dem dieser unfähig ist, sie zu bezwingen. Die Kraft dazu sollte er erst später wiederfinden. Im Augenblick jedoch kultiviert Rimbaud diese zwei einander entgegengesetzten Kräfte, läßt sie an die Oberfläche seines Bewußtseins treten, nimmt sie eine nach der anderen in Augenschein, gestattet ihnen, sich zu behaupten, miteinander in Widerstreit zu geraten und das Wort zu ergreifen: die *Saison en enfer* ist in gewisser Weise der Versuch einer psychoanalytischen Behandlung, die Rimbaud sich selbst mit den ihm zur Verfügung stehenden Mitteln angedeihen läßt. Daher legt unsere Analyse fast durchgängig das Hauptgewicht auf die *Saison en enfer*, und zwar vorwiegend auf diese.

XV

»*Qu'y puis-je? Je connais le travail et* la
science est trop *lente. Que la prière galope et
que la lumière gronde.*«
(Was kann ich dabei tun? Ich weiß, was Arbeit ist;
und die Wissenschaft ist zu langsam. Daß das Gebet
vorwärts stürmt und das Licht mit Getöse rollt.)

RIMBAUD

Entsetzliche Dualität, entsetzliche Vielgestaltigkeit dieses
Menschen angesichts des Lebens, angesichts seiner selbst! Er
weiß, was er tun muß, welchem Weg er folgen muß und macht
das gerade Gegenteil davon; er kennt seine Bedürfnisse und
handelt, als seien sie ihm völlig unbekannt; er hat Angst vor dem
Sterben und tötet sich täglich ein kleines Stück mehr, reibt sich
auf, begeht Selbstmord, schleudert dem Tod seinen Fehdehand-
schuh ins Gesicht, fordert ihn heraus. Wer von beiden befindet
sich im Recht, derjenige, der leben will oder derjenige, der sich
das Leben nimmt? Wer von beiden ist unsere bessere Verteidigung: der Instinkt, der uns meldet, wo unsere offenkundigen
Belange liegen, oder der Instinkt, der uns dahin bringt, diese zu
vergessen? Wem ist die Wahrheit beschieden, demjenigen, der
sich der Vernunft fügt, oder demjenigen, der sie angreift? Das
verachtenswerte »Ich«? Das anbetungswürdige »Ich«? Ist es
sowohl hassenswert wie anbetungswürdig?

Aus dem undurchdringlichen Dschungel der *Saison en enfer,*
zwischen den Mastbäumen, den Takelungen, den Fingerabdrük-
ken des Meeres und dem brandigen Geruch des Gemetzels hört
man immer nur zwei Stimmen heraus, eine von der anderen
unterschieden: sie vermengen, verflechten, überlagern sich
wechselseitig; allen physikalischen Gesetzen und Anathemata
zum Trotz nehmen sie einen einzigen Punkt im Raum ein. Im
gleichen Moment, in dem er verkündet: »Ich erwarte Gott mit
sinnlicher Gier«, schreit er auf: »Mir graut vor meiner Dummheit!« Er sagt: »Gott! Ich will die Freiheit im Heil!« Und gleich

darauf: »Ich bin von minderwertiger Rasse, von aller Ewigkeit her!« Nur für Geistesschwache liegt hierin eine logische Widersprüchlichkeit; es dreht sich hier um etwas anderes als die Wahr-Falsch-Aussage der klassischen Logik: es ist Ausdruck eines beweglichen, sich zerfleischenden, sich selbst zerstückelnden Wirklichen, das in dem Versuch, ein Bewußtsein von sich selbst zu erlangen, sich seiner eigenen Ohnmacht bewußt wird, sich den Kopf an Mauern aus Fleisch aufschlägt. Ein Ausdruck kann noch so sehr den Eindruck erwecken, teilbar, zerlegbar zu sein, die ihn nährende Wirklichkeit ist unteilbar, ist eins. Bereits in dem Moment, in dem Rimbaud behauptet, an Gott zu glauben, glaubt er schon nicht mehr und reißt sich die Maske herunter, oder das, was er für seine Maske hält. Vergeblich wird er versuchen, sein eigener Kampfrichter zu sein, er ist auf ewig Richter und Kläger in einem, es ist aussichtslos. Wem also glauben?

Es gibt menschliche Sphären, in denen selbst der entschlossenste Glauben sich auf einer religiösen Substanz gründet, die kümmerlicher ist als diejenige, welche man in der widerborstigen Seele eines sichtlich Ungläubigen finden kann, und Verlaine, »der Loyola«, wie Rimbaud ihn nannte, besitzt davon sicherlich weniger als Rimbaud, der Atheist. Bei ihrer Begegnung in Stuttgart, ihrer letzten – bei der nach einem grimmigen Streit, den Verlaine angezettelt hatte, um Rimbaud zum katholischen Glauben zurückzuführen, ihr Streitgespräch in eine Schlägerei ausartete (bei der Verlaine so schlecht davonkam, daß er sich hernach seine Haare und seine Zähne richten lassen mußte) – ist es nicht gerade Verlaine, der den wahren Glauben auf die beste Art verteidigt. Diesen süßlichen Glauben Verlaines verabscheut Rimbaud zutiefst. Selbst wenn er glauben würde, so wären ihm doch diese laschen Gefühle, dieser Ausverkauf ramponierter Handelswaren zuwider. Die Schluchzer und Seufzer Verlaines schrecken ihn ab, dieses Verlaine, der, wie so viele andere, sich den Glauben als eine Art edler Sklaverei vorstellt, der sich erniedrigt und in Wehklagen ergeht, aber niemals die Freiheit im Heil gefordert noch Gott »mit sinnlicher Gier« erwartet hat. Diese Gier wird von Rimbaud nicht abfallen, ohne tiefe Spuren zu hinterlassen, eine nicht befriedigte Gier hinterläßt Brandmale, die nicht so schnell wieder verheilen.

»Ich erwarte Gott mit sinnlicher Gier; ich bin von minderwertiger Rasse, von Ewigkeit her«; es versteht sich von selbst, daß Rimbaud hiermit ein Urteil über sich fällt. An Gott zu glauben, ihn mit sinnlicher Gier zu erwarten, darin liegt ein Zeichen der Erniedrigung, der Minderwertigkeit, der Knechtschaft; in diesem Punkt stimmt Rimbaud mit der Wissenschaft seiner Zeit, mit den Gesetzen der dialektischen Vernunft, mit dieser ganzen Mythologie des Fortschritts überein. Hatte Auguste Comte nicht mit seiner Lehre von den drei Stadien verkündet, das religiöse Stadium, das erste in der Geschichte der Menschheit, entstamme einer längst vergessenen, niedergegangenen Epoche, sei eine Psychologie krasser Unwissender und ewig Gestriger? In diesem Punkt sind wir alle Comte-Anhänger. Aber da haben wir Rimbaud, der trotz seiner tiefsten Überzeugungen, trotz der Hochschätzung, die er für diese hegt, Gott erwartet. Und auf welche Weise? Mit sinnlicher Gier. Ist das etwa nicht vollauf genug, um an sich selbst zu verzweifeln, sich selbst zu verabscheuen, sich für einen Bauern zu halten?

Wie alle Kinder des 19. Jahrhunderts, die allesamt Skeptiker und Wissenschafter sind, weiß Rimbaud ganz genau und *vorweg*, auf welcher Seite die »Wahrheit« zu suchen ist. Die Wahrheit kann naturgemäß nur auf Seite der Wissenschaft gefunden werden – dieser abscheulichen Wissenschaft, die ein für alle Mal ihr Wort gesprochen hat –, und ohne Zeifel liegen jene im Unrecht, die an Gott glauben. Und wie sehr erst jene, die Gott mit sinnlicher Gier erwarten! Mit sinnlicher Gier! Aber das ist doch die schlimmste aller Absurditäten, das bedeutet doch, ein Sklave unter Sklaven, ein Clochard unter Clochards zu sein.

Rimbaud konnte sich nicht im Zweifel darüber befinden, daß sein Glaube eine Absurdität, das Erbe einer langen Generation von Idioten, eine erbliche Belastung, ein unheilbares Gebrechen darstellte: »Zuletzt kam ich dahin, die Verwirrung meines Geistes geradezu als etwas Heiliges zu betrachten«. Doch er mochte noch so sehr dieses Urteil über sich selbst fällen, er mochte noch so sehr die Verwirrung seines Geistes als etwas Heiliges empfinden, die Definition des *Larousse* sollte den Ausschlag geben, er wird darum nicht weniger ein »Bauer« bleiben. Es ist vielleicht genau in dem Augenblick, in dem er Gott berührt, daß er sich für ein Tier hält: seine Verdammnis sollte also ewig sein; er sollte von minderwertiger Rasse sein, von Ewigkeit her.

Welcher von den beiden Rimbauds hat nun recht? Ich wäre nicht in der Lage, für den einen oder den anderen Partei zu ergreifen, geschweige denn für den einen *gegen* den anderen. Es genügt mir zu wissen, daß dem so ist, daß man Gott mit sinnlicher Gier erwarten kann, während man sich zur gleichen Zeit dafür grausam verachtet, es genügt mir, daß ein Mann, der in so starkem Maße davon überzeugt ist, daß der Glaube eine Dummheit sei, dennoch und mit gleicher Überzeugung gläubig sein konnte, daß diese zwei Wirklichkeiten in einem einzigen Wesen koexistieren können, und zwar in einem solch übersteigerten Maße!

Kann man dennoch all den mehr oder minder hochtrabenden Entdeckungen der Wissenschaft vertrauen und Glauben schenken? Kann man an den so prahlerischen Gewißheiten der Wissenschaft teilhaben und unterdessen sich in die Finsternis des Glaubens versenken? War das religiöse Stadium nicht die erste, schnellstens überwundene Sprosse auf der Stufenleiter der Menschheit? Sollte es noch möglich sein, sollte es in ein und demselben Wesen mit dem Stadium des Positivisten koexistieren können? Sollte Auguste Comte sich selbst und Rimbaud getäuscht haben?

Derselbe Rimbaud, der zu den ersten Quellen einer so scharfsinnigen Sichtweise stieß und gleich einem vom Dämon Besessenen war, wird sich kurz darauf mit einer zumindest seltsam anmutenden Inbrunst ins Gefolge des »Gemeinplatzes« eingliedern. Er empfindet die Verwirrung seines Geistes als »etwas Heiliges«, er berührt hier eine Vernunft, eine Urahnung und fühlt sich genau darum als ein Bauer, ein Tier: der Zauber ist gebrochen, die Verwirrung, die einst als heilig empfunden wurde, ist am Ende doch nichts als eben eine Verwirrung – und nichts weiter. In Rimbaud gibt es eine Art Tugend, die ihm die Wahrheit offenbart, und gleichfalls eine Art Macht, die ihn von dieser wiederum ablenkt.

Wer wird in diesem erbarmungslosen, gnadenlosen Kampf die Oberhand gewinnen? Der Gläubige in Rimbaud hat nicht die Macht, den Atheisten in ihm zu Boden zu schmettern. Der Ungläubige hat gleichfalls nicht die Macht, in ihm den Glauben und diese sinnliche Gier nach Gott abzutöten. Rimbaud war der Kampfplatz zweier gleichermaßen schemenhafter, gleichermaßen starker und gleichermaßen erbarmungsloser Mächte. Daß er in bestimmten Augenblicken geglaubt hatte, die Lösung in der Verdrängung der einen oder der anderen dieser Kräfte zu finden, ist gewiß; doch es ist ebenso gewiß, daß weder die eine noch die andere ihm die geringste Lösung, nicht das geringste Gleichgewicht für ihn selbst gebracht hatte – sicher auch, daß weder die eine noch die andere sein Wesen umfassend verkörpern. Obgleich Rimbaud sich der Existenz dieser beiden widersprüchlichen Kräfte in ihm bewußt wird, ihrem Anspruch zu leben und sich auszudrücken, wie in der *Saison en enfer*, in der er im Glauben ist, eine von beiden schachmatt gesetzt zu haben, so bleibt der Konflikt doch immer lebendig, er zerreißt Rimbaud, quält ihn, bringt ihn in der Epoche des Sehers fast an den Rand des Wahnsinns, und in der Epoche seiner Handelstätigkeit in Afrika bis zum Rande der äußersten Verzweiflung: »und gottlob ist dieses Leben das einzige ...« Da er eine Lösung des Konfliktes, die in der Wahl zwischen diesen beiden Kräften lag, nicht annehmen konnte, tötete er seine Vernunft, tötete er seinen Glauben; er hatte nicht das geringste Mitleid mit sich selbst.

XVI

»Un crime vite, et que je tombe au néant!«
(Ein Verbrechen, rasch, daß ich ins Nichts falle!)

RIMBAUD

... Allein! Völlig allein! Und das nicht nur im geläufigen Sinne, als ein freiwillig geführtes Einsiedlerleben im selbsterwählten Refugium, als ein Leben hinter einer aus freien Stücken zwischen sich und den Menschen gezogenen Grenze, als Barriere des Hochmuts, als stolzes Zurückgezogensein, als eine von Stärke, der *eigenen* Stärke, bewohnten Einsamkeit, einer verlogenen Einsamkeit, deren Entbehrung und Zerrissenheit demjenigen, der sie auf sich nimmt, den starken einzigartigen Hochgenuß höchster Entrüstung bereitet, der Einsamkeit des Geizigen, des Millionärs. Das ist mir eine rechte Einsamkeit, diese Einsamkeit eines Heiligen, eines Mönches, eines Romantikers in seinem Elfenbeinturm, eines Napoleon, der auf der Insel *seine* Memoiren diktiert, eines Chateaubriand, der das Meer als sein Grab erwählt, eines Clemenceau, der nur so strotzt vor Hochmut, gegen sein Jahrhundert recht behalten zu haben, während er sich mit Demosthenes vergleicht.

Nein! Im tiefsten Urwald, im sokratischen Gefängnis, im Löwenkäfig, im Bauch des Walfisches, ist der Mensch nicht allein, solange er sich noch im Besitz – ich sage nicht der Hoffnung, denn der Mensch kann ganz gut auch ohne Hoffnung auskommen – aber eines gewisses Vertrauens in seine eigene Vernunft befindet, in die Vernunft an sich, und solange er sich noch im Besitz von – ich sage nicht Gott, denn der Mensch kann ganz gut auch ohne Gott auskommen – aber doch wenigstens im Besitz der Helfershelfer befindet, die Gottes Macht stützen, dem Guten, dem Schönen oder dem Gerechten. Und selbst wenn ihm das Gute, das Schöne, das Gerechte fehlen sollte, so kann der Mensch ganz gut auch ohne dies auskommen, nicht jedoch ohne die Gewißheit, recht zu haben, unfehlbar darin recht zu haben, daß seine Klage wohlbegründet, das Gute im Irrtum und er selbst der einzige *Märtyrer* einer entsetzlichen Ungerechtigkeit ist.

Rimbaud der Anarchist, der Kommunard, der Pfaffenfresser, Rimbaud der Seher, das ist noch nicht der *einsame* Rimbaud.

Solange Rimbaud noch für dieses oder jenes Partei ergreift, sich mit irgendeiner Sache solidarisch erklärt, klar auszumachende Gegner hat, diesen hier oder jenen dort, solange er sich seiner eigenen Erfindungen rühmt, solange er glaubt, als erster die Methode entdeckt zu haben, mit deren Hilfe man das Unbekannte erlangen kann, und sich selbst als den großen Kranken, den großen Gesetzesbrecher, den großen Verdammten und den höchsten Wissenden bezeichnet, so mag er sich noch so sehr Warzen ins Gesicht pflanzen und sie nach Art der Kinderhändler großzüchten, mag er noch so sehr alle Formen des Wahnsinns und der Verzweiflung leben: er ist verzweifelt, ausgelöscht, verdammt »seit immer, auf Ewigkeit« – aber er ist nicht allein. Mit dieser Art von Einsamkeit haben noch viele nach ihm gelebt, Valéry, Proust, die Surrealisten, es liegt nichts Schreckliches darin.

Die Einsamkeit des Chefs, des entthronten Königs, des Schriftstellers! Schon lange bevor er die große Verlassenheit kennenlernen sollte, wußte Rimbaud, was er von solcher Einsamkeit zu halten hatte, daß sie schnell zu einer Gewohnheit wurde, die man am Ende zähmen, ja sogar dressieren konnte, und ahnte dunkel voraus, daß hinter dieser schamlosen Kulisse etwas anderes, weitaus Beängstigenderes lauerte, irgend etwas, das die bloße Angst weit überstieg.

»Als ganz kleines Kind schon bewunderte ich den unverbesserlichen Sträfling, hinter dem sich immer das Zuchthaus schließt; ich suchte die Herberge und die Kammern auf, die er durch seine Gegenwart geheiligt haben mag, ich sah, mit *seinen Gedanken* den blauen Himmel und das blühende Drängen der Felder; ich witterte das Verhängnis, das ihn verfolgt, in den Städten. Er besaß mehr Kraft als ein Heiliger, mehr gesunden Menschenverstand als ein Wanderer, – und nur sich, sich allein! als Zeuge seines Ruhmes und seiner Vernunft.«

Der Text, den ich hier zitiert habe, kann nur im Lichte einiger Seiten von Dostojewski verstanden werden und erhält seine volle Bedeutung erst, wenn man bis zum Ursprung einiger Anschauungen Nietzsches hinabsteigt; sie müssen vom geraden Wege abgehen, um in die Schluchten zu gelangen; die Alpen sind nicht demontierbar. Daß Nietzsche behauptet, der Verbrecher sei gewöhnlich seinem Verbrechen nicht gewachsen, daß Rimbaud den Sträfling für kräftiger als einen Heiligen hält, darin handelt es sich alles in allem nicht um eine beliebige Analogie zwischen dem Verbrechen und dem Verbrecher (»die Verbrecher ekeln mich an wie die Kastraten«, sollte er an anderer Stelle sagen, als er die Frage aus einem völlig anderen Blickwinkel betrachtet); es ist nicht der Sträfling schlechthin, den sie bewundern, sondern der »unverbesserliche« Sträfling, nicht der Sträfling, der ungestraft davonkommt, sondern derjenige, »hinter dem sich immer das Zuchthaus schließt«. Was Rimbaud an der Person des Sträflings so sehr anzieht, ist nicht so sehr dieser selbst, als vielmehr dessen *Schicksal*, und wenn der Sträfling, seiner Meinung nach, mehr Kraft als ein Heiliger besitzt, so weil Rimbaud in ihm auf irgendeine Weise die Befriedigung der erledigten Pflicht wittert, die Wollust der Unterwürfigkeit, die Lust an der Erniedrigung, und weil er weiß, daß darum sein unverbesserlicher Sträfling ewig von allem enteignet sein wird; er weiß: wenn der Heilige als Zeugen seiner Ehre und Vernunft Gott oder zumindest die Welt besitzt, so hat der Sträfling nur sich selbst – und manchmal nicht einmal das.

Daß Rimbaud dies *bewundert* hat, daß er versucht hat, das Universum, das den »unverbesserlichen Sträfling« knechtet, mit *dessen Gedanken* zu sehen, daß er das Schicksal des Sträflings gesucht und es gewagt hat, diesen noch vor den Heiligen zu stellen – nicht so sehr aufgrund der Taten, die er begangen hat als vielmehr aufgrund des Schicksals, das ihn auf ewig an seine Taten fesselt –: hier haben wir alles, was uns unmittelbar ins Zentrum der Rimbaudschen Problematik führt. Die *Person* ist wesentlich wichtiger, als »seine Gedanken« und seine »berühmten Texte«, der Schöpfer ist wichtiger als sein Werk; nicht auf das »logische System« eines Menschen kommt es an, noch auf die Linie seines Lebens oder seine heldenhaften Taten. Ob er nun abtrünnig wird, Verrat übt, unverzeihliche Niederträchtigkeiten begeht, all das ist immer noch besser als ein Heiliger, ein Gerechter zu sein! In eben jenem Augenblick, in dem er den Schriftsteller eine »Hand, die die Feder führt« schimpft, einen »Funktionär«, in dem er den

Gerechten und den Heiligen verspottet, in dem er verkündet, es sei ihm gleichgültig, ob er unberührt sei, *bewundert* er den »unverbesserlichen Sträfling, hinter dem sich immer das Zuchthaus schließt«. Nicht die »berühmten Texte« gehen ihm nahe, sondern der Mensch, und unter den Menschen die Sträflinge, und unter den Sträflingen der *unverbesserliche* Sträfling. In den Städten wittert er das *Schicksal* des Sträflings – jenes Schicksal, das sein eigenes sein wird und das, mehr als die ruhmreiche Kindheit, mehr als sein Versuch des Sehers, der zweiten Hälfte von Rimbauds Leben – das am meisten verschrieen und am gründlichsten mißverstanden wurde – seine beunruhigende Tragweite geben sollte. Rimbaud wollte, – wollte nicht, – sagte, – widersprach sich, – ist abtrünnig geworden, – wollte uns glauben machen, – all diese Aussagen tragen dem, was Rimbauds *Schicksal* ausmacht, nicht im geringsten Rechnung, und dennoch ist von ihm keine Seite geschrieben worden, aus der wir nicht das Gerassel entsetzlicher Ketten vernehmen könnten.

»Und nur sich, sich allein als Zeuge seines Ruhmes und seiner Vernunft!«

XVII

»L'air et le monde point cherchés.
La vie. Etait-ce donc ceci?
(Die Luft und die Welt, die ich nicht suchte.
Das Leben. War es also das?)

RIMBAUD

Man könnte sagen, daß in jeder Epoche der Menschheits-
geschichte einige Menschen auf Erden dazu bestimmt sind, eine
geistige Erfahrung *bis zum Äußersten* zu leben und zu durch-
leiden.

Und zwar sind dies keine normalen, vollkommenen, ausgeglichenen Menschen: was sie kennzeichnet ist nicht so sehr ihre
getroffene *Wahl* als vielmehr ihre Stimmenthaltung, nicht so sehr
ihre Meinung als vielmehr ihre Gleichgültigkeit gegenüber
»diesem« und »jenem«, ihre Verweigerung allem gegenüber, was
nicht mit ihrem Lebensexperiment in Zusammenhang steht.
Rimbauds mißglücktes Experiment war das mühevollste von
allen, das metaphysische Experiment.

Hierbei handelt es sich nicht, wie man fast zu glauben versucht
sein könnte, um eine ergänzende Vervollkommnung. Es handelt
sich ganz einfach um ein Gebrechen, nicht um ein mehr, sondern
ein weniger. Ebenso wie für Sokrates, der auf die Welt kam, um
das Drama der Vernunft bis zum bitteren Ende zu leben, gibt es
auch für all die anderen Experimente einen Dämon, und wenn die
Vernunft die Ratschläge eines Dämon braucht und ertragen kann,
so wäre dieser Dämon in all den Fällen, welche die Unvernunft
betreffen, zweifellos ganz besonders recht am Platz.

Rimbaud hat den Gegenstand der metaphysischen Suche gleich
zu Beginn beim Namen genannt: »das wahre Leben«. Im selben
Augenblick ist er sich dessen bewußt geworden, daß dieses nicht
in den realen Lebensweisen mitinbegriffen war. Daher seine
Schlußfolgerung: »Das wahre Lebens ist abwesend«. Sinnliche
Gier nach dem wahren Leben, Gleichgültigkeit gegenüber dem
unverfälschten und einfachen Leben: das sind die wesentlichen

Charakteristika des Rimbaudschen Temperaments. Gerade hier und ganz besonders in diesem Punkt haben die mittelmäßigen Biographen Rimbaud am meisten Unrecht getan; indem sie ohne Verstand die kleinsten Ereignisse seines Lebens, seine offenkundigen Laster, seine verschiedenen Lebensweisen ausgewalzt haben, ließen sie das reichhaltigste und komplexeste Leben, das je gelebt worden ist, unglaublich verarmen.

Zweifellos, der erste Rimbaud war ein Säufer, ein Invertierter, ein Lüstling. Er nahm Drogen. Es mangelte ihm an jeglichen edlen menschlichen Gefühlen, dem Gefühl für Freundschaft, der Achtung für die Eltern, der Vaterlandsliebe usw., usw. Nun denn, wenn das alles wahr sein sollte (und falls es nur um die Tatsachen geht, könnte man es kaum ableugnen), müßte uns Rimbaud wie einer der großen Lüstlinge erscheinen, in einem eher liebenswürdigen Anstrich, mit fleischigen Lippen, lächelndem Angesicht, sinnlichem Blick. All unsere großen Abenteurer des Fleisches sind uns in dieser Manier vorgestellt worden, und wenn sie auch von den Moralisten verurteilt worden sind, so haben sie doch jederzeit unbestritten den Beifall der Massen eingesammelt. Nie hat jemand von Alkibiades, Sokrates, Casanova oder Don Juan schlecht gesprochen, und selbst Oscar Wilde, der die Lust suchte oder auch nur darüber schrieb, hat nie auf jemanden abstoßend gewirkt. Rimbaud vermittelt jedoch eine völlig entgegengesetzte Ansicht des Lasters; seine Art von Laster riecht schlecht, seine Abenteuer erscheinen krankhaft; er ist in unseren Augen nicht ein Sünder, nicht einmal ein Verrückter: er ist ein Monster!

Warum ist das Schicksal ersterer dem zweiten verwehrt? Doch, beachten Sie wohl, all unsere Helden suchen im Laster nur ihr Vergnügen. Genießen! ... nichts anderes. Und was? das Leben ... Nun, für Rimbaud hingegen, was ist das in seinen Augen für ein Glück, »dessen Zahn tödlich sanft ist?« Er sucht nicht das Vergnügen, sondern das Leiden, auf alles macht er »den dumpfen Sprung der wilden Bestie«; das Leben ist nicht das Leben, es ist weder wert, gesucht noch gelebt zu werden; und das wahre Leben ist »abwesend«.

Man müßte sich also damit abfinden, ein »Leben Rimbauds« anzunehmen, das nicht das Leben eines Genießers wäre – aus dem die Suche nach dem Glück und das Erlangen des Glücks ausgeschlossen wäre. Aber in diesem Falle, was machen wir dann mit den Tatsachen, den nackten, entschiedenen, unleugbaren Tatsachen? Hat es sich doch herausgestellt, daß er – und sei es auch nur einen flüchtigen Augenblick lang – von dem gekostet hat, was wir Sinnengelüste nennen ... Man sollte Rimbaud, ohne die Tatsachen anzutasten, aus der Kategorie des Vergnügens herausstreichen und ihn unter der Kategorie der Ausschweifung einordnen. Die Unterscheidung ist ganz einfach: Im Umkreis der ersten Kategorie finden wir Gefühl, Vergnügen, Vergessen des Leidens: ob nun moralisch oder unmoralisch – dies alles fällt noch unter die Kategorie der Ethik. Die Ausschweifung hingegen sucht das Leiden, den Taumel, die Leere; sei sie nun sadistisch oder masochistisch, sie ist immer rein metaphysischer Natur: sie ist der Brennpunkt dieser Erfahrung, sie ist fast immer die Vorstufe zur Heiligkeit.

Hier haben wir den Grund, warum Rimbaud vom Laster zur Askese überwechselt, warum ihm vor dem »teuren Leib« und dem »teuren Herzen« graut, warum ihn die Liebe langweilt, warum er so früh die Drogen, den Alkohol, die Familie, die Dichtung und die Annehmlichkeiten einer ruhmreichen Karriere über Bord wirft: er ist weder ein Verliebter, noch ein Homosexueller, noch ein Dichter; sowenig wie die übrigen menschlichen Dinge konnte die Dichtkunst seinen Hunger stillen. Er sucht etwas anderes im Alkohol, in den Drogen, in der Liebe, der Dichtkunst, der Revolte – dieses Etwas, das er in diesen Dingen nicht zu finden vermochte –, und aus diesem Grunde läßt er alles hinter sich, was ihn getäuscht hatte, alles, was ihm nicht das »wahre Leben« geben konnte: Dichtung, Liebe und Absinth werden bei dieser Gelegenheit alle in einen Sack gesteckt. Man kann gar nicht genug das Augenmerk auf die Tatsache lenken, daß Rimbaud das *alles gleichzeitig* betrieben hat und daß er *alles* von einem Tag zum anderen aufgab. In Harar und in Aden ist Rimbaud nicht nur der Mann, der die oberste Dichtkunst – diejenige des Sehers – aufgegeben hatte, er ist in gleicher Weise der Mann, welcher der Ausschweifung, der Liebe und dem Leben eines Sohnes der Sonne entsagt hat. Rimbaud ist nur *aus Zufall* lasterhaft, ebenso wie er ein Dichter ist: *aus Zufall*. Hierin sollte nicht seine wahre Bestimmung liegen.

Rimbaud berührt in dieser Angelegenheit die Dinge allein mit der dämonischen Seite seines Wesens, der rein gedanklichen Seite, ohne Freude und fast ohne Ekel, bewegt von einer inneren Qual, die dermaßen von Genuß überhöht ist, daß sie fast der Askese gleichkommt.

Möglicherweise wird man mich besser verstehen, wenn man mir erlaubt, Rimbaud mit einem übersteigerten Abbild Dostojewskis zu vergleichen, das diesen in einem bestimmten Augenblick seines Lebens widerspiegelt, und das er unter dem Namen Stawrogin in sein Werk übertragen hat.[1]

Im einen wie im anderen Fall handelt es sich um eine seltsame Parallelität zwischen einem auf erschreckende Weise von Schmutz und Unrat reichen Leben, das jedoch auf ganz eigentümliche Weise rein und verzehrend ist. Die *Saison en enfer* ist vom gleichen Muster wie die Beichte Stawrogins. Die mystische Qual tritt hier sehr eindeutig zutage, ebenso das ohnmächtige Gefühl, sich dieser ausliefern zu müssen. Gleich Rimbaud ist Stawrogin ein tief gefallener Gott: er verübt seine Verbrechen mit absoluter Kaltblütigkeit; ohne Zweifel ist er ein Strolch, nicht jedoch ein Lüstling.

Wie seltsam ein Vergleich zwischen Stawrogin und Rimbaud auch anmuten mag, so kann man nach einer Analyse beider Charaktere nicht umhin einzugestehen, daß beide vom gleichen Schlag sind, beide einer gleichen geologischen Formation angehören: beim einen wie beim anderen verraten untrügliche Zeichen eine ihnen gemeinsame Größenordnung, alle möglichen Arten familiärer Ticks stimmen überein, und sie vollbringen ich weiß nicht welche Tropismen, um sich auf die gleiche Art und Weise in einem identischen moralischen Kosmos zu bewegen.

Vielleicht könnte man sagen, daß Stawrogin es in seinen liederlichen Handlungen ein wenig zu weit treibt, so weit, daß selbst der erklärteste Rimbaud-Anhänger Anstoß nehmen könnte. Doch wir haben es bei Stawrogin mit einem »Strolch« zu tun, in dessen Wesen ein Künstler all seine Schleusen geöffnet und all seinen verdrängten Wünschen, all seinen bislang unterlassenen Taten Gestalt verliehen hat, indem er sich von jeglicher »Zensur« befreite. Weit davon entfernt, gebremst und abgedämpft zu

---

[1] Nach einem Brief zu urteilen, den Strachow, der beste Biograph Dostojewskis, an Tolstoi schieb, hatte der Autor der *Dämonen* erstaunliche Ähnlichkeit mit einigen seiner Figuren, unter anderem mit Stawrogin.

werden, wird die Tat hier aus freien Stücken noch vergrößert, übertrieben; sorgfältig wird jedes Hindernis aus dem Wege geräumt, damit sie sich frei entfalten, sich völlig ihrer Fesseln entledigen kann, um ihre freie Flugbahn zu nehmen.

Wenn Stawrogin weniger frei wäre, wenn er nicht nur einen nach außen projizierten und geradezu nach draußen geschleuderten Moment aus Dostojewkis Leben, sondern vielmehr Dostojewski selbst darstellen würde – folglich einen Künstler –, einen Dichter, und zwar einen, der »daran arbeitet, sich sehend zu machen«, so wäre seinem Dämon der überwiegende Teil der reinen, unmittelbaren Taten untersagt; er fände in sich selbst seine eigene Begrenzung, und wenn er auch in den Augen seiner Zeitgenossen noch als Gegenstand des Skandals gelten würde, so könnte er jedoch nicht mehr für einen Verbrecher oder Verrückten angesehen werden.

Die fast glühende Kälte und der sich selbst betrügende Mystizismus, diese Mischung aus Sehertum und Strolchtum, diese ganz bestimmte Mischung aus Sträfling und Bettler bilden gemeinsam die Halbinsel, von deren äußersten Spitze aus sich Dostojewski und Rimbaud einen Augenblick lang die Hand reichen können.

Denken Sie daran: würden wir nicht die Betrachtungen Kirillows und die entsetzliche Beichte Stawrogins kennen, so würde uns nichts zu der Annahme berechtigen, daß Stawrogin, dieses Monster, ein Kandidat für die Heiligkeit war. Ist er doch nichts als eine Kröte, ein Monster! Ohne die *Saison en enfer* gäbe es nichts, was uns erlauben würde, über Rimbaud ein anderes Urteil zu fällen als dieses: ein Monstrum, eine Kröte!

Einen alten, ehrwürdigen Herrn derart an der Nase herumzuführen, ein altes, hinkendes und verrücktes Mädchen zu heiraten, einem Kind erschreckendes Unrecht anzutun und es in den Selbstmord zu treiben, ein charmantes, junges Mädchen ohne die geringste Liebe, selbst ohne das geringste Begehren zu entehren, stillschweigend eine große Zahl von Verbrechen zu billigen, in sinnloser Weise einige Köpfe für seine Vorhaben, seine üblen Vorhaben einzuspannen ... so liest sich die Bilanz des kurzen Lebens Stawrogins, dem der Selbstmord ein Ende setzte ... Ein Krimineller, ein Sadist, eine Kröte, ein Verrückter, das ist alles, was man über ihn sagen kann!

Was sollen wir mit dieser Figur anfangen? Doch in diesem

Augenblick schaltet sich Dostojewski selbst ein, der es nicht geschehen lassen wollte, daß wir es bei dieser ungeschliffenen Deutung belassen. Er läßt Kirillow sprechen:

- ... Gott ist unentbehrlich, und darum muß er sein.
- Nun, schön.
- Aber ich weiß, daß es ihn nicht gibt und nicht geben kann.
- Das ist schon richtiger!
- Begreifst du denn wirklich nicht, daß ein Mensch mit zwei solchen Gedanken nicht leben kann?
- Sich also erschießen muß?
- Begreifst du denn wirklich nicht, daß man sich schon allein deswegen erschießen kann? Du kannst es nicht begreifen, daß solch ein Mensch sein kann, ein einziger Mensch von all euren tausend Millionen, einer, der nicht will und es nicht erträgt.
- Ich verstehe nur, daß Sie, wie's scheint, schwanken ... Das aber ist sehr schlimm.
- Auch Stawrogin ist von einer Idee verschlungen, sagte Kirillow, die Bemerkung überhörend, und schritt finster durch das Zimmer.
- Wie? Pjotr Stepanowitsch spitzte die Ohren, von was für einer Idee? Hat er Ihnen selbst irgend etwas gesagt?
- Nein, aber ich habe selbst erraten: Stawrogin, *wenn er glaubt, so glaubt er nicht, daß er glaubt. Wenn er aber nicht glaubt, so glaubt er nicht, daß er nicht glaubt.*

Welche Beziehung besteht Ihrer Meinung nach zwischen der Person Stawrogins und den Betrachtungen, die Kirillow zu diesem anstellt? Darüberhinaus, welche Bedeutung könnte es für uns denn haben, ob *ein solcher Mann* nun glaubt oder nicht glaubt? Und welche Bedeutung könnte gleichfalls Kirillows Meinung über Stawrogin für uns schon haben? Es steht ihm nicht zu, zu urteilen, sowenig wie es ihm zusteht, was auch immer zu verzeihen.

Doch aus welchem Grund denkt Bischof Tichon genau wie Kirillow? Warum sagt er selbst nach der Lektüre der schrecklichen Beichte zu Stawrogin: »Diesen Unglauben wird Gott Ihnen verzeihen, weil Sie den Heiligen Geist ehren, ohne ihn zu kennen«?

Nach Dostojewskis Vorstellung handelt es sich hier keineswegs um zwei voneinander geschiedene, parallele Ebenen, es geht ihm wohl kaum darum zu zeigen, daß Stawrogin, die Kröte, das Monster *auch* nur ein Mann ist, der einer tiefreligiösen Qual fähig ist, sondern er will das gerade Gegenteil hiervon andeuten: daß Stawrogin nur *dieses* ist, weil er *jenes* ist, daß diese beiden geistigen Ebenen sich kreuzen, ineinandergreifen, sich gegenseitig stützen ... Will uns Dostojewski etwa die Beschreibung eines metaphysischen Temperaments liefern, das sich völlig jenseits aller Ethik aufhält? Das im gleichen Maße wie es Gott nahe steht, allem Guten und Bösen fern steht? Näher an Gott, als ins Böse verstrickt?

Wenn wir uns Bischof Tichon anschauen, wie er behauptet, Stawrogin ehre den Heiligen Geist, so haben wir fast den Eindruck, den in aller Eile an Rimbauds Totenbett gerufenen Priester zu vernehmen, der gegenüber Isabelle erstaunt ausruft: »Aber was erzählen Sie mir denn, mein Kind. Er hat den Glauben, und ich kann sogar sagen, daß ich nie zuvor einen solchen Glauben gesehen habe!«

Ist Stawrogin ein Verliebter, ein Homosexueller, ein brutaler Lüstling, ein Mörder, ein Mann, der den Heiligen Geist einem »stürmischen Leben« opfert? Aber sollte Ihnen nichts aufgefallen sein? Stawrogin ist ganz Geist – ja es ist sogar gerade die Tatsache, daß er ganz Geist ist, was ihn dazu veranlaßt, in ganz erheblichem Maße unterschiedslos das Gute und das Böse zu tun, gerade als ob diese nur die zwei Seiten ein und derselben Medaille wären, lediglich zwei Betätigungsfelder ein und derselben Tätigkeit: der menschlichen Freiheit.

Ebensowenig hat Rimbaud dem »stürmischen Leben« geopfert, er hat lediglich versucht, die Grenzen seiner Freiheit auszutesten.

Was Stawrogin nicht wußte, und was Rimbaud verborgen blieb, das ist die Tatsache, daß sie beide *auf schreckliche Weise frei* waren – doch fatalerweise glaubten diese freien Männer allzu sehr an die absolute Macht der Autorität; da sie immer wieder sehen mußten, daß der Geist, wie ihn die Menschen verehrten, Autorität war, haben sie zuletzt auch daran geglaubt, daß er es sei. Sie haben die Hoffnung verloren.

Die Freiheit lastet schwer auf Rimbaud. Er braucht sich nur zu bewegen, um eine beträchtliche Masse an Freiheit in seinem Umkreis in Bewegung zu setzen – und die Notwendigkeit macht ihm angst, quält ihn, zwingt ihn, *sitzen* zu bleiben.

Der Geist ist also Autorität, sei's drum, aber der »Traum, der nur aus grober Faulheit kommen kann« ist Freiheit! Jedoch nein, er »träumt« ihn nur, diesen Traum. Er »träumt« nur, daß der Mensch auf schreckliche Weise frei sei, aber er hat Angst, die Schwelle der »Notwendigkeiten« der Philosophen zu überschreiten, koste es was es wolle sich auf diese oberste Absurdität einzulassen: die *freie Freiheit*. Er fürchtet, sich schreien zu hören: BAUER!

Hier liegt tatsächlich das ganze Problem: Rimbaud ist frei, auf schreckliche Weise frei. Doch worauf soll der solchermaßen freie Mensch seine Freiheit verwenden?

XVIII

Ja, hier liegt das ganze Problem. Ab der *Saison en enfer,* ab dem
Augenblick, in dem er seine Revolte als »magischen Sophismus«
bezeichnet, bis hin zu seiner Bekehrung in Marseille scheint Rimbaud sein wunderbares Spiel verloren zu haben. Wie sehr auch
immer wir auf der einen Seite der Religionsfrage abgeneigt sein
mögen – eine Abneigung, die in immer stärkerem Maße
zunimmt und zwar aufgrund der Forderungen des Zeitgeistes
und, so scheint es, aufgrund der Dialektik der Geschichte selbst –,
wie sehr auch immer wir auf der anderen Seite dem Eingeständnis
abgeneigt sein mögen, daß selbst ein Geist vom Kaliber
Rimbauds in ein solches Elend verfallen konnte – haben wir
darum etwa das Recht, die Wahrheit wegzuzaubern, zu leugnen,
daß das Gottesproblem Rimbaud etwas angegangen ist, wo dieses
doch in gewisser Weise die grundlegende Thematik seines
Dramas ausmacht?

Es ist nur umso wichtiger, getreulich dieses zentrale Thema des
Lebens und Werkes Rimbauds hervorzuheben, als er nicht anders
darüber denkt wie wir auch: ebenso wie Herr Breton schreibt er
bedenkenlos, daß »Gott ein Schwein« ist, und würde auf diese
Weise vollkommen mit dem Zeitgeist einer Meinung gehen. Und
dennoch kann er nicht umhin, dieses Schwein mit sinnlicher Gier
zu erwarten, und nachdem wir einmal unsere Abneigung überwunden haben, müssen wir einräumen, daß Rimbaud sein Spiel
nicht darum verliert, daß er Gott *angenommen* hat: er verliert es,
weil er *beschlossen* hat, daß er ihn nicht annehmen könne, daß er
ihn niemals werde annehmen können. Denn soweit reicht seine
Freiheit nicht; und ohne die Freiheit ist es ihm untersagt, welche
Schlußfolgerungen auch immer zu ziehen. Der Wahrheit ohne

Freiheit zieht er eine Notwendigkeit vor, die auf kein Objekt gerichtet ist. Hätte Rimbaud Gott besessen, so hätte er das »wahre Leben« besessen, die Minute des Erwachens, die Betrachtung der Gerechtigkeit, die Abschaffung des Todes. Mit Gott wäre Rimbaud auf seinem Posten geblieben, hätte er Paris nicht verlassen und weiterhin geschrieben.

Ohne Gott bleibt ihm nichts mehr als die Notwendigkeit, die Ananke, die rauhe Wirklichkeit, die es zu umarmen, eine Pflicht, die es zu suchen gilt, die Arbeit! »Nie werde ich arbeiten«, hatte er gesagt. Jetzt, im Lande Hams, arbeitet er von morgens bis abends, frißt den »heftigen und ebenso blödsinnigen Ärger in diesem gräßlichen Klima« in sich hinein... Er fordert von diesem Leben ein paar Jahre wirklicher Ruhe und schreibt: »und ein Glück, daß dies Leben das einzige ist und daß das völlig unbestreitbar ist, weil man sich kein anderes Leben ausdenken kann, das noch unausstehlicher wäre als dies jetzige«.

Sich nicht ins Leben schicken wollen und gleichzeitig das »wahre Leben« nicht erreichen können, die Autorität nicht ertragen können, aber nicht bis zum äußersten Punkt der »freien« Freiheit gehen können; Gott mit sinnlicher Gier erwarten und ihn verlieren, aus Angst, ein Bauer, von minderwertiger Rasse zu sein – das ist Rimbauds einzigartiges Schicksal.

»Ein Mißverständnis?«, wie Claudel behauptet, »der vergebliche Versuch, durch die Flucht dieser Stimme zu entkommen, die ihn ruft und die ihm im Nacken sitzt, und die er *nicht wiedererkennen will*; bis ihm schließlich, gebändigt, mit amputiertem Bein, auf dem Krankenhausbett in Marseille, *die Erkenntnis kommt?*«

Und wahrhaftig, Gott scheint ihn anzurufen, und Rimbaud scheint sein wertvollstes Gut nicht gegen ihn eintauschen zu wollen: die Freiheit. Gott sitzt ihm im Nacken, macht ihn klein, bedrängt ihn, und Rimbaud stellt ohne Unterlaß dem Glück der Unterwerfung die Freiheit des Unglücks entgegen; sie halten beide bis zum Ende durch, keiner von beiden will als erster nachgeben. Was aber dieses »Mißverständnis« anbelangt, so garantiert uns niemand, daß es im Krankenhaus von Marseille mit Rimbauds Tod ein Ende gefunden habe. Es könnte genausogut noch nicht damit vorbei gewesen sein.

Rimbaud ist unter uns Menschen der wohl am besten ausgerüstetste Mann, den man sich denken kann, um das »wahre Leben« und Gott zu finden, doch das Pech, oder die absolute Ohnmacht seines Geistes, oder sein Fluch oder schließlich seine Freiheit haben ihn zum Scheitern gebracht, haben schließlich dahin geführt, es zu verfehlen.

Dieser unermeßlich große Wunsch nach Freiheit hat es nicht bewerkstelligen können, vom wahren Leben auch nur das kleinste Eckchen zu erhaschen. Diese erschreckende entfesselte Freiheit hat nicht den kleinsten Gegenstand gefunden, an das sie sich verwenden könnte.

Doch was ist »der Geist in seiner Minute des Erwachens« denn anderes als eine Freiheit, die sich ihrer selbst bewußt ist, als die Vernichtung des Nichts, dem man die Ohren abschneidet?

Rimbaud weiß ganz genau, daß es unmöglich ist, auf diesem Weg Stück für Stück, langsam und vernünftig vorwärts zu gehen. »Daß das Gebet vorwärts stürmt und das Licht mit Getöse rollt«, schreibt er. Doch die Vernunft zu einer Arbeit einzuberufen, die diese wiederum negiert, sie bewußt herabzusetzen, und sie gleichzeitig als Beobachter beizubehalten, mit Verstand versuchen zu wollen, sich zu verblöden, soll das zum Absprung führen? Sollte das diesen unheilvollen Widerspruch entzweischlagen, der nicht fähig ist, sich für irgendetwas zu entscheiden? Trügt die Theorie des Sehers ebenso wie die unerquickliche Fron einer Bekehrung *in extremis*?

Welch jämmerliches Experiment! Rimbaud *kann sich nicht verblöden*!

Und da Rimbaud, der doch so gut für diesen Kampf ausgerüstet ist, im Drehkreuz der einzig möglichen Lösung seinen »unverbesserlichen« Geist nicht dazu zwingen kann, ihn anzunehmen und es nicht schafft zu einem Beschluß zu kommen, so wie er es will, welche Chance bleibt denn da erst für uns bestehen?

XIX

»Philosophes, vous êtes de votre Occident.«
(Philosophen, Ihr seid aus eurem Abendlande)

RIMBAUD

Bevor man eine wie auch immer geartete Aussage des Geistes
auf genaue und gründliche Weise in Augenschein nimmt (und
zwar noch bevor man sich Gedanken darüber macht, ob sie nun
wahr oder falsch, nützlich oder schädlich, ob sie menschlich,
allzumenschlich oder, ganz im Gegenteil, jenseits von Gut und
Böse sei), gilt es, sich zuallerst die eine Frage zu stellen: ist dieser
Geist Autorität? Fordert er unsere Zustimmung oder unseren
Gehorsam? Will er uns *überzeugen* oder uns *zwingen*? Will
dieser Geist, daß wir im Abendland seien? In diesem Falle könnten Sie gar nicht mißtrauisch genug sein. Wie auch immer er
beschaffen sein mag, dieser Geist ist unweigerlich Befehl; er
steckt mit der Notwendigkeit unter einer Decke; es hängt nur
von der Notwendigkeit ab, ein wenig nachzugeben, einem seiner
ehernen Gesetze einen Augenblick davonzulaufen, und schon
sieht sich der Geist zu Boden gestürzt. Es versteht sich von selbst,
daß dieses Mißgeschick dem Geist schon aber und abermals
widerfahren ist, zu wiederholten Malen hat sich der Geist auf die
Erde niedergeworfen gesehen, doch er hat sich immer wieder von
neuem aufgerafft.

Rimbauds Haß wider die Autorität trieb ihn dazu, uns eine
neue und recht befremdliche Definition der Autorität zu liefern;
er nannte sie ironischerweise:»einen Traum, der nur aus grober
Faulheit kommen kann«.

Doch mit welchen Recht wagt es Rimbaud, sich einen Geist zu
seinem Nutzen zu schaffen, ihn mit zumindest sonderbaren,
wenn nicht extravaganten Kennzeichen zu besetzen, und all das
aus dem ganz einfachen Grund, daß es ihm so gefällt, weil er Lust
dazu hat, um schlechterdings zu Schlußfolgerungen zu gelangen,
so»wie er es will«? Sollte die»Wahrheit« dem reinen Vergnügen

untergeordnet werden? Das gefällt mir, *also* existiert es? Wohin würde uns das führen? Doch dieser ersten Schlußfolgerung Rimbauds, die sich als ebenso absurd erweist wie ihre Prämissen, geht zunächst dies vorauf:»Gegenwärtig lehne ich mich gegen den Tod auf.«

»Es ist offensichtlich«, schreibt Aristoteles in seiner Metaphysik,»daß die Notwendigkeit der Überredung nicht zugänglich ist.« Wir müssen uns also auf ihre Seite schlagen; nichts zu machen, der Tod ist der Überredung nicht zugänglich. Doch Rimbaud ist nicht so schnell bereit, sich der vielgepriesenen aristotelischen Ananke aus freiem Willen zu beugen; seine Logik gleicht nicht der des Stagiriten; man kann ohne Zweifel *gezwungen* sein zu sterben, aber nichts auf der Welt kann uns dazu zwingen, diesen Tod anzuerkennen.

Und dennoch, so weit das Menschgedenken reicht, hat kein Mensch jemals den Tod »überreden« können. Wer weiß? Und warum sollte uns der Versuch untersagt sein? Sollte es nicht etwa ganz im Gegenteil die heilige Pflicht der Metaphysik sein, der Faulheit, die dem Menschen eingeboren ist, zu widerraten, und jeden einzelnen von uns zu diesem verzweifelten »Versuch« anzuspornen, und sei es auch nur, um zu *sehen*? Ob man ihn nun annimmt oder nicht, der Tod steht einem jeden gleichwohl bevor: ein Grund mehr, ihn nicht anzunehmen, ein Grund mehr, sich gegen ihn aufzulehnen.

Aus diesem Grund kann die wahre Revolte nur eine ganz persönliche sein, die eines Hiob oder eines Rimbaud, da die kollektive Revolte lediglich dahin führen kann, früher oder später an einem festen Punkt, einem heimatlichen Hafen anzulangen. Und wie sollten auch mehrere Wesen über ihr Intimstes zu einer einhelligen Meinung gelangen können, über den schamhaftesten Teil in ihrem Innern, ich meine *den Tod, mit dem sie schwanger gehen*? Damit es selbst bei nur zwei Personen zu einer gemeinsamen Revolte kommen kann, muß es Konventionen, Übereinkünfte, gegenseitig ausgetauschte Beschlüsse, ein Ziel und die Hoffnung auf eine wie auch immer geartete gemeinsame Beute geben: selbst die Anarchisten haben ein augenfälliges einleuchtendes Ziel gemein:»die Schaffung sozialer Lebensbedingungen, unter denen das Wohlergehen...«.

Muß man sich nur darüber einigen, *was* zerstört werden muß?

Aber der Tod, allem voran der Tod! Welche kollektive Revolte wurde jemals auf einem solchen Statut gegründet? Indes, welche Revolte geht denn nicht von dieser Voraussetzung aus? Welcher höhere Geist hat denn nicht das Ausmaß seiner Angst preisgegeben, wodurch sich dieses Problem doch gezwungenermaßen stellt? Jede andere Revolte als die Revolte gegen den Tod ist nichts als reine Fälschung. Jede Revolte, die nur Abdankung, bereitwillige Annahme, Unterhaltung ist, ist nichts als ein Ersatz. Jede andere Revolte setzt eine Dialektik, eine Logik, ein Widerspruchsprinzip, die aristotelische Ananke voraus. Wenn ein junger Mann heute schreibt, daß es nicht darum gehe, um die Festungen herumzuschleichen, sondern diese niederzureißen, so bitten wir ihn, uns zu verraten, welches denn diese Festungen seien? Wenn er uns dann erneut etwas von Familie, Vaterland, Gott, dem Bürgertum faselt, im Namen des Geistes und der Moral, dann wird ganz offensichtlich, daß er betrügt. Er hat Angst, eben genau den Geist und die Moral zu zerstören; er hat Angst, uns vom Tod zu sprechen; er bietet sich an, aus der Erfahrung des Menschen erwachsene Gegebenheiten zu durchbrechen, er ist frei (denn wer zwingt Sie denn dazu, sich zu verheiraten, junger Mann, wer hält Sie denn davon ab zu desertieren, ein Verbrechen zu begehen?), aber er wendet seinen Blick ab von der Moral, vom Naturgesetz, von der Notwendigkeit, vom Tod. Pascal, Rimbaud und Dostojewski haben nur diese Revolte gekannt.

Dem Tod unsere Zustimmung zu verweigern, ist das unsere einzig mögliche revolutionäre Tat? Unsere einzige freie Tat? Kann diese freie Tat *freiwillig* getan werden? Ist der tragische Mensch ein Freiwilliger?

XX

»Cette promesse, cette démence!«
(Dieses Versprechen, dieser Wahnsinn!)

RIMBAUD

»Es gibt eine Domäne des menschlichen Geistes, die noch nie freiwillig betreten worden ist: die Menschen treten hier nur gegen ihren Willen ein ... , und zwar ist das eben jene Domäne der Tragödie.« Fragen Sie also Schestow, was diese Worte wohl genau heißen sollen: »Die Philosophie der Tragödie, ist das nicht die Philosophie der Verzweiflung, des Wahnsinns, des Todes selbst?« Doch er fügt hinzu: »Kann es sich in diesem Falle um eine beliebige Philosophie handeln, wie auch immer diese aussehen mag?« Und können wir einer solchen Philosophie anhängen, solange wir, wie es Dostojewski so schön sagt, direkt aus der Idee gezeugt werden?[1]

Wendet man sich nach rechts: die Idee! Wendet man sich nach links: die Idee! Die hegelianische, anti-hegelianische, die monarchistische, thomistische, reaktionäre, anarchistische, sozialistische, revolutionäre Idee, die Idee der Ordnung, der Unordnung, der Autorität, der Hierarchie, der Stärke, der Freiheit, der Gleichheit, des Glücks, die christliche, die heidnische Idee, überall und immer die Idee! Ich nenne: *Idee* alles, was den Anspruch auf die einzig wahre Gewißheit, die Unfehlbarkeit, die Autorität erhebt, alles was unterdrückt und tötet, alles, was die Wahrheit ein für allemal festlegt, die einzige, unabänderliche Wahrheit, was den Zweifel, die Suche, den Rücktritt verbietet, die Ausnahme der Mehrheit unterwirft, das Anormale durch das Normale beurteilt, das Individuum durch die Masse, die lebendige, bewegliche Wirklichkeit zu einer toten, dauerhaften Formel verkümmern läßt, und was das Prinzip der Widersprüchlichkeit nutzt und mißbraucht, um auf Biegen oder Brechen denjenigen aus der Gesellschaft zu verbannen ... der *leidet und der sich aufgelehnt hat.*[2]

---

[1] »Bald schon werden wir uns ausdenken, irgendwie direkt aus der Idee gezeugt zu werden.« (Dostojewski, *Aufzeichnungen aus dem Untergrund.*)

Und daß die Idee die Gesellschaften am Laufen hält, die Staatsführungen, die Systeme, die Banken, die Polizeien, die Spionagedienste, die literarischen Schulen, die wahren und falschen Propheten, die Ausbeuter und die Ausgebeuteten, die blutigen Revolutionen, den blühenden Frieden, den elektrischen Stuhl und die Sparkassen, die Barmherzigkeit und die Anarchie, das ist der Stand der Dinge, jedermann wohlbekannt, den aufzulösen kein Mensch weder Lust noch Macht hat. Nicht die Macht, das ist schrecklich! Aber nicht die Lust, das ist bestürzend! Und hier sehen wir die Vorteile der Idee: sie liefert uns das geläufige Zahlungsmittel, die einzige Garantie, die falschen Werte der Ehre, der Ehrbarkeit, der psychologischen und logischen Ganzheit, der Vorstellung von moralischer Reinheit. All diese Werte, solange sie nicht nur Bestandteile reiner Heuchelei sind (was oft der Fall ist), sind nichts als Mittel, den Menschen von seiner drängendsten Suche abzuhalten, oder besser: den Menschen an der Entdeckung zu hindern, daß es keine Wahrheit gibt, zu verhindern, daß er verzweifelt und mit seiner Verzweiflung die anderen ansteckt oder die im Umlauf befindlichen Werte in Mißkredit bringt, denn sie können sich wohl gut vorstellen: solange es sich nur um die Verzweiflung eines einzelnen Menschen, eines Peter oder Paul handelt, ohne daß die Gefahr bestünde, dieser könne den Gesetzen des Staates schaden oder infolge einer Rückwirkung die Entmutigung in andere Menschen einpflanzen, so würde sich niemand auch nur eine Minute lang Sorgen machen.[3]

Daß Rimbaud die Hoffnung ins Leben verlieren könnte, daß er sich wie Gérard de Nerval aufhängen, wie Edgar Allan Poe in der Gosse sterben, wie Gogol seine Manuskripte ins Feuer werfen, wie Racine zwanzig lange Jahre lang verstummen könnte, *das kümmert niemanden.* Was bedeutet denn schon ein Rimbaud, ein Gérard de Nerval, ein Gogol, ein Poe, ein Racine mehr oder weniger! Die Menschheit schreitet weiter voran! Daß Rimbaud hingegen, indem er alle Hoffnung verliert, sich gegen all das

---

[2] Ich nenne Idee all das, in dessen Namen die Schwarzen von den Weißen getötet werden, die Juden von den Deutschen, die Kommunisten von den Bürgerlichen, die Trotzkisten von den Kommunisten, die Katholiken von den Mexikanern, die Protestanten von den Katholiken, der Mensch vom Menschen. Ich kenne keine *Idee,* die nicht mindestens hunderttausend Morde auf ihrem Gewissen hätte.

[3] »Die Pessimisten und die Skeptiker müssen aus den Reihen der Proletarier wie die Pest vertrieben werden«, schreibt Trotzki.

wendet, was ihn belogen hat, daß Tolstoi seine Werke verleugnet, daß Pascal seine Physik verwirft, daß Dostojewski schreibt: »soll die Welt doch zugrunde gehen, solange ich nur meinen Tee trinken kann« oder auch »länger als vierzig Jahre zu leben ist unanständig«, dann erklären wir uns alle augenblicklich von ihrer Handlungsweise bedroht und beschließen ohne Zögern, daß dies aus der Welt geschafft werden müsse, im Namen der Idee ... Wenn wir hingegen alles wohl bedenken, so haben diese Reden aufgehört, gefährlich zu sein (zumal sie durch die ewigen Predigten schon an Schärfe verloren haben) und zeugen bis zur Gewißheit davon, daß Rimbaud, daß Tolstoi, daß Pascal in diesen Momenten weitaus weniger verzweifelt gewesen waren als in den Momenten gesteigerter Scharfsinnigkeit oder gesteigerter Angst, da ihr Leiden einen *Fluchtweg* im Schluchzer, im Schrei, in der Predigt gefunden hatte. Wir müssen uns eher gegen Rimbaud verteidigen, als daß wir Rimbaud selbst verteidigen müßten. Wenn Nerval sich umbringt, wen stört er damit? Nach seinem Tod bleibt trotz allem »eine bestimmte Anzahl Ideen«, derer man sich später bedienen kann; die Person Gérard brauchen wir nicht. Aber dadurch, daß Rimbaud nach seiner Flucht noch zwanzig Jahre *lebt*, räumt er seinem Leben die Möglichkeit ein, seine eigenen Ideen zu widerlegen: das ist von seiner Seite ein *unverzeihlicher* Fehler.

Es wird ihnen nicht entgangen sein: sobald Rimbaud sich gegen die Idee wendet, geschieht dies immer im Namen einer Idee, er wechselt von links nach recht, nie aber verläßt er den festen Standort, das Refugium, den Hafen Pascals, von dem aus allein man über die anderen urteilen, sie verurteilen und verdammen kann. Noch ist er im Besitz seiner Uhr. Daß Rimbaud jedoch, beginnend mit der *Saison en enfer*, sich des Bankrotts seines festen Standorts gewahr wird, der Unsicherheit seines festen Bodens, der unberechenbaren Launen seiner Uhr, des Nichts seiner Idee, und daß er ohne Stolz bekennt, daß dies nur »magische Sophismen« gewesen seien, das es damit »vorbei« sei, daß er aufhöre, für eine Sache kämpfen zu wollen, daß jegliche Sache ihm fremd und feindlich geworden sei, daß vor uns nur noch seine magere und schreckliche Gestalt steht, die von keiner Idee mehr vergrößert wird: das ist bedrohlich. Die Menschen ziehen sich aus seiner Gegenwart zurück, seine Feinde und seine

Freunde erklären sich plötzlich solidarisch miteinander, und der Mann, der als sein geistiger Erbe gelten will, erhebt sich, auch dieser, und speit ihm ins Gesicht, daß er sich um seine Person nicht kümmern könne, daß seine Freundschaft für ihn nur im Bereich der reinen Idee Bestand gehabt habe, und zwar *dieser* Ideen und keiner anderen, und der ihm seine kleinen Feigheiten vorwirft, seine Fahnenflucht, seinen Verrat, obgleich Rimbaud niemals wem auch immer gegenüber eine Verpflichtung eingegangen ist (sowenig gegenüber Gott wie gegenüber Herrn Breton), obgleich Rimbaud nie die Reinheit gepredigt hatte, und sogar zugegeben hatte, wenn er unberührt sei, »ihm das ganz gleich sei«!

Selbst wenn eine große Persönlichkeit oder ein schreckliches Ereignis den Lauf der Geschichte aufwühlt und das Bewußtsein, mit diesem Problem abgeschlossen zu haben, umstürzt, oder zumindest fähig wäre, dieses umzustürzen, indem es eine sofortige Überprüfung der eingespielten Werte forderte, wie es im Falle des zum Tode verurteilten Sokrates hätte geschehen müssen, so gerät die Geschichte selbst in helle Aufregung, und es kommt immer wieder ein Hegel daher, der die Dinge wieder einwandfrei an Ort und Stelle rückt: der sich darauf beruft, daß »die Vernunft aus sich selbst schöpft«, der erklärt, daß der Tod Sokrates kein *zufälliger* sei – Gott beschütze uns vor derlei Dingen! –, sondern *notwendig*, daß er nicht die Tat einer himmelschreienden Ungerechtigkeit, sondern ein »angemessenes Unglück« sei, das sich im Einklang mit allen uns bekannten historischen Gegebenheiten befinde, und daß der Zeitgeist usw., usw. Hegel verwirft eigenmächtig jeden möglichen Zusammenhang mit einem Unglücksfall, einem Zufall, einer Ungerechtigkeit. Das von ihm entwickelte dialektische Verfahren erweist sich als jedem Zwecke nützlich, denn wird hier etwa nicht schon bald das Böse ins Gute verkehrt, ja was sage ich, das Böse beinhaltet dieses schon potentiell, ist ganz erfüllt davon, geht damit schwanger, es ist bereits das Gute selbst; und die Negation der Negation dürfte nicht lange auf sich warten lassen und käme unzweifelhaft in Gestalt der allmächtigen und trostbringenden Notwendigkeit einher. Sokrates' Tod ist eine Tatsache, *folglich* eine notwendige Tatsache, die unter keinen Umständen nicht hätte stattfinden können, folglich eine in sich gute Sache, denn die Wirklichkeit verhält sich vernunftmäßig, und das Vernunftmäßige ist das Gute. Ich werde mich mit dieser

Frage nicht weiter aufhalten: Lew Schestow hat deren Geschwür bereits ein weiteres Mal in seinem Buch *Potestas clavium* geöffnet.

Falls ich mich Rimbauds zu einem wie auch immer gearteten Zweck bedienen wollte, so wäre nichts leichter als das; und sein Experiment könnte mir selbst in seiner Negation noch dienlich sein; ich könnte es gegen all jene Maschinerien einsetzen, die Gewißheiten ausstoßen, angefangen bei der idealistischen Philosophie bis hin zur reinen Wissenschaft. Mir persönlich liegt jedoch vor allem daran, mich Rimbauds nicht zu bedienen, sondern so weit wie möglich ihm zu dienen; ich könnte in seiner Gegenwart nicht lügen, ich fürchte zu sehr die Macht seiner Rache. Sollen sich doch die anderen die Dreistigkeit herausnehmen, ihn der Feigheit anzuklagen, weil er um jeden Preis Gott finden wollte, sollen ihn nur die anderen anklagen, auf halben Wege stehengeblieben zu sein, alles in allem zu sehr auf seine Vernunft vertraut zu haben oder der Wissenschaft, die er verspottete, einen zu hohen Rang eingeräumt und seinen Gott aus übergroßer Selbstüberheblichkeit verloren zu haben. Was hat es denn am Ende auf sich mit dieser Freiheit im Heil, mit dieser freien Freiheit? Und wenn die Freiheit nicht im Heil liegen sollte? Und wenn das Heil der Freiheit vorausginge? Wenn Gott keine Bedingungen gestellt sehen will?

Wir sind hier in der Domäne der Verzweiflung, des Wahnsinns, des Todes selbst angelangt. Wer will mir jetzt noch weiter folgen, und wer will weiterhin Rimbaud folgen, wenn hierin sein Weg liegt, der einzige und kein anderer? Solange Rimbaud das war, was er zu sein schien, solange er ein Ziel festsetzte und eine Lösung für das beängstigende Problem der unauflöslichen menschlichen Antinomien suchte, konnte man ihm ja auch noch bis zu einem gewissen Punkt folgen, ja *mußte* es sogar. Rimbaud konnte als Beispiel herangezogen werden, als Modellfall dienen, er konnte als Schablone für all diejenigen herhalten, die von denselben Fragen heimgesucht wurden, er konnte Schule machen. Wenn Rimbaud jedoch ein Monster ist, ein wahrer und kein eingebildeter Strolch, wozu sollte man ihn dann nachahmen? Und ist er denn nicht auch unnachahmlich?

Hier wagen wir uns in einen Bereich vor, den wir nicht ohne Begleitung betreten dürfen; die Zutrittkarte ist absolut persönlich, unübertragbar, das Halten ist hier untersagt wie zu den schlimmsten Zeiten eines Ausnahmezustandes, und wenn man Worte darüber austauschen würde, so würden sie allen tauglichen Sinn, jede logische, zeitliche, abstrakte Bedeutung verloren haben.

– »Die Verzweiflung, der Wahnsinn, der Tod – und warum wollen Sie, daß wir Ihnen dahin folgten? Haben wir nicht schon übergenug an diesem schrecklichen Leben, in dem selbst die Freude noch weitaus schrecklicher ist als die Langeweile? Sollte das etwa die einzige Lösung sein, die Sie uns anbieten, der einzige Ausweg, den Sie ins Auge fassen? Was bringen uns denn die Verzweiflung, der Wahnsinn, der Tod? Und was kann man von ihnen zu erlangen hoffen? Der Idealismus lügt, sagen Sie? Und gleichermaßen alles, was dem Menschen den kleinsten Schimmer Hoffnung bietet? Sollte der Salon auf dem Grunde eines Sees, den uns Rimbaud zur Zeit seiner Theorie des Sehers versprach, ebensowenig wahr sein, wie daß diese Familie eine Hundebrut sei? Und gesetzt den Fall, dem wäre so, wie können wir dann noch ableugnen, daß Rimbaud ein Kranker oder Verrückter war?

Und wenn diese Verzweiflung nicht nur einfach das Wort eines Skeptikers gewesen sein sollte, sondern Wirklichkeit, eine, ja die einzige augenscheinliche Gewißheit? Und wenn es etwas anderes sein sollte als eine gefühlsmäßige Einbildung und mehr noch als eine bewußtseinsmäßige Tatsache, nämlich eine metaphysische Einstellung? Jacques Rivière täuscht sich, wenn er hierin einen Zustand der Unschuld erkennen will – ich kann mir nur sehr schwer einen Zustand der Unschuld denken, der von Haß begleitet wäre –, aber er sieht die Sache ganz treffend, wenn er Rimbaud mit den folgenden Begriffen charakterisiert: »Rimbaud verwirft dies alles mit einem Schlag, er erhebt sich gegen die Lebensweise des Menschen, mehr noch: gegen die physische und kosmische Ordnung und Basis des Universums. Dort ist das Unerträgliche: in allem. Zu leben: das ist das Grauen!«[4]

[4] Jacques Rivière: *Rimbaud*, Paris 1930. Vgl. die Begriffe Rivières »physische und kosmische Ordnung des Universums« mit den beiden hier zitierten von Freud, der Verweigerung, sich der »réalité cosmique« zu unterwerfen. (Diese Ähnlichkeit beruht allein auf der französischen Übersetzung. Freud spricht von der Ananke immer nur in den Begriffen: Realität der Welt, Lebensnot, Notwendigkeit. Anmerk. der Übers.)

Das Grauen, das ein lebendes Wesen angesichts des Daseins empfinden kann, ein Grauen, gegen das es kein Mittel gibt, das unheilbar ist, das ist es, was den tragischen Menschen charakterisiert, ist das Schicksal des tragischen Menschen! Alles ist ihm künftig untersagt, eine jede Ausdrucksform ist ihm zuwider, ist nichts als ein Erfolg, der dahin führen soll, ihn über »der Schmach der über ihn verhängten Ungeschicklichkeit« einzuschläfern. Es gibt also kein Entrinnen! Doch, eines bleibt noch: der Wahnsinn.

Gewiß, ich gebe zu, daß Rimbaud, um sich *ohne triftigen Grund* willentlich dem Wahnsinn, der Verzweiflung, dem Tod hingeben zu können, wohl das gewesen sein muß, was man gemeinhin einen Verrückten nennt und (falls wir ihm mildernde Umstände einräumen) einen Kranken. Ich habe an keiner Stelle davon abgelassen zu wiederholen, daß Rimbaud ein Strolch war. Aber würden Sie sich denn weigern, Rimbaud die Fähigkeit zur Zeugnisablegung zuzusprechen, nur weil er ein Kranker war? Täte Ihrer Meinung nach ein Kranker besser daran zu schweigen? Ich weiß wohl, daß die Philosophen die Kranken und mehr noch die Künstler immer als mangelhafte Zeugen verworfen hatten, da es in deren Interesse liege, die nackten Tatsachen zu verfälschen, alles in die Richtung ihrer eigenen Belange zu lenken und aufgrund der geringfügigsten Ungerechtigkeit, die ihnen widerfahre, lauthals zu verkünden, daß alles auf der Welt eitel Ungerechtigkeit sei. Übrigens gibt es für die Philosophen keine Ungerechtigkeit, die nicht etwa geringfügig wäre. Er ist ein Sonderfall, ein Kranker, ein Verrückter – und damit ist für sie bereits *alles gesagt.* Aber ist denn wirklich schon alles gesagt? Sollte diesen allein der Einspruch verwehrt bleiben? Sollte das Urteil, das die Welt über sie fällt, ein Urteil in letzter Instanz sein? Sollte dieser Urteilsspruch nie entkräftet werden können?

XXI

»Mes deux sous de raison sont finis!«
(Meine zwei Groschen Vernunft sind dahin!)

RIMBAUD

Rimbaud kann uns nicht zu einem Zweck dienen, zu gar nichts
kann er uns dienen, weder zum Aufbau noch zur Zerstörung,
damit meine ich zur vernunftgelenkten Zerstörung, der Zerstörung, die ein bestimmtes Ziel im Auge hat, die durch jedes nur
erdenkliche Chaos hindurch von einem Licht geleitet wird, einer
Hoffnung, dem Wunsch nach einer gesellschaftlichen oder sittlichen Ordnung. Ach, wenn er doch wenigstens ein Revolutionär
wäre, ein Revolutionär von der übelsten Sorte, grausam und
blutrünstig, ein Robespierre, ein Saint-Just! Dann würde der
Spießbürger zwar noch immer nicht seine helle Freude an ihm
haben, doch alles in allem sind die Annalen der Geschichte ja
übervoll von edlen und tugendhaften Männer, über die man
(selbst unter Philistern) dahingehend übereingekommen ist, daß
zwar ihre Energien zweifellos schlechte Verwendung gefunden
haben und es mit ihrer Vernunft eine schlimme Wendung
genommen hat, daß sie jedoch nur deshalb so viele Opfer auf
ihrem Weg gelassen haben, weil sie selbst bloß Opfer waren,
Opfer ihrer herrlichen Vernunft. Sie waren sich in ihrer Gewißheit, unkorrumpierbar zu sein, unfehlbar wissend zu sein, allzu
sicher gewesen.

Mögen sie nun Brutus, Robespierre oder Lenin heißen, früher
oder später wird ihnen die stillschweigende, zwar feindlich
gesinnte, aber darum nicht weniger ehrerbietige Zustimmung der
Historiker zuteil, und sie rücken zu dem Ansehen einer Art
Heiligkeit auf, die sich, wenn sie auch fragwürdig ist, darum nicht
weniger Ehrfurcht erweckend ausnimmt. Das gilt hingegen nicht
für beispielsweise einen Napoleon oder einen Cesare Borgia,
diese werden von den Historikern noch heute gewöhnlich auf
grobe Weise behandelt; denn man weiß doch, daß sie nicht aus
einem Vernunftsprinzip heraus so viele Menschen niedergemetzelt

haben, möge es nun wahr oder falsch gewesen sein: es geschah aus Ehrgeiz; und der Ehrgeiz rangiert auf der Stufenleiter der moralischen Werte wesentlich tiefer als anmaßende Unwissenheit. Doch was für die Philosophen gilt, das gilt noch lange nicht für die Menge. Diese verehrt den Abenteurer, gleich, ob es sich nun um Napoleon oder Cesare Borgia handelt; sie verabscheut einen Lenin oder Saint-Just ganz instinktiv. Rimbaud ist weder Christ, noch Revolutionär, noch Atheist, noch Materialist, was sollen wir also mit ihm beginnen? Sollen wir ihn zum Schweigen bringen? Aber wie denn? Sollen wir ihn lebendigen Leibes begraben? Aber er hat sich doch schon selbst begraben, fern von den Menschen, indem er alles hinter sich ließ. Und dennoch behält ihn unsere Literatur bei sich wie ein Kind, das zwar schwachsinnig und verrückt auf die Welt kam, das aber keineswegs schwächlich war, sondern dazu gemacht, zu leben wie jedermann. Der kleine Verrückte ißt, trinkt, spielt und bleibt sich selbst gleich, auch dann noch, als ihm der Schnurrbart zu sprießen beginnt und er heranreift, und sei es auch nur körperlich. Man liebt ihn aus Mitleid, aus Angst, doch vergißt man keinen Augenblick, daß er verrückt ist, und außerdem, wie könnte man das auch vergessen? Unterdessen beginnt man, sich damit abzufinden, gewöhnt sich an die Fragen, die sein Wahnsinn nie zu stellen aufhört; man hört einfach nicht mehr hin.

Ich bitte Sie, mir zu verzeihen, daß ich so hartnäckig auf diesem Punkt herumreite: es sind nicht Rimbauds Schriften oder seine Ideen, die mich so leidenschaftlich beschäftigen, sondern es ist Rimbaud selbst, wie er in seinem Wachtraum einige Worte stammelt, die ein so schreckliches Vorleben verraten lassen oder anklagen, daß man fast Angst bekommt, es könne explodieren und gleichzeitig den Wunsch verspürt, es explodieren zu sehen. Es sind Worte einer versuchsweise erprobten Freiheit, die Spuren eines Geistes auf einem Gebiet, auf dem keine Bekennung möglich ist, und derer ich mich nur ganz furchtsam und scheu zu bedienen wage, wobei ich immer fürchte, ihnen ihre eigene Logik zu rauben und die meine an deren Stelle zu setzen.

Freilich, ich hätte ihn zweifellos unerträglich gefunden, er hätte mich zweifellos betrübt oder irritiert, ich hätte zweifellos in seiner Gegenwart keine bessere Figur abgegeben wie alle anderen auch: es mangelte ihm, zumindest während seines Aufenthaltes in Paris, allzusehr an der geringsten Zuvorkommenheit, er konnte weder lügen noch schmeicheln, noch sich respektvoll verhalten, für unsere Begriffe war er grausam und häufig ungerecht; er würde mich genauso verabscheut haben wie Claudel und André Breton mit umso größerem Recht.

Sobald Sie sich mit ihm einlassen, zwingt Sie ein solcher Mensch, unter unmenschlichen Temperaturen zu leben; er treibt Sie von ihrem Weg ab, fordert Ihnen ein Durchhaltevermögen ab, für das Sie nicht geschaffen sind, stößt Sie umher und beraubt Sie ihrer heimatlichen Lebenssphäre. Ob Justizbeamter, General oder einfach Schriftsteller, wir sind alle nur Neger; für uns gibt es kein Heil. Obendrein ist Rimbaud vom Schlag der *nicht umgänglichen* Männer, der Männer, die man nicht zu sich nach Hause in den Schoß der Familie einladen kann. Ich liebe ihn, aber gleichzeitig hasse ich ihn, in dem Maße, in dem ich ihn liebe.

Ich lege bewußt Nachdruck auf Rimbauds sittliche Fratze, denn ich will mir über das Abstoßende nichts vormachen und Sie nicht in dem Glauben lassen, daß diese Domäne des Tragischen, von der ich Ihnen auf der Basis schestowschen Gedankenguts sprach, trotz allem eine sehr schöne Angelegenheit und ein farbiges Abenteuer sei! Niemals könnte ein normaler Mensch in diesen Bereich eintreten, in diese irdische Hölle, vor deren Pforten uns wie vor den Pforten der anderen Hölle angekündigt wird, daß wir beim Eintritt alle Hoffnung fallen zu lassen hätten. Verdammte haben nichts sonderlich Schönes an sich; nie reden sie miteinander, sie tauschen keine Nettigkeiten aus, sie tragen nicht den Hut unterm Arm wie Benjamin Franklin, sondern einen Abgrund wie Pascal. Dort, wo Sie nichts als einen Stuhl sehen, erkennt Pascal einen Höllenschlund; Sie setzen sich darauf, um sich zu vergewissern, daß es sich wohl um einen Stuhl handelt; der Stuhl gibt nicht nach; Pascal hingegen setzt sich daneben und wird verschlungen, schon fällt er in schwindelerregendem Tempo.

Von dieser Hölle – nicht von der »alten«, deren Pforten des Menschen Sohn öffnete, sondern der zeitgenössischen, die zur Stunde niemand würde öffnen können – hat uns Dostojewski nicht nur die Beschreibung, sondern in gewisser Weise den Leitfaden geliefert; denn die *Aufzeichnungen aus dem Untergrund* sind nichts anderes als der Leitfaden des tragischen Menschen;

die Fragen, welche dieses Buch aufwirft, haben nichts mit dem gemein, was man gewöhnlich als Fragen bezeichnet; nur Geächtete, Kranke, Strolche können so denken. Hören Sie zu: »Meine Herrschaften, mich quälen viele Fragen. Beantworten Sie sie mir.

Sie wollen zum Beispiel den Menschen von seinen alten Angewohnheiten abbringen und seinen Willen den Erkenntnissen der Wissenschaft und der gesunden Vernunft gemäß verbessern. Woher aber wissen Sie denn, ob es nicht nur möglich, sondern ob es überhaupt *nötig* ist, den Menschen so zu verändern? Woraus schließen Sie, daß das menschliche Wollen der Verbesserung so notwendig *bedarf*? Mit einem Wort: woraus schließen Sie, daß eine solche Verbesserung für den Menschen wirklich vorteilhaft wäre?... Nun schön, nehmen wir an, daß es das Gesetz der Logik ist, aber nur deswegen allein braucht es doch noch längst nicht das Gesetz der Menschheit zu sein. Sie glauben vielleicht, meine Herrschaften, ich sei verrückt? Erlauben Sie, daß ich mich rechtfertige. Also gut: der Mensch ist ein vornehmlich schöpferisches Tier, das verurteilt ist, bewußt zu einem Ziel zu streben, und sich mit der Ingenieurkunst zu befassen, das heißt sich ewig und ununterbrochen einen Weg zu bahnen, wenn auch *einerlei wohin*. Nun aber will er sich vielleicht gerade deswegen aus dem Staube machen oder sich seitwärts in die Büsche schlagen, weil er dazu *verurteilt* ist, sich diesen Weg zu bahnen, und meinetwegen auch noch aus dem anderen Grunde, weil ihm, wie dumm der unmittelbare und tätige Mensch im allgemeinen auch sein mag, zuweilen doch der Gedanke kommt, daß dieser Weg, wie es sich erweist, fast immer *einerlei wohin* führt, und daß die Hauptsache durchaus nicht ist, *wohin* er führt, sondern, daß er überhaupt nur führt, auf daß sich das artige Kind nicht, die Ingenieurarbeit verschmähend, dem verderblichen Müßiggang ergebe, der, wie allgemein bekannt, der Vater aller Laster ist. Der Mensch liebt es, sich als Schöpfer zu erweisen und Wege zu bahnen, das ist unbestreitbar. Warum aber liebt er bis zur Leidenschaft ebenso Zerstörung und Chaos? Bitte, beantworten Sie mir doch diese Frage! Aber darüber möchte ich selbst ein paar Worte sagen, so ganz für sich. Liebt er Zerstörung und Chaos vielleicht deswegen so sehr (denn es ist doch klar, daß er sie zuweilen ganz ungewöhnlich liebt, das ist schon so), weil er sich instinktiv fürchtet, das Ziel zu erreichen und das zu erbauende Gebäude zu vollenden? Was können Sie wissen, vielleicht liebt er dieses Gebäude nur aus der Entfernung, nicht aber in der Nähe? Vielleicht liebt er nur, es zu erschaffen, nicht aber in ihm zu leben, weshalb er es nachher aux animaux domestiques überläßt, als da sind: Ameisen, Schafe und so weiter.«

Wir brauchen nicht zu betonen, in welchem Maße diese Behauptungen zugleich absurd und auf wunderbare Weise logisch sind; die Logik springt ins Auge, doch genauso sind sie absurd, denn wenn jeder unmittelbare Mensch ihnen zustimmen würde, was würde dann aus unseren Heimatländern, unseren Kulturen, unserem Fortschritt, um nicht zu sagen, unserem Ethos und unserem Gott! Aber das ist noch nicht alles; hören Sie dem Strolch weiter zu:

»Ich trete ja hier eigentlich nicht gerade für das Leiden ein, aber natürlich auch nicht für das Wohlergehen. Ich trete für...die eigene Kaprice ein und dafür, *daß sie mir freisteht, wenn ich ihrer bedarf* ... Sie lachen? Freut mich! Meine Späßchen sind vielleicht etwas abgeschmackt, sind uneben, wirr und voll Mißtrauen gegen mich selbst. Aber das kommt doch daher, daß ich mich selbst nicht achte. Kann denn ein erkennender Mensch sich überhaupt noch irgendwie achten?« Und weiter: »Je mehr ich von der Erkenntnis des Guten und all dieses »Schönen und Erhabenen« durchdrungen war, desto tiefer sank ich in meinen Schlamm und desto fähiger war ich, völlig ihm zu verfallen. Doch das wichtigste Charakteristikum war dabei dies, daß all das gleichsam nicht zufällig in mir war, sondern geradezu als hätte es genau so zu sein. Als wäre das mein allernormalster Zustand gewesen, und durchaus nicht Krankheit und nicht Verderbtheit, so daß mir schließlich sogar die Lust verging, gegen diese Verderbnis noch anzukämpfen. Es endete damit, daß ich fast zu glauben begann (oder vielleicht glaubte ich schon tatsächlich), daß dies am Ende gar mein eigentlich normaler Zustand wäre. Zuerst aber, am Anfang, wieviel Qual hatte ich auszustehen in diesem Kampf!...und mich dann bewußt zu der Erkenntnis zu zwingen, daß ich auch heute wieder eine Gemeinheit begangen hatte, daß das Getane wiederum auf keine Weise ungeschehen zu machen war, und dafür nun innerlich, heimlich wie mit Zähnen an mir zu nagen, zu nagen, zu feilen, und mich selbst auszusaugen, bis sich die Bitterkeit schließlich in irgend so eine schmachvolle und verfluchte Süße verwandelte und zu guter Letzt – in entschiedenen, echten Genuß!«

Hier haben wir es mit dem wohl gröbsten Scherz zu tun, den sich je ein Sterblicher erlaubt hat, und worin der Schriftsteller die Grenzen dessen überschreitet, was selbst dem größten Genius zu sagen erlaubt sein dürfte, und sei es in noch so unsterblichen Worten; wenn das nicht so wäre, wohin würde uns dann die Literatur führen? Und wer erteilt dem Genius die Berechtigung, sich auf diese Weise in unser Leben einzumischen und dessen Grundfeste dermaßen zu erschüttern? Welche Befugnisse können dem Genius zugestanden werden? Und können wir es ihm denn erlauben, uns ungestraft derlei Dinge zu sagen: »Länger als vierzig Jahre zu leben ist unanständig, ist trivial, ist unsittlich! Wer lebt denn über vierzig Jahre? – antwortet aufrichtig, ehrlich. Ich werde es euch sagen, wer noch über vierzig Jahre lebt: nur Dummköpfe und Spitzbuben. Das sage ich allen Greisen ins Gesicht, allen diesen ehrwürdigen Greisen, allen diesen silberhaarigen, parfümierten Greisen! Sage es der ganzen Welt ins Gesicht! Ich habe das Recht, das zu sagen, denn ich selbst werde bis sechzig leben. Bis siebzig werde ich leben! Bis achtzig werde ich leben!«

Sie sehen wohl selbst: Die Domäne der Tragödie ist keine sehr verlockende Welt. Daher zieht man es vor, Rimbaud auf eine andere Seite zu ziehen, die Seite der Alchimie, der Magie, der Gnostiker, der Buddhisten, die Seite »dieses bewunderungswürdigen 19. Jahrhunderts« und so weiter, obwohl schon ein kleiner Text von Dostojewski auf ganz unaufdringliche Weise ein wirkungsvolles Licht in die dunkelsten Bereiche zu werfen vermag, indem er ihre ethische Verwandschaft auf einen Punkt bringt. Doch ich weiß wohl: Sie werden mir nur allzu bereitwillig einräumen, daß Dostojewski ein russischer Strolch, ein »Barbar« ist. Man ist tatsächlich allgemein der Ansicht, daß die Russen und die Germanen seltsame Leute seien, und daß man mehr als alles auf der Welt den Einfluß ihrer Ansichten auf die französische Geistesart zu befürchten habe. Die universelle katholische Denkweise ist zur Zeit in einem dermaßen Zustand des Verfalls, die Vorstellung vom Menschen ist in so unwürdige Hände gefallen, daß eine Idee von den Rassen daraus hervorgegangen ist, der man die Freiheit zugesteht, Typologien aufzustellen, die sich logisch widersprechen, und zwar die Typologie der barbarischen und zivilisierten Rassen, die nicht durch Gott und die Sünde geformt werden, sondern durch das Tainesche Konzept von Klima und Milieu, und den Griechen das Privileg zuerkennt, das von Gott auserwählte Volk zu sein, das Volk, dem Gott durch die Vermittlung Sokrates das Alte Testament und durch die Vermittlung von Aristoteles das Neue Testament übergeben hat.

Und dabei stehen die Barbaren nicht nur vor den Toren der Stadt; sie sind bereits mitten drin; sie sind in den Katakomben und im Untergrund; es sind Menschen, die wahrhaft von jenseits des Grabes kommen. Und Pascal ist einer von ihnen, was auch immer Herr Massis anstellen mag, um ihn von dieser Schande reinzuwaschen; und das ist auch der einzige Grund, warum er den sterbenden Katholizismus überlebt hat. Oh, wieviel näher steht er doch Dostojewski, dem »Barbaren«, als dem heiligen Thomas von Aquin! Und wie sehr ist auch Baudelaire ein Barbar, der unter anderem dies hier schreibt: »Gott ist eine Plage, aber eine sehr einträgliche Plage.«

Und Rimbaud behauptet doch auch, sollte man das denn so schnell vergessen, daß »der Geist Autorität« sei, und daß er ihn gerne zum Schweigen bringen würde, um zu handeln, wie er es will? Und ferner: »Aber ist es denn nicht qualvoll zu wissen, daß nach dieser Verkündigung der Wissenschaft, dem Christentum, der Mensch *seiner selbst spottet*, sich vor Vergnügen aufbläht, diese Beweise immer wieder zu erbringen, und nur auf diese Art lebt? Höchst verfeinerte, alberne Qual; Quelle der Ausschweifungen meines Geistes. Die Natur könnte sich langweilen, vielleicht! Herr Biedermann ist gleichzeitig mit Christus auf die Welt gekommen.« Spricht er hier denn nicht auch diese offenkundige Absurdität aus, die einem Griechen nie in den Sinn gekommen wäre, mit der jedoch gewisse russische Geister, darunter Dostojewski, durchaus vertraut sind, nämlich daß er dem Sträfling dieselbe Bewunderung entgegenbringt wie dem Heiligen? Dieser soll sogar mehr Stärke besitzen als ein Heiliger! Fragt er sich denn nicht, ob nicht vielleicht die Barmherzigkeit in seinen Augen eine Schwester des Todes ist? Verspürt er etwa nicht dieses Grauen vor dem Leben? Und wird er etwa nicht, um der Absurdität die Krone aufzusetzen, dem klaren, lateinischen Geist abtrünnig? War er denn etwa kein Barbar unter Barbaren, wenn er sagte, daß er »den Sommer haßt«? Kann sich denn ein lateinischer Geist, ein Geist der Ordnung und der Klarheit, diese Unbotmäßigkeit herausnehmen?

Es sei Ihnen zugestanden, diese Fragen nicht hören zu wollen, es sei Ihnen gestattet, sie wieder vollständig zu vergessen, nachdem Sie sie angehört haben, doch darum existieren sie nicht weniger, sind sie nicht weniger lebendig, unauslöschlich, hohnlachend. Man kann diese Texte von sich weisen, doch was ihre Bedeutung anbelangt, so kann man damit kein betrügerisches Spiel treiben. Denn diese Texte als erbaulich zu betrachten, heißt nichts weiter, als betrügen zu wollen, auch sie als *lehrreich* auszugeben, aus ihnen Lebensregeln und ein moralisches Fazit herauszuziehen, sich ihrer im Kampf der Menschen zum Vorteil einer bestimmten Gruppe und dem gleichzeitigen Nachteil aller anderen zu bedienen, ist nichts als Betrug.

Da Rimbaud nichts fordert und auch nie etwas gefordert hat, lassen wir ihm doch die Freiheit, seinen Weg zu wählen, zu tun, was ihm vernünftig erscheint, ein Strolch zu sein, falls es ihm Spaß macht. Er allein wird die Konsequenzen seiner Handlungen zu tragen haben; aber ist nicht das genau die Situation des tragischen Menschen in dieser Welt? Glauben Sie bloß nicht, daß Rimbaud sich dieser Tatsache nicht bewußt gewesen wäre, doch was sollte er dagegen unternehmen? »Umso schlimmer für das Holz, das sich als Geige vorfindet«, so klingt sein Hohngelächter.

Es gibt auf der Erde nur wenige Männer, deren Holz sich als Geige wiederfindet, nur wenige, denen dieses »umso schlimmer« als Bürde auferlegt wird. Und was geht es uns schon an, wenn man die Geige einen »Barbaren« schimpft, und das Holz, das einfache Holz in Ehren hält und ihm den Geist und die Klarheit zuspricht, diese Kennzeichen des Kulturmenschen, und alle Wohltaten der Schöpfung dazu?

XXII

»Etre vivant, voilà l'horreur!«
(Zu leben: das ist das Grauen!)
JACQUES RIVIERE, *Rimbaud*

Das Grauen vor dem Leben – das ist das dramatische Lebens-
gefühl schlechthin, doch ist es keinesfalls unauflöslich!
Das Grauen vor dem Leben! Sollte etwa nicht alles zum Besten
stehen in dieser besten aller Welten? Das Sein sollte sich also
weigern, im Dasein zu verharren? Sollte es sich hier um die reine
Negation handeln? Um den Willen zur Selbstzerstörung? An der
Behauptung Jacques Rivières ist etwas Wahres dran, aber nicht
nur Wahres.

Das Grauen vor dem Leben, sicherlich, aber gleichzeitig eine
hemmungslose Liebe zum Leben: »Ich werde unter die Erde
kommen, und du, du wirst in der Sonne spazieren.«

Hier beginnt das Erdendasein endlich, der Ozon knapp, die
Welt unatembar zu werden. Der Haß auf alles, was existiert – das
ist der Haß auf alles, was man liebt! Es gibt hieraus keinen
Ausweg. Nicht einmal den Selbstmord. Das Sein stirbt, obgleich
es nicht sterben will. Das Sein umwölkt das Universum mit
seinem Schatten, erstickt es. Eine Wirklichkeit, von der keine
Spur, kein Schattenriß, keine Form mehr übrigbleibt: der in
Unordnung gebrachte, zerstückelte, gebändigte Stoff eines
Horrorfilms. Das Sein stirbt daran, sich selbst sterben zu sehen.
In diesem Augenblick negiert sich das gewöhnliche Leben selbst,
an seinem Ende beginnt der tragische Mensch:
»Gegenwärtig lehne ich mich gegen den Tod auf! ...«

XXIII

»Comme je deviens fille
à manquer du courage d'aimer la mort.«
(Was für eine alte Jungfer doch werd ich,
da mir der Mut fehlt, den Tod zu lieben.)

RIMBAUD

»Diese Krankheit ist nicht der Tod«...mit diesen Worten soll
Jesus zu seinen Schülern vom sterbenden Lazarus gesprochen
haben. Und Kierkegaard greift diesen Gedanken auf, um ihn
nicht auf den Tod, der nicht der Tod ist, sondern auf die Verzweiflung zu übertragen: »Der Verzweifelte ist todkrank. Es sind in
ganz anderem Sinne, als es sonst von einer Krankheit gilt, die
edelsten Teile, welche die Krankheit angegriffen hat; und dennoch kann er nicht sterben. Der Tod ist nicht das letzte der
Krankheit, aber der Tod ist immerfort das letzte. Von dieser
Krankheit durch den Tod befreit zu werden ist eine Unmöglichkeit, denn die Krankheit und ihre Qual – und der Tod ist eben,
daß man *nicht sterben kann.*«

Der Tod ist eine flüchtige, zufällige Erscheinung, an der man
stirbt. Die Verzweiflung hingegen ist ein schreckliches, endloses
und ewiges Geschehnis, an dem man nicht stirbt, das auf keinen
Fall zum Tode führt...Man kann noch so sehr versucht sein, seiner
Verzweiflung in einer Predigt Luft zu machen, kann sich noch so
bemühen, sie zu vergessen, zu verdrängen, ihr und damit auch
sich selbst davonzulaufen. Sie folgt euch nach, verfolgt euch,
begleitet euch, läßt nicht ab, euch zu peinigen, zu quälen, und
verläßt sie euch am Tage, so kommt sie in der Nacht wieder
zurück, wird sie vom Wohlbefinden vertrieben, so steht sie im
Bunde mit der Krankheit wieder vor der Tür, ist sie durch ein
in Gleichförmigkeit geführtes Leben abgewehrt worden, so
erscheint sie wieder mit dem »und dann«, »ganz plötzlich«,
»keiner weiß warum«.

Die Verzweiflung ist gegenwärtig, ist zäh; die frißt an der
Leber Tolstois sogar in dessen Momenten des Triumphs, als er der

ganzen Welt das gute Wort predigt, und selbst in dem unerschütterlichen Glauben lebt, dieses entsprechend gefunden zu haben...

... Tolstoi mag sich noch so sehr wie ein Muschik kleiden, die Scholle beackern, seine Bücher verbrennen, ein Eremitenleben führen – die Verzweiflung ist immer schon da, was er auch tun mag, und sie treibt ihn ganz »plötzlich« zur unbesonnensten Tat seines Lebens: zur Flucht, einer unsinnigen Flucht, fort von den Seinen, fort von den guten Worten, fort vom Tod... Denn der Tod will seine Verzweiflung nicht. Solange seine Verzweiflung lebendig ist, wird auch er selbst lebendig sein – diese ewige Verzweiflung ist keinesfalls zum Tode...

Auch während Nietzsche seinen *Zarathustra* schreibt, ist die Verzweiflung zur Stelle – und mehr noch, als er in einem gleichmäßigen, gemessenen, ironischen, ungezwungenen Tonfall seinen *Ecce homo* schreibt. Sie ist immer schon da, mag Nietzsche sich auch rühmen, sie bezwungen und niedergestreckt zu haben, mag er sie auch dem »Klima«, der »Küche« oder der Verständnislosigkeit des Publikums zuschreiben. Nietzsche will dieses Selbst vertreiben, um es durch ein anderes Selbst zu ersetzen – unterzeichnet er nicht das Telegramm an Cosima Wagner mit »Dionysos«? – In diesem Punkt liegt die tief verborgene Quelle von Nietzsches Verzweiflung... Er mag sich noch so sehr in die Brust werfen und schreiben: »Ecce homo«, er ist keineswegs damit zufrieden, Nietzsche zu sein, und wünscht sich, ein Dionysos zu sein. Nun muß er fliehen, auch er, gerade wie Tolstoi, um sein Selbst wiederzufinden, das, da es nicht zum Tode krank ist, darum auch nicht sterben kann. Er flieht...und diesmal nicht mehr zu dem kleinen Bahnhof von Astapowo, sondern...in den Wahnsinn.

Auch Rimbaud fühlt sich krank, und auch seine Krankheit ist nicht zum Tode. »Indem es sich zu sich selbst verhält, und indem es es selbst sein will, gründet sich das Selbst durchsichtig in der Macht, welche es gesetzt hat.« Doch das Selbst Rimbauds, gerade wie das Selbst Tolstois oder Nietzsches, verhält sich nicht zu sich selbst, gründet sich nicht durchsichtig. Er weiß nicht (oder obwohl er es weiß, will er es nicht wissen), daß sein Selbst von etwas anderem als ihm selbst *gesetzt* ist.

Besser noch als Nietzsche oder Tolstoi *weiß* Rimbaud, um welche Art Macht es sich handelt, er weiß, daß sein Selbst ohne

Unterlaß von etwas heimgesucht wird, das nicht er selbst ist, er weiß, daß hierin das Ende seiner Angst zu finden ist ... Doch entweder kann er oder will er nicht bis zu jener Macht vordringen, die sein Selbst gesetzt hat. Er hat Angst. Genau wie Kierkegaard hat er Angst, sich an das Absurde zu wenden, Angst, ein Bauer zu sein, von minderwertiger Rasse in alle Ewigkeit.

Unterdessen versucht Rimbaud in steigendem Maße seinem Selbst zu entfliehen, versucht zu glauben, daß sein Selbst sterblich ist, und daß es möglich ist, es zu töten: er flieht ... Als erstes wird er versuchen, von dem Selbst des Sehers mit Gewalt Besitz zu ergreifen, aber schon bald muß er gewahr werden, daß es sich hierbei um nichts weiter als einen »magischen Sophismus« handelt, daß er nichts anderes getan hatte, als den Wahnsinn »vorzutäuschen« ... Er versucht, das, was allem Anschein nach sein Selbst ausmachte, über Bord zu werfen und flieht ein zweites Mal, nach Aden, nach Afrika, in den Handel ... Doch kurze Zeit darauf »wird der Gedanke an die Forschung in seinem Geist den Gedanken an den Handel überlagern«: dritte Flucht. Während dieser Zeit graut ihm vor seinem »alten« Selbst, er erträgt es nicht, wenn man ihm davon spricht. Die Verzweiflung ist immer schon da; sie veranlaßt ihn, seiner Mutter zu schreiben: »und ein Glück, daß dies Leben das einzige ist, und daß das völlig unbestreitbar ist, weil man sich kein andres Leben ausdenken kann, das noch unausstehlicher wäre als dieses jetzige!«

Auch von diesem Selbst – dem Selbst, das »im Unbekannten Handel treibt«, wird Rimbaud sich erneut zu befreien suchen: er träumt davon, den Handel aufzugeben, wenn er erst einmal genug Gold angehäuft hat, und das Leben eines ausgeglichenen Selbst zu leben, eines Selbst, daß sich zur Ruhe gesetzt hat, an der Seite einer reizenden Frau und eines Sohnes, dem er eine Erziehung nach seinem Geschmack angedeihen lassen will.

Und »plötzlich« bricht er sich das Bein. Ein Geschwür entwickelt sich ... Seine Schwester bedrängt ihn, sich zu »bekehren«. Wenn man es recht bedenkt, warum eigentlich nicht? Ist sein Selbst denn nicht stets bereit, sich jeden Augenblick zu wandeln, stets bereit zu fliehen? Ist er denn nicht schon der Reihe nach: Seher, Reisender, Händler, Forscher gewesen? Warum nicht auch Katholik? Das ist wieder ein »Versuch«, und seiner Gewohnheit gemäß wird er diesen unternehmen, um der Verzweiflung zu fliehen. Er bekehrt sich, legt die Beichte ab. Doch sein Selbst hat es wieder einmal nicht zuwege gebracht, sich durchsichtig zu gründen, in der Macht, welche es gesetzt hat ... Er ist krank, nicht jedoch zum Tode krank. Und Rimbaud lästert Gott, nachdem er sich bekehrt hat.

Dieses ewige Etwas, das er in sich hat, oder das ihn innehat, und daß darüberhinaus das einzige ist, was er überhaupt hat, kann Rimbaud nicht einfach abtreten. Ach, wie schön wäre es doch zu sterben, ruhig zu sterben – wenn doch bloß nicht dieses Selbst in uns wäre, das uns seine Angst vor dem Sterben vermittelt – das doch, laut Kierkegaard, nicht am Tod, nicht an *unserem* Tod, sterben kann. Dieses ewige Selbst weiß nicht, daß es ewig ist; es träumt von dem Glück, in der Sonne zu spazieren, von dem Glück, zu leben. Und wir können uns noch so sehr in dem Wissen befinden, daß dies falsch ist, daß es keine größere »Widerwärtigkeit« als das Leben gibt, daß wir trotzdem leben wollen, denn da ist die Verzweiflung, die leben will, weil sie nicht sterben kann.

Das Leben, das Leben und dieses Unvermögen, das »wahre Leben« zu erlangen – das Leben und das Unvermögen zu sterben.

Rimbaud fürchtet sich vor dem Sterben, sicher. Doch fürchtet er nicht viel mehr als den Tod selbst die Furcht vor diesem Tod, ihre Unendlichkeit, und sein Unvermögen zu sterben?

Als Verzweifelter zu sterben – Rimbaud weiß das nur allzu gut, das heißt, nicht zu sterben, das bedeutet, weiter zu leben. »Gegenwärtig lehne ich mich gegen den Tod auf...« Verstehen Sie wohl, das will ganz einfach heißen: »Ich lehne mich dagegen auf, sterben zu müssen«, anders gesagt: »Ich lehne mich dagegen auf, verzweifelt sterben zu müssen, in der ganzen Unendlichkeit meines Selbst«, oder noch anders: »Gegenwärtig lehne ich mich dagegen auf, *nicht sterben zu können.*«

» Mon esprit, prends garde!«
(Mein Geist, nimm dich in acht!)

RIMBAUD

Ungefähr zu jener Zeit, in der Rimbaud auf eigene Gefahr
seine Theorie des Sehers der Welt vor die Füße wirft, findet in
Paris ein anderes Experiment statt, das sich ebenso ausgefallen,
ebenso unfaßbar, ebenso krankhaft und zersetzend ausnimmt wie
dasjenige Rimbauds, und dem genau wie diesem einer der außer-
gewöhnlichsten Erfolge in der Literatur beschieden war. Ich
spreche von dem rätselhaften Abenteuer des Isidor Ducasse,
genannt Comte de Lautréamont, Autor von *Les Chants de
Maldoror*, einem Werk, das an der Grenze des romantischen
Wahnsinns angesiedelt werden kann, das vom Autor im Alter von
22 Jahren geschrieben wurde und von dem nur die ersten sechs
Gesänge erschienen sind, wonach aus unerfindlichen Gründen
das Genie und das Leben des Autors ein schnelles Ende fanden.

Für wie bedeutend auch immer Lautréamont gelten mag, und
wie auch immer die Schlußfolgerungen aussehen mögen, die man
sich trotz des Mangels an Fakten in Hinsicht auf seine Biographie
zu ziehen berechtigt fühlte (und zwar in noch stärkerem Maße als
bei der Biographie Rimbauds), so denke ich, ohne voreingenom-
men zu sein, daß die schrecklichen Reden des Lautréamont und
das grauenvolle Experiment Rimbauds nicht auf der gleichen
geistigen Ebene angesiedelt, nicht in die gleiche Kategorie
gesteckt werden können. Die »unvermutete Begegnung einer
Nähmaschine und eines Regenschirms auf einem Seziertisch«,
welche das ganze Mysterium und die ganze Dichte Lautréamonts
ausmacht, scheint mir auf unsere Welt die Wirkung eines zerset-
zenden, wenn nicht betäubenden Mittels zu haben, wohingegen
das: »gegenwärtig lehne ich mich gegen den Tod auf« und die
Flucht Rimbauds den erste Funken eines Aufruhrs darstellen,
eines klaren und eindeutigen Versuchs der Zerstörung *dieser*
Welt. Aus der Verzweiflung Maldorors ist ein Tonfall herauszu-

hören, ein Heben der Stimme, eine gezierte und gekünstelte Attitüde, die zur Folge hat, daß seine Stimme wie durch ein schlechtes Mikrophon vergröbert bei uns ankommt, wohingegen die Stimme Rimbauds ihren Tonfall, ihre Modulationen, den Akzent und die Unverfälschtheit der menschlichen Stimme beibehält, unabhängig von der Qual und dem Delirium, durch das sie gepeinigt ist.

Lautréamont spricht für den Zuhörer, er deklamiert; man hört in jedem Augenblick den Tonfall der Belehrung heraus, einen romantischen und überspannten Schwulst, den Stil *maudit*, die Bestimmtheit eines Menschen, der etwas lehrt, von dem er weiß, daß er es selbst nicht weiß, und der sich eigenmächtig die Aufgabe zumißt, eine Mission, eine prophetische Mission zu erfüllen zu haben. Wir haben es hier mit einem eisernen Willen zu tun, der überraschen, erschüttern, verblüffen will, und der mit der Freude einhergeht, sich selbst reden zu hören, während er sein einziger Zuhörer ist, einer Art satanischem Ehrgeiz, dem daran gelegen ist, durch Massaker und Bürgerkriege ein grauenhaftes Abbild seiner selbst zu setzen, vergleichbar dem Nietzsche des *Ecce Homo*. Hier haben wir das gesamte literarische Rüstzeug versammelt: das gewollte Paradoxon, den ausgefeilten Widerspruch, die Überraschungseffekte, die weisen Wiederholungen, die eindrucksvollen Epitheta, die Lautréamont zu einer Art von auf den Kopf gestelltem Hugo werden lassen, der genauso viel Lärm macht wie dieser, aber eine tiefgründigere Intelligenz und eine alptraumhafte Scharfsinnigkeit besitzt. Er kann seinem bis zum äußersten gespannten Bedürfnis, *sich gigantisch zu machen*, nicht entrinnen.

Während Rimbaud sogar in seinen Wahnphantasien immer zu sich selbst spricht, niemandem Ratschläge erteilt, seine möglichen Nachfolger entmutigt, der Belehrung mißtraut und mit erbarmungsloser Grausamkeit über sich selbst urteilt (»bin ich dumm?...«, »mir graust vor meiner Dummheit«) und schließlich seines eigenen Spiels überdrüssig wird, als ob es nichts als ein Spiel wäre, fängt Lautréamont hingegen an diesem Spiel Feuer, stürzt sich ganz hinein: Er verurteilt die anderen, spornt den Leser an, ihm bei all seinen Kunstgriffen zu folgen, die von der Einschüchterung bis zur Provokation reichen, er sucht seine Wahrheit nur auf öffentlichen Plätzen und gibt sich voll und ganz dem Vergnügen hin, zu predigen und zu belehren. Indem ich diese Vorbehalte ausspreche, beabsichtige ich nicht, die Tragweite seines Abenteuers herabzusetzen oder abzustreiten, daß es sich hierbei um den seltsamsten und schrecklichsten ethischen Zündstoff handelt, der je gegen die alte Welt zum Einsatz gebracht wurde. Lautréamont vorzuwerfen, daß sein Sprengstoff nicht explodiert, daß er nicht die Ebene der Literatur verläßt, das stünde uns nur schlecht an; aber genau hierin liegt die Bruchstelle, an der sich sein Experiment von demjenigen Rimbauds unterscheidet, was das Abenteuer dieses letzteren so außerordentlich *einmalig* erscheinen läßt.

Welcher Leser, so ungebildet er auch sein mag, hat etwa nicht *Les Chants de Maldoror* gelesen? Indes kenne ich nur wenige, die den Mut aufgebracht haben, sie in einem Zug durchzulesen, ohne unter der unerträglichen Langeweile zu leiden, die diese ausbuttern, eine Langeweile, die nicht so sehr daher rührt, daß die Lektüre nicht interessant sei, sondern vielmehr von ihrem Übermaß an Interessantheit, von der unerschöpflichen Energie, die hier im Spiel ist, der unberechenbaren Kraft, die Sie gefangen hält, die Sie hämmert und knetet und Ihnen keine Zeit läßt, Atem zu schöpfen, von dieser Überfülle an Alpträumen und Visionen, eine schrecklicher als die andere, die sich immerzu steigern und schließlich selbst überbieten, wobei sie Gefallen an Ihrem Entsetzen finden und sich an dem Anblick Ihres Blutes ergötzen würden, falls es fließen sollte. *Die Gesänge des Maldoror* sind ein Wettkampf in sechs Runden, ohne Schiedsrichter, ohne Betreuer, in dem sich allein Gott und Lautréamont gegenüberstehen, mit der gesamten zukünftigen Menschheit auf der Zuschauertribüne. Ich bitte Sie, mir Glauben zu schenken, wenn ich Ihnen sage, daß nicht Gott es ist, der bei diesem Nahkampf die geringeren Schläge einstecken muß, doch es fallen auch einige Tiefschläge; sie sind übrigens ganz ausgezeichnet gesetzt; weniger ausgezeichnet sind die, welche von Lautréamonts Lust an der Selbstdarstellung zeugen und lediglich um Beifall buhlen.

Für Lautréamont wie für Rimbaud ist Gott im Zentrum des geistigen Daseins angesiedelt; einer wie der andere schlagen sie sich den Kopf an ihm ein; einer wie der andere stoßen sie ihm dort in die Seite, wo seine empfindlichste Stelle zu sein scheint.

Doch Lautréamont macht es Gott zum Vorwurf, *zu sein* (»meine Subjektivität und der Schöpfer, das ist zuviel für ein Gehirn«), und Rimbaud macht ihm zum Vorwurf, *nicht zu sein*, ihn ganz sich selbst überlassen zu haben (»das wahre Leben ist abwesend!«). Rimbaud wirft Gott seine Abwesenheit (nämlich die Existenz der Notwendigkeit und der Ananke) vor, und Lautréamont wirft ihm seine Anwesenheit auf dieser Welt vor (nämlich in der Existenz der Ungerechtigkeit).

Rimbaud findet sich damit ab, daß es auf dieser Erde keine Gerechtigkeit gibt, »daß die Betrachtung der Gerechtigkeit allein das Recht Gottes ist«: – »Ich bin gewappnet gegen die Gerechtigkeit«, schreibt er. Er beklagt sich nicht darüber, daß die Menschen schlecht, ungerecht, verlogen, reich sind; er beklagt sich vor allem darüber, daß sie »Schweine« sind. Aber in Wahrheit lassen ihn die Menschen, die Liebe, das Leben (nicht jedoch das »wahre Leben«) völlig gleichgültig. Es sind weder die Märtyrer noch die Opfer, die ihn unter den Menschen rühren, sondern allein der unverbesserliche Sträfling, hinter dem sich immer das Zuchthaus schließt. Die Dinge, die Rimbaud leidenschaftlich beschäftigen, sind das Schicksal des Sträflings, das Geschick des ewigen Menschen und die *Freiheit, derer man diesen beraubt.* Er verübelt es den Religionen, den Wissenschaften und dem Geist, uns immer und ewig nur die Notwendigkeit anraten zu können, uns mit ihrer Autorität zu erdrücken und uns, um sich selbst aus der Affäre ziehen zu können, nichts als Betäubungsmittel anzubieten: die Barmherzigkeit, die Schöpfungen, die Arbeit, das Glück, »dessen Zahn tödlich sanft ist«, die Gerechtigkeit.

Es scheint, daß es für Lautréamont nicht die Abwesenheit der Freiheit ist, nicht nur das Vorhandensein der Notwendigkeit, was ihn so außerordentlich erzürnt und ihn in solche Wut versetzt. Der Mensch ist ungerecht, grausam, böse, verlogen, das sind die Tatsachen; Gott ist also keineswegs so vollkommen, so gut, so unendlich, so gerecht wie die Psalmen und die griechischen Philosophen uns weismachen wollen. Der Mensch ist ein Monster, also ist Gott ein Vampir! Warum sollten wir demnach nicht ebensolche Vampire sein wie er? Wir täten folglich besser daran, ihm das Schauspiel unserer Blutrünstigkeit anstelle des Schaupiels unseres Unglücks zu liefern!

Ethischer Pessismismus bei Lautréamont, der es Gott anlastet, mit dem Bösen identisch zu sein, – folglich zu sein! *Metaphysischer Pessimismus bei Rimbaud, der es Gott anlastet, mit der Autorität identisch zu sein – folglich nicht zu sein!* Die sittliche Integrität, selbst seine eigene, läßt Rimbaud völlig unberührt. Wonach er strebt, ist der Geist und die *Minute des Erwachens*, der Geist, vermittels dessen man zu Gott gelangen könnte, wenn es nicht diese verdammte Notwendigkeit gäbe, die Herrn Biedermann zusammen mit Christus auf die Welt kommen ließ, und die dafür verantwortlich ist, daß das Christentum nichts als »eine Verkündigung der Wissenschaft« ist. Was ihn niederwirft ist die Tatsache, daß die Welt voranschreitet; warum sollte sie sich nicht drehen?

Die sittliche Integrität ist hingegen der Ausgangspunkt von Lautréamonts zerstörerischer Wut. Wenn er mit seiner gotteslästerlichen Hand die Lampe einer heiligen Stätte zuhält, sagt er sich »sollte in dieser Lampe eine Seele eingeschlossen sein, so ist es feige, auf einen *ehrlichen Angriff* nicht *offen* zu antworten!« Rimbaud ist unberührt, und es ist ihm egal; er ist darum nicht weniger ein Schwein, ein Tier, ein Neger! Lautréamont glaubt sich unversehrt und lehnt sich im Namen *seiner Integrität* auf: seine mörderische Integrität richtet er gegen die Menschen.

Wir verstehen nun, warum von diesen beiden maßlosen, absoluten Pessimisten Lautréamont als erster aufgibt. Es ist ein Merkmal der ethischen Mentalität, sich auf Erden in der Tatsache Genugtuung zu verschaffen, daß man sich selbst für den einzigen hält, der gut und gerecht ist, einen hochmütigen Trost darin zu finden, das Böse als die Schmach des Menschen anzusehen und an der Belehrung sein Vergnügen zu haben.

Es ist das Kennzeichen der ethischen Mentalität, Niederlagen in Siege zu verwandeln und über einem Sophismus einzuschlummern, denn was ist das denn anderes als ein Sophismus, wenn man den Kampf aufgibt, um den Kampf zu predigen, einen hochfahrenden Genuß am eigenen Unglück zu finden, auf ein Podest zu steigen und der Welt ins Gesicht zu sagen: »ICH«, inmitten des größten Unheils? Was ist das anderes als ein Sophismus, diese Kehrtwende Lautréamonts, dieses Vorwort zu seiner Dichtung (die nie aufgefunden oder nie geschrieben wurde), in der er die Romantik »im Sinne der Hoffnung« abändert?

»Die Verzweiflung, die sich, fest entschlossen, von ihren Phantasmagorien nährt, führt den Literaten unerbittlich zur massenhaften Absetzung der göttlichen und sozialen Gesetze und zur theoretischen und praktischen Boshaftigkeit; in einem Wort, sie läßt den menschlichen Hintern bei seinen Schlußfolgerungen vorherrschen«; was ist das anderes als Lautréamonts Geständnis, daß er das Spiel aus Trotz, aus Laune oder aus Müdigkeit aufgegeben hat, daß ihm rechts so gut wie links erscheint, nichts als ein herrlicher Anlaß, um Reden zu schwingen. Solange man ungestraft: ICH sagen kann, scheint für ihn die geistige Auseinandersetzung an sich völlig gleichgültig zu sein.

Sollte Lautréamont das Vorwort nicht *gewollt*, den Tod nicht *gewählt* haben, wenn es sich nur um einen Scherz handeln sollte, so ist das mindeste, was man sagen kann, daß er sein Ziel verfehlt hat und daß er sich aus Fahrlässigkeit das Leben nimmt, wenn er aus Aufgeblasenheit die Taten seines Maldoror mit folgenden Worten bezeichnet:»die Verzweiflung läßt den menschlichen Hintern vorherrschen.«

Bei Rimbaud finden wir nichts derartiges. Er fordert bis zum Schluß die Abschaffung der göttlichen und sozialen Gesetze; seine Bösartigkeit ist bis zum Schluß theoretischer und praktischer Natur. Er zieht es vor, erhobenen Hauptes ins Gefängnis zu gehen, die Seele in Aufruhr. Er schämt sich nicht, bis zum Schluß in seinen erbarmungslosen Schlußfolgerungen den »menschlichen Hintern« vorherrschen zu lassen.

XXV

»Ce n'est rien. J'y suis toujours!«
(Nichts ist's. Bin noch hier!)

RIMBAUD

In den letzten zehn Jahren sind viele Untersuchungen über den Selbstmord durchgeführt worden. Doch sie dürften nicht allzu schlüssig ausgefallen sein, da André Breton sich heute noch fragt, *mit welchem Recht* ein Majakowski oder ein Jessenin es wagen konnten, gegen die marxistische Doktrin zugunsten ihres »Selbst«, ihres »persönlichen« Leidens zu verstoßen, obgleich sie doch besser als alle anderen hätten wissen müssen, daß der historische Materialismus den Gegensatz Individuum – Gesellschaft aufgelöst hat, indem er das Individuum abschaffte! Dort, wo die Diktatur des Proletariats herrscht, gibt es kein persönliches Leiden mehr, kein Selbst, keine metaphysische Qual; der Mensch der Revolution sollte das doch verstanden haben, sollte davon durchdrungen sein – und erst recht ein Majakowski ... Doch da hält es Majakowski für gerechtfertigt, sich inmitten dieser Revolution, die er unbestritten liebt, über sein eigenes Leiden zu beugen, sich allein und leer zu fühlen, vor Langeweile zu gähnen, nach Hilfe zu rufen, zu schreien und sich schließlich umzubringen. Das ist empörend, oder etwa nicht? Wenn man Revolutionen durchführen will, die nicht nur einen besseren sozialen Ausgleich und größere Gerechtigkeit versprechen sollen, sondern sogar die Aufhebung aller ethischen und metaphysischen Antinomien, die im Individuum hausen, und am Ende immer noch dieses Leiden, dieses hassenswerte Selbst, die Anrufung des Unbekannten und, wer weiß, möglicherweise sogar Gott noch in der Welt sind, dann kann man gerade noch einmal von vorne beginnen. Mit welchem Recht haben die Menschen, diese Abtrünnigen, sich entschlossen, das Paradies, das man ihnen anbot und das sie selbst errichtet haben, zu verlassen, und haben sich die Freiheit herausgenommen, auf diese alten Gemeinplätze der menschlichen bzw. bürgerlichen Prähistorie zu pochen, als da sind: das Leiden, die Liebe, die Langeweile usw.?

Andererseits, da Rimbaud, der in eine Epoche hineingeboren wurde, in der die wirtschaftlichen Widersprüche den Menschen zur Revolte zwangen, einer Revolte, die auf der Ebene der Handlung keinen Ausweg versprach, warum flüchtete dieser bis zum Ende, anstatt sich einfach umzubringen? Worauf hoffte er noch? Und *mit welchem Recht* hoffte er darauf?

Hoffen – welch ein aberwitziger Gedanke, wo doch alles zugrunde zu gehen scheint, während das Glück, das an die Türe pocht, nichts weiter ist als ein Zufall mehr? Unter diesen Umständen bleibt Ihnen keine andere Wahl, als es diskret zurückzuweisen. Die Vernunft ist zu dem Schluß gelangt, daß es uns an vernünftigen Gründen für das Leben mangelt – gerade so, als ob wir *entschieden* hätten, zu leben – folglich setzt sie unser – was eigentlich? – in Angst und Schrecken – dieses Etwas in uns, das trotzdem leben will, trotz allem und entgegen allem, auf niedrige und feige Art, wenn es denn sein muß, ja sogar heuchlerisch, und zwar bis zu einem solchen Grade, daß die Vernunft Sie dazu bringen wird, sich dafür zu schämen, daß Sie um des Lebens willen leben wollen. »Ich werde unter die Erde kommen, sagte Arthur, und du, du wirst in der Sonne spazieren. Und so ist es den ganzen Tag über eine unaufhörliche Klage« (Brief Isabelles). Hören Sie diese unaufhörliche Klage, Herr Breton? Und läßt sie Sie ruhig schlafen? Wenn Rimbaud sich nicht umbringt, so ist der Grund dafür nicht darin zu suchen, »daß die Ursache nicht die Wirkung ist«, daß »die Tat nicht der Gedanke ist«, daß »derjenige, der töte, nicht der Getötete ist«, usw. Worte, immer nichts als Worte! Warum nicht einfach ohne Furcht antworten (und vor *wem* sollten wir uns auch fürchten?): ich bringe mich nicht um, obgleich meine Schlußfolgerungen mir eigentlich den Selbstmord nahelegen, weil ich keine *Lust* habe, mich umzubringen? Hat nicht auch diese Unvernunft das Recht, das Wort zu ergreifen, und zwar das Recht, gegen die Vernunft das Wort zu ergreifen und gegen sie recht zu behalten? Unsere Handlungen werden letzten Endes nicht immer von wirklicher Vernunft bestimmt: Eine Vernunft kann das nicht sein, die dem Leben Majakowskis ein Ende setzt ...

Wir sind nicht schon als Pessimisten auf die Welt gekommen: Wir sind erst unwillentlich dazu geworden, infolge unseres übersteigerten Vertrauens auf unsere Vernunft, wobei nicht nur deren

Unvermögen offensichtlich wurde, das noch so geringste Problem zu lösen, sondern darüberhinaus ihr Unvermögen, überhaupt eines zu stellen.

Ich weiß wohl, daß hinter dieser Türe das Nichts lauert – man braucht sie nur zu öffnen.

Der Revolver ist schon genau auf uns gerichtet: Vermeiden Sie bitte, mit dem Abzug in Berührung zu kommen, und sei es auch nur aus Unachtsamkeit.

Zu hoffen, zu leben, unter solchen Drohungen, von denen uns nichts jemals wird befreien können, das heißt sich doch gewaltig etwas vorzumachen.

Nein, die Verzweiflung ist nicht nur zulässig, sie ist immer schon da, was wir auch dagegen unternehmen; sie verändert die Stufenleiter all unserer Wertvorstellungen. Und dennoch, was ist das bloß für eine geheimnisvolle Kraft, die ungeachtet unseres Kennwortes: Laßt uns verzweifeln! aufschreit: Ich will nicht sterben! – und die tausendmal den Revolver abdrückt, um herauszubekommen, ob das denn auch *wirklich* tötet? Und wenn der Revolver nicht *immer* geladen sein sollte? Wenn er vielleicht diesen oder jenen töten sollte – *nicht aber mich*, wäre das nicht ein geradezu unerhörtes Glück? Nicht mich, denn ich bin es doch, der alles von ihm befürchtet, alles von ihm erwartet, während die anderen sich, wenngleich sie von der Gefahr unterrichtet sind, keine Sorgen machen und »mit den Zeiten sterben«?

All das ist selbstverständlich absurd, aber es gibt noch andere absurde Dinge, die man sich anschauen sollte: die Gesundheit, das Glück, das Genie, all das sind reine Absurditäten. Wenn uns die Vernunft in den Abgrund treibt, so ist es stets die Absurdität, die uns daraus errettet. In diesem Haufen von Widersprüchlichkeiten, die die Welt bedeuten, ist es die schlechte, die lebendige, die unvernünftige Lebenseinstellung, welche die richtige ist. Auch ich kenne die Angst, auf Abwege zu geraten, zu Fall zu kommen. Indes, war wäre denn, wenn man fallen *müßte*?

Die Vernunft drängt Rimbaud zur Theorie des Sehers, zur Bekehrung ... Vielleicht ist es die Absurdität, die ihn dazu bringt, seine Versuche als »magische Sophismen« zu bezeichnen. Es ist die Vernunft, die ihn auf die Straßen treibt; und vielleicht ist es die Absurdität, die er verläßt, während er fortgeht. Er geht einfach, verstehen Sie, er geht einfach fort und zwar für immer, er spricht nicht einmal davon, daß er jetzt fortgeht! Und Rimbaud geht ganz allein. Er hat nur sich selbst als Zeugen seines Ruhmes und seiner Größe. Zu Fuß erreicht er die Domäne des Tragischen. Und genau in diesem Augenblick schimpft man ihn einen Feigling, beschuldigt man ihn, eine Sache verraten zu haben? Mit oder gegen Rimbaud: Darin liegt das ganze Problem! Gegen Rimbaud? Doch dann: »liebe arme Seele, wäre dann die Ewigkeit nicht für uns verloren?«

XXVI

»Le plus malin est de quitter
ce continent où la folie rôde ...«
(Das Klügste ist, diesen Kontinent zu verlassen,
auf dem der Wahnsinn umherschleicht ...)

RIMBAUD

Ich habe es an keiner Stelle dieses Buches versäumt, immer
wieder auf das Zaudern, die Kehrtwenden, die Widerrufe, die
lebendigen Widersprüche Rimbauds aufmerksam zu machen, auf
den völligen Mangel jeglichen »logischen Systems«, aber vielleicht wird man der Ansicht sein, daß wir auf diese Weise – wenn
auch mit seinem Einverständnis – (»ich bin wirklich jenseits des
Grabes«) den Typus des tragischen Menschen schlechtin aus ihm
gemacht haben, daß wir dennoch eine Synthese hervorgebracht,
die Ungereimtheiten zu einer geradlinigen Deutung verkürzt,
den Strolch in eine Art exzentrischen Heiligen verwandelt, das
Individuum erneut dem Ideal zurückgegeben haben.

Ich würde es mir sehr verübeln, wenn das tatsächlich der Fall
wäre, mir graut vor jeglicher Mythisierung; ich habe mich an
allen Ecken und Enden bemüht, nicht um der Interpretation
willen Opfer zu fordern, den Tatsachen zu dienen, sie unan-
getastet zu lassen, ja sogar ihren buchstäblichen Sinn zu bewahren. Wenn ich auf der Suche nach inneren Motivationen und nach
tiefen Wurzeln einen psychischen Dualismus entdeckt zu haben
glaubte – nämlich den unauflöslichen Widerspruch zweier heftig
miteinander in Streit liegender Elemente: der sinnlichen Gier
nach Gott und der Furcht, ein Bauer zu sein –, und wenn ich
hinter dem Schmutz des Ausdrucks eine tiefe Reinheit durch-
scheinen zu sehen glaubte, so geschah das keineswegs, um einem
wie auch immer beschaffenen Ideal Genüge zu tun, noch um
Rimbaud am Ende doch noch in einer abschließenden Analyse
auf den rechten Weg zurückzubringen.

Mir liegt daran, daß man keinesfalls die Bedeutung mißver-
stehe, die ich, den Schestowschen Gedanken folgend, dem

tragischen Menschen zuweise; es geht nicht darum, die Widersprüche dieses Helden zu verteidigen, sie mittels einer »Negation der Negation«, einer Synthese im Sinne der hegelschen Dialektik aufzulösen, sondern es geht ganz im Gegenteil darum, sie nicht aufzulösen, die *Unmöglichkeit* ihrer Versöhnung herauszustreichen und festzustellen, daß das Denken kein dialektischer Vorgang ist, bei dem man notwendigerweise vom Kleinen zum Großen gelangt, zu jenem toten Punkt, an dem sich automatisch all diese Antinomien aufheben, – sondern daß das Denken vielmehr eine Tätigkeit darstellt, die völlig außerstande ist, uns die noch so geringste Lösung zu bieten, deren Existenz allein schon die Negation jeglicher Freiheit bedeutet, eine Tätigkeit, die als einzige dem Wunder entgegenwirkt. – Was sagen Sie? Man sollte also die beiden entgegengesetzten Standpunkte hinnehmen, diese doppelte Affirmation, daß eine Sache zugleich schwarz und weiß sei? Aber das ist doch die reinste Absurdität! – Ohne Zweifel. Wir stellen lediglich fest, daß diese Absurdität dem Menschen eigen ist, daß das Sein ihm in eben dieser Form gegeben wurde. Das Prinzip von Widerspruch und Identität ist in der Mathematik, in der Logik und im teleologischen Denken unverzichtbar; doch in der Psychologie hat es keine Bedeutung; dieser Bereich bleibt jenem Denken verschlossen; »ist gleich« zählt hier nicht; hier haben wir es mit dem Reich der reinen Kaprize zu tun, dem Reich des »plötzlich«, will sagen, der Wirkung ohne Ursache, des Unentscheidbaren, das heißt mit dem Reich des Absurden. Es ist erstaunlich, daß man nicht schon längst erkannt hat, daß die absurde Wirklichkeit die einzige Wirklichkeit ist, die einen Fluchtweg in sich birgt »vielleicht kommen wir ans Ende der Welt, wenn wir weitergehen!«

Der russische Philosoph Rosanow stieß, als er erkannte, daß er zugleich gut und schlecht auf den christlichen Glauben zu sprechen war, den Schrei aus: »Ich jammere und ich liebe, ich jammere und ich liebe!« Er bringt keine *Ordnung* in seine Gedanken, korrigiert sich nicht, wählt nicht aus, verwischt nicht die Widersprüche. Er stellt lediglich mit Schmerzen fest, daß es so *ist*. Sollte der tragische Mensch also nur dieses den anderen voraus haben? Er lügt nicht, er opfert weder die Logik dem Glauben noch die Unvernunft der Vernunft. Er sieht sich einer Arena gegenübergestellt, auf der die absurdesten Geister miteinander im Kampf liegen, und wagt es nicht, Partei zu ergreifen, bevor er nicht weiß, wo sich die Lebenskräfte und wo die Todesmächte befinden. Unterdessen hegt er diese beiden Gegenspieler, entfacht mal den einen, dann wieder den anderen zu neuer Glut, hat Mitleid mit beiden und wartet geduldig darauf, daß es ihn zerreiße oder daß er ein »sehr böswilliger Verrückter« werde, um eine Antwort aus sich selbst heraus zu erlangen, falls es denn überhaupt eine gibt. Nur ein ganz kleines Körnchen Wahrheit! Wenn die Welt in Widerspruch geraten ist, so kann sie einzig und allein vom Widerspruch die Lösung des Rätsels erhoffen.

Wenn ich also behauptet habe, daß Rimbaud sein Leben lang der »unverbesserliche Sträfling« geblieben ist, hinter dem sich immer das Zuchthaus schließt, so ist es dabei nicht meine Absicht, die unmittelbaren Fakten zu verneinen, die mir zu widersprechen scheinen. Rimbaud ist in Wahrheit von der Dichtung zur Tat übergegangen, von der Kontemplation zum Abenteuer, vom Durst nach der Wahrheit zur Handelstätigkeit, von der Verachtung des Reichtums zum Gold, von der Kategorie der aus Totengruften Entstiegenen zum unmittelbaren Menschen. Wer würde im Traum daran denken, diese Tatsachen leugnen zu wollen? Er akzeptiert die Arbeit, wirft sich voll in sie hinein, verausgabt sich; er strebt nach Gold, gewinnt es auch und bewahrt es, aus Angst bestohlen zu werden, in seinem Gürtel auf, und die acht Kilo Gold drücken auf seine Eingeweide und verursachen eine Krankheit. Sollte es möglich sein, daß mit dem zweiten Rimbaud der erste völlig verlorengegangen ist? Hätte es denn nicht auch eine Lösung geben können, die der Kontinuität Rechnung trägt?

Sicherlich, ich könnte mich auf diese Wette einlassen und mit a plus b beweisen, daß die zweite Hälfte von Rimbauds Leben nichts als die stückweise Umsetzung der dichterischen Träume sind, von denen der erste Rimbaud heimgesucht wurde. Er träumte vom wilden Abenteuer, vom Sand der Wüste, vom Orient, von der Sonne; »die abgeschiedenen Gegenden werden mir das Fell gerben«; er hatte sogar die Vision vom »aus heißen Ländern zurückgekehrten verwilderten Krüppel«; vom Orient zu träumen, das war sein »Traum, der aus grober Faulheit kam«; was sollte folglich so verwunderlich daran sein, wenn er nun diese Orte aufsucht? Dies ist die Wirklichkeit, denkt er sich, die der

Wahrheit meiner Träume entsprechen wird; er erwartet sich alles von dieser Gegenüberstellung. Ist die Kunst ein Mittel der Erkenntnis? In diesem Falle wird die Wirklichkeit nur deren Grundwahrheiten bestätigen können. Doch welcherart ist denn Rimbauds Wirklichkeit? Ist sie das Leben? Oder das »wahre Leben«? Wenn Rimbaud den Orient nach seinem Geschmack finden würde, wenn das Gold sein innerstes Selbst berühren würde, wenn das Leben ihn zufriedenstellen und zur Ruhe bringen würde, dann hätte der erste Rimbaud wohl all sein Hab und Gut verloren. Doch hören Sie, was er seiner Mutter schreibt: »Was für eine trostlose Existenz ich in diesen blödsinnigen Breiten und unter sinnlosen Bedingungen führe! Welche Langeweile! Was für ein dummes Leben! Was tue ich hier nur bloß? Und was sollte ich anderswo beginnen?«

Ist das etwa nicht derselbe Mann?

Aber der Dichter? Hat er etwa nicht die Inspiration verloren, die ihn einst beflügelte, ist seine Quelle nicht versiegt?

Um die Wahrheit zu sagen, diese Frage berührt mich nicht. Es schiene mir ganz vortrefflich dem Stand der Dinge zu entsprechen, wenn in Rimbaud, nachdem er alles gesagt hat, was er zu sagen hatte, auf einen Schlag die Quelle versiegt sein sollte. Aber in Wahrheit ist dem nicht so. Rimbaud spricht lediglich ein umfassendes Urteil über die Dichtkunst, er erhebt Anklage gegen X wegen Hochstapelei ... Dieses Urteil fällte er bereits während er die *Saison en enfer* niederschrieb, als er noch im vollen Besitz seiner Fähigkeiten war; wie hätte er das Versiegen der Quelle bereits zur Zeit seiner höchsten Leistungsfähigkeit voraussahen können?

Ich weiß wohl, daß Rimbauds Biographen sich die Freiheit herausnehmen zu schreiben: »Leider! Der Dichter ist tot! Wir haben nur noch einen kleinen Angestellten vor uns ...« Was wissen Sie denn schon darüber, Herr Carré? Der Dichter ist, auch wenn man ihn mit Messerstichen niedergestreckt hat, so wenig tot, daß Sie nur drei Seiten weiter gezwungen sind festzustellen: »einen Monat später wird der Gedanke an die Forschung in seinem Geiste den Gedanken an den Handel überlagern«, und den Brief zu zitieren, den Rimbaud seiner Mutter schrieb: »Ich gedenke, schon bald diese Stadt zu verlassen, um im Unbekannten Handel zu treiben«. Nein, nicht die Quelle hat zu fließen aufgehört, vielmehr hat der Ingenieur eigenwillig den Sumpf entwässert und trockengelegt, da er zu sehr stank.

Ich weiß wohl, daß weitere Einwände auftauchen werden: Und was machen Sie mit dem Gold, das er anhäufte? Mit der Familie, die er gründen wollte, sobald er nach Frankreich zurückkommen würde? Und aus seinem Traum, bescheiden zu leben »indem ich mich auf intelligente Weise einigen interessanten Arbeiten widme«? Diese »interessanten« Arbeiten und diese »intelligente« Weise locken Ihnen nur ein Lächeln hervor. Doch was verstehen Sie denn dann hierunter: »Ich bin der Erde zurückgegeben, eine Pflicht zu suchen und die rauhe Wirklichkeit zu umarmen«? Der Wirklichkeit war er zurückgegeben, und zwar einer der rauhesten! Von dieser Wirklichkeit fordert er nun, was alle Menschen, alle Bauern, immer schon von ihr gefordert haben: ein »behagliches« Selbst, ein Selbst ohne materielle Sorgen. Unter dem gleichen Blickwinkel ist seine Furcht einzuordnen, man könne ihn als »Aufsässigen gegen das Militärgesetz« verhaften. Doch dieses »bequeme« Selbst sollte ihm verwehrt bleiben. Wozu fortan noch von dieser anderen Angst, der Angst vor dem Tod reden? Auf dem Sterbebett in Marseille würde er noch übergenug Zeit haben, sie zu zeigen.

Über seine Abfahrt nach Afrika zu schreiben: »Rimbaud will uns an eine zweite Flucht glauben machen«, das bedeutet, sein Spiel mit aller Welt zu treiben. Es bedeutet, daß man im Prozeß Rimbaud diese beiden in zwei Hälften spaltet, sie vierteilt. Nein, wenn man sich zwischen den beiden Rimbauds entscheiden muß, so ziehe ich es vor, Ihnen zu sagen, daß der zweite der wahrhaftige ist. Der erste will uns zweifellos mit seiner Theorie des Sehers *an eine Flucht glauben machen*, doch der zweite will uns ganz im Gegenteil *nichts* glauben machen.

Im Reich der Tragödie haben die Worte »uns Glauben machen« keine Bedeutung. Der erste Rimbaud, der Seher, will uns tatsächlich an eine Flucht glauben machen; er will uns glauben machen, man könne aus eigener Kraft fliehen. Er scheitert. Doch der zweite Rimbaud, Rimbaud in Afrika, derjenige, der alles hinter sich gelassen hat, weiß nur zu gut, welche Mittel das waren: Sophismen, magische Sophismen! – »Gott bedrängt ihn, ruft ihn...« sagt Claudel; das traf vielleicht für den ersten Rimbaud zu. Doch es ist nur allzu eindeutig, daß Gott ihn nach seiner Abreise verlassen hat, ein Gott, der seine Listen soweit treibt, sich undurchsichtig zu machen – ein stets mehr und mehr irritierender Gott, rätselhaft und hassenswert.

XXVII

»Tu ne sais où tu vas, ni pourquoi tu vas.«
(Du weißt weder, wohin du gehst, noch warum du gehst.)

RIMBAUD

»Er wollte die Wahrheit sehen, die Stunde des unerläßlichen Verlangens und der Befriedigung. Ob das nun eine Verwirrung seiner Gottesfurcht war oder nicht, das wollte er.«

Ich habe nie bezweifelt, daß dies Rimbauds wahre Bestimmung gewesen ist; sonst hätte ich Ihnen ja auch einfach nur von seiner Dichtkunst sprechen können. Dieses Thema wäre hundertmal angenehmer gewesen, und wir wären dabei keinerlei Gefahr gelaufen: vom Rhythmus, vom Stil zu reden, das bedeutet, dem Universum einen Augenblick Einhalt gebieten. Rimbauds Dichtung ist mir wesentlich näher als sein Gott; sie berührt und bestürzt mich; sie geht mir direkt ans Herz; in ihr kann ich nur schlecht den durchdachten Teil vom kosmischen Strahlen unterscheiden, die Einkleidung von der eingekleideten Sache, die Tätigkeit der Sprache vom Geist, den sie vermittelt. Doch wie kann man über den Dichter sprechen, wenn dieser in gewisser Weise nur eine Art »Unfall« darstellt in all dem, was Rimbauds Wesen ausmacht, und zwar dermaßen, daß der »Fall« Rimbaud den Sieg über diesen davontragen, alles hinwegfegen, alles zerschlagen und sich im Gebäude des Universums wie ein Zyklon betragen wird, und sollte das einzige, was man dazu sagen kann, dieses sein, daß er dabei effizient und notwendig zu sein scheint, selbst wenn man nicht sagen könnte, warum?

Rimbaud mag noch so sehr alles auf eine wunderbare Weise ausdrücken, die chemischen Substanzen, die er auf uns zur Anwendung bringt, gehen dermaßen durch Mark und Bein, daß man darüber vergißt, was sie ausdrücken wollen. Sollten das etwa die Worte eines Dichters sein, wenn er wie hier in einem Brief an Izambard schreibt:

»Was wollen Sie, ich versteife mich ganz fürchterlich darauf, mich an die freie Freiheit zu halten, und...einen Haufen Dinge, *daß es zum Erbarmen ist*, nicht wahr?« Dieser Haufen Dinge, »daß es zum Erbarmen ist«, das ist ganz Rimbaud. Sicherlich, seine Dichtung, jedermann weiß das, ist eine ganz sublime Angelegenheit, und doch, diese offen provozierende, unflätige Dichtung ist dem ehrbaren Leser fast nicht zugänglich. Anstatt gemäß alter Tradition den Mond und die Sterne zu besingen, kommt dieser Pennäler daher und zeichnet zähneknirschend ein Bild vom Niedergekauerten, vom Geschwür am Hintern der Venus, vom Urin und vom Geruch der Latrinen und einem Haufen Dinge, daß es zum Erbarmen ist. In den seltenen Momenten, in denen Rimbaud in der »Fülle des großen Traums« erwacht, schreibt er wohl:

KÖNIGTUM

»An einem sehr schönen Morgen, bei einem sehr sanften Volke, ein Mann und eine Frau, herrlich anzusehen, schrien auf dem Marktplatz: ›Ihr lieben Freunde, ich will, daß sie Königin werde!‹ ›Ich will Königin sein!‹ Sie lachte und zitterte. Er sprach zu den Freunden von Offenbarung, überstandener Prüfung. Sie fielen einander, wie ohnmächtig, in die Arme.

Und wirklich, sie waren König und Königin einen ganzen Vormittag lang, während dem die purpurnen Behänge an den Häusern von neuem entstanden, und den ganzen Nachmittag lang, an dem sie ihre Schritte lenkten in Richtung der Palmengärten.«

Doch er mag noch so sehr einen Augenblick erwachen, sich einen Vormittag lang für einen König halten, er weiß sehr wohl, daß sein Königtum nichts als eine Täuschung ist, wie der Rest. Ein König ist er wohl, »aber um später in der Scheiße einzuduseln«. Dieser kleine Teil eines Satzes, den ich einem seiner Briefe entreiße, spielt im Leben Rimbauds die Rolle des »niemals wieder« in dem Gedicht Edgar Allan Poes. Was er auch immer tun mag, ob er nun Dichter, Seher, Abenteurer, König oder einfach nur ein reich gewordener Händler ist, er kennt den Moment darauf, kennt das jammervolle Erwachen mit amputiertem Bein, er weiß, daß man später nichtsdestoweniger wird »in der Scheiße einduseln« müssen. Er weiß sehr gut, daß es »umso schlimmer für das Holz ist, wenn es sich als Geige vorfindet«!

Einen Augenblick lang wird er glauben,»daß es das klügste wäre, diesen Kontinent zu verlassen«, seinem Schicksal zu entrinnen; doch man ist nie gewitzt genug, wenn es darum geht, dem eigenen Schicksal zu entrinnen. Er wird sich wohl oder übel darein schicken müssen, es anzunehmen, der freien Freiheit zu entsagen und all diesen Dingen,»daß es zum Erbarmen ist!« Aber auch die Entsagung ist nicht seine Sache, die Entsagung und ihre Freuden, die Entsagung und der Festschmaus. Zu entsagen und *nichts* dafür als Entschädigung zu fordern, das ist sein Schicksal! Auf dem Höhepunkt seiner Qualen und seiner Leiden bekommt er plötzlich Lust auszureißen, von ein wenig Ruhe zu träumen, von der Freundeshand, bei der man Hilfe schöpft;»das Beste ist ein tiefer, trunkener Schlaf am Gestade.« Doch weder die Ruhe, noch die Freundeshand, noch der trunkene Schlaf sollte ihm vergönnt sein.

Niemals! Man wird sagen, daß Rimbaud schlecht beraten war, als er beschloß,»sich freiwillig ins Unglück zu stürzen« und daß die Naturgesetze ganz entschieden unabwendbar sind. Haben wir nicht Neptolemos sagen hören, daß der Mensch die von Gott geschickten Übel ertragen muß, und daß derjenige, der aufbegehrt, der jammert und Gott lästert, weder Nachsicht noch Mitleid verdient? Welche Lehre können wir aus einem solchen Leben ziehen? Daß man sich nicht auflehnen, nicht fluchen, sich nicht »freiwillig« ins Unglück stürzen darf? Daß die Götter gegenüber dem Rebellen, dem, der leidet, unnachsichtig sein werden? Daß wir uns der Notwendigkeit, der Autoriät, dem Gesetz zu unterwerfen und daraus Nutzen zu ziehen haben? Sollten wir mit verbundenen Augen in die *Amor Fati* Nietzsches einwilligen müssen? Oder sollten wir der Ansicht sein, daß dieses schreckliche Experiment nur Rimbaud, und zwar ihm ganz allein, vorbehalten war, und dem Schicksal danken, daß es uns erspart hat, Ausnahmemenschen, Genies, Auserwählte zu sein?

Doch Rimbaud macht vor den bloßen Gegebenheiten dieser Erde nicht halt, er überschreitet die Naturgesetze:

»*Ich sehe, wie es weiter geht!* Meine Weisheit wird ebenso verschmäht wie das Chaos. Was ist mein Nichts, gegenüber der Erstarrung, die euch erwartet?«

Diese letzte und höchste Beleidigung, die Rimbaud ausstieß, die gröbste von allen, ist das etwa keine lumpige Tat, die Tat eines

Strolches? Wie sollte eine Weisheit, die ebenso verschmäht wird wie das Chaos, am Ende recht behalten können! Wer gesteht dieser verschmähten Weisheit das Recht zu, erhobenen Hauptes zu sprechen, und mit etwas noch Schlimmerem als dem Nichts zu drohen? Und was kann es denn Schlimmeres geben?

»Ich bin ein Tier, ein Neger!«, schrieb der junge Rimbaud, »doch ich kann gerettet werden!« Er wußte, daß ein Tier, ein Neger zu sein bedeutete, die Ewigkeit aufs Spiel zu setzen, das Nichts zu verdienen. Doch vom Nichts, so dachte er, kann man errettet werden: »*Ich sehe, wie es weitergeht ...*«

Indes haben wir hier eine noch schrecklichere Sache als das Nichts: die Erstarrung. Die anderen sind Tiere, Neger, alter Aussatz, der niemals errettet werden kann: »*Was ist mein Nichts, gegenüber der Erstarrung, die euch erwartet?*«

Ist es wirklich die Erstarrung, die uns übrigen am Ende unseres Weges erwarten sollte?

ANMERKUNGEN

HYPOTHESEN

Obgleich dieser Essay für den Versuch einer Herabminderung der Methoden und Forderungen des sogenannten logischen Denkens gehalten werden könnte, habe ich mich doch stets bemüht, die bedeutungsvollsten Taten im Leben Rimbauds objektiv zu betrachten (insofern dieses Wort überhaupt etwas besagen will), sei es nun seine Theorie des Sehers oder seine Bekehrung *in extremis*, und aus den Tatsachen nach unparteiischer Untersuchung Schlußfolgerungen zu ziehen, die finden zu wollen ich weit entfernt war. Ich rede hier von der unmittelbaren Erkenntnis eines völligen Mangels an Übereinstimmung, die zwischen Rimbauds tiefstem Innern und seinen eigenen Handlungen besteht, was man in einfachen Worten auch als Rimbauds absoluten Mangel an Aufrichtigkeit bezeichnen könnte, und zwar angesichts der Ziele und Vorhaben, die er sich selbst gesetzt hatte: zum einem dem Ziel, Seher zu werden, zum andern, Katholik zu werden. Er scheint sich auf jede Sache gründlich einzulassen, um immer wieder von neuem auf eine innere Schranke zu stoßen. Doch wenn wir es uns auch erlaubt haben, die hervorstechenden Merkmale von Rimbauds geistigem Leben zu interpretieren, so haben wir es hingegen vermieden, an die Tatsachen seiner Biographie zu rühren, obgleich wir der Ansicht sind, daß diese an vielen Stellen mit Vorsicht zu genießen sind und ebenso wie sein geistiges Abenteuer von ungeschickten oder übelgesinnten Händen verdreht wurden.

Es muß gesagt werden, daß die biographischen Auskünfte, die uns übermittelt sind – und von denen ein maßloser und schändlicher Gebrauch gemacht wurde -, sich als nichts weiter denn Klatsch, Dummheit und Verleumdung entpuppen. Sie bringen lediglich die Freude zum Ausdruck, welche die Zeitgenossen des Dichters daran hatten, eine Legende an sich zu reißen, die zu dessen Schaden die Runde machte und sich bestens im Einklang mit dem Haß befindet, der fast augenblicklich dem Dichter der *Illuminations* entgegengebracht wurde. Eines Tages sollte man Untersuchungen über diesen Haß anstellen, da er weder allein durch das hochmütige Gebaren dieses Genies noch durch seine offenkundige Arroganz zufriedenstellend erklärt werden kann. Von Rimbaud ging ganz sicher ein haßerfülltes Fluidum aus, das schon auf den ersten Blick erkennbar war, eine Art sadistische Aggressivität, vermischt mit einem geheimnisvollen unerklärlichen sexuellen Element, das durch die Phantasie der Leute ausgeschlachtet wurde – bald noch genährt von der stürmischen Freundschaft, die ihn mit Verlaine verband. Zu einer Zeit, in der die Schriften von Proust oder Gide nie und nimmer zu dieser Art von literarischer Welle geführt hätten, wie es in unserer Zeit geschah, zu einer Zeit, in der Oscar Wilde seinen Zynismus auf diesem Gebiet mit *hard-labour* sühnen mußte, erregte schon allein der Gedanke an die Homosexualität öffentliches Aufsehen; umso mehr noch ein Abenteuer, das mit versuchtem Totschlag enden sollte, das Verlaine mit dem Gefängnis bezahlte, und dessen Held auf immer die weltliche Szenerie verlassen und dabei sein Genie über Bord werfen sollte.[1] Ebenso war alle Welt sofort der Überzeugung, daß es sich einzig und allein um Homosexualität gehandelt haben konnte, mit Ausnahme einiger weniger, die ein persönliches Interesse daran hatten, einen Engel aus ihm zu machen, und deren ebenso offensichtliche wie lächerliche Parteilichkeit nur umso mehr dazu beitrug, die Hypothese ersterer zu bestätigen. Sechzig Jahre an Untersuchungen, Analysen und Geschwätz haben in dieser Angelegenheit keine nennenswerten Änderungen gebracht.

Was mich selbst anbelangt, so kann ich an Rimbauds Homosexualität nichts Anstößiges finden; dagegen empfinde ich einen ganz natürlichen Widerwillen, aus einem Sterblichen einen Engel zu machen, umso mehr, da ich nicht gezögert habe, ihn einen »Strolch« zu nennen. Und dennoch, je mehr ich Rimbaud lese, je mehr ich sein Leben durchstöbere, umso weniger will es mir gelingen, mich eines gewissen Unbehagens zu erwehren, das mich beschleicht, sobald ich versuche, mir bestimmte Fakten und insbesondere sein Verhältnis mit Verlaine angemessen zu erklären; die Liebesbeziehungen zu Frauen sind alle erst nachträglich erfunden worden. Ich sehe mich zu der Annahme gezwungen (sollten die offenkundigen, unleugbaren Tatsachen auch dagegen sprechen – was nicht der Fall ist), daß Rimbauds grundlegende Charakterzüge eine Art Abstinenten ergeben, was uns, wenn auch über seltsame Umwege, dem Engel Paterne Berrichons nahebrächte. Es würde mich nicht in Erstaunen setzen, wenn man morgen schon in der Lage wäre zu beweisen, daß

[1] Ich denke nicht, daß der versuchte Totschlag Verlaines, dessen Opfer Rimbaud war, für die radikale Veränderung verantwortlich gemacht werden kann, die kurz darauf in ihm vorging; es genügt, die *Saison en enfer* zu lesen, um sich davon zu überzeugen.

Rimbaud mit 19 Jahren keineswegs die polysexuelle Persönlichkeit war, für die man ihn hält, und von der in den zwanzig darauffolgenden Jahren keine Spur mehr zu finden ist. Ich will meine Ahnung nicht als Gewißheit ausgeben: aber weit entfernt, ihn für einen Homosexuellen zu halten, scheint mir doch, daß wir es bei Rimbaud eher mit einem Helden zu tun haben, der an Impotenz leidet. Diese Impotenz weist erstaunliche Ähnlichkeit mit der des russischen Schriftstellers Gogol auf, deren Geschichte uns erst kürzlich von Boris Schloezer dargestellt wurde. Es geht hier nicht darum, genauestens darzulegen, um welche Art von Impotenz es sich gehandelt haben mag, doch scheint mir hier ein ziemlich klarer Fall von psychischer Hemmung vorzuliegen, mit partieller, wenn nicht totaler Frustration der sexuellen und künstlerischen Aktivitäten. Vielleicht könnte eines Tages mit einer psychoanalytisch orientierten Studie der Versuch unternommen werden, die ursächlichen Anlässe dieser Hemmung aufzudecken. Ich bin weder ein Spezialist auf diesem Gebiet, noch ein großer Anhänger voreiliger Schlußfolgerungen. Und leider haben uns die psychoanalytisch orientierten Theoretiker bislang keine besonnenen und umfassenden Studien geliefert, in denen Genie und Leben ihres Untersuchungsgegenstandes nicht allzu billig verkauft worden wären. Sie haben es sich meistens herausgenommen, mit den Mitteln einer zweifellos scharfsinnigen, jedoch noch unbeholfenen, auf Vermutungen beruhenden und keineswegs objektiven Kritik die geistige oder moralische Tragweite eines Werkes allzusehr zu unterschätzen.

Wie auch immer die dunkel gebliebene Verkettung der Beziehung Verlaine-Rimbaud aussehen mag, die sicher homosexuell gefärbt war (bei der mir jedoch Verlaine der eigentliche Anstifter und Nutznießer gewesen zu sein scheint), so denke ich, daß wir sie momentan zugunsten einer allgemeineren Untersuchung beiseite lassen können: derjenigen der Sexualität Rimbauds überhaupt – einer Untersuchung, deren Ergebnisse uns schließlich zur Lösung des Einzelfalls hinführen könnte. Wie auch immer der wahre Tatbestand gewesen sein mag, so hat man doch beim Nachempfinden vom Rimbauds Persönlichkeit unweigerlich den Eindruck und fast schon bald die quälende Gewißheit eines Fehlens, einer sexuellen Reinheit, einer Unfähigkeit, aus der Rimbaud gleichermaßen eine Ehre wie eine Schande macht, die ihn mit außergewöhnlichen Fähigkeiten begabt (Sohn der Sonne, ich, ich bin unberührt, Prinzennatur, oberster Seher), ihn in Wutanfälle versetzt und in Berührung mit seiner eigenen Leere bringt (»diese schreckliche Menge an Kraft, die die Natur mir immer verwehrt hat«), und die mit seinem Abscheu vor der Stunde des »teuren Leibes« und der »teuren Seele« zusammenfällt. Ich erkenne in seinen Werken auch Anklänge an Erinnerungen aus der analen Phase (siehe *Les Accroupis*, der Geruch der Latrinen); eine starke sado-masochistische Veranlagung (eine gegen andere und ihn selbst gerichtete Aggressivität), für die man auf fast jedweder zufällig aufgeschlagenen Seite seines Werkes Belege finden kann; jene unaufhörliche Besessenheit von der Sünde und seine Verweigerung, diese einzugestehen, was ganz offensichtlich auf wiederholte Verdrängungen schließen läßt; und schließlich – was mir das Interessanteste zu sein scheint, doch was ich hier nur unter allen Vorbehalten vorbringen möchte – den Abscheu vor der Frau, vor ihren Mächten, vor ihrer Brutalität, vor der aggressiven Bedrohung, die von ihr ausgeht, eine panische Angst, die mit irgendeiner im Kindesalter erfolgten Fixierung erklärt werden könnte, eine Angst vor der mörderischen *Vagina dentata* der Frau, ihrer Kastrationsmacht. Ich frage mich ebenfalls, ob nicht der Text: »Ich, ich bin unberührt, und das ist mir ganz gleich« »wörtlich und restlos in jeder Beziehung« gelesen werden sollte.

Einige Zitate, die Rimbauds Einstellung zur Frau betreffen, könnten für das Verständnis folgender Bemerkung: »Ich liebe die Frauen nicht. Die Liebe muß von neuem erfunden werden, das weiß man ...« nützlich sein:

. . . .

Parce que vous fouillez le ventre de la Femme,
Vouz craignez d'elle encore une convulsion
Qui crie, asphyxiant votre nichée infâme
Sur la poitrine, en une horrible pression?

(Weil ihr den Leib der Frau durchwühltet, müßt ihr fürchten,
Daß sie in Schreie neuer Zuckungen verfiel,
Die eure niederträchtige Brut zu Tode würgten
An ihrer Brust, in grausiger Umarmung Spiel?)

. . . .

Tes haines, tes torpeurs, tes défaillances,
Et les brutalités souffertes autrefois.
Tu nous rends tout, ô Nuit pourtant sans malveillance
Comme un excès de sang épanché touts les mois.

(Dein Hassen, deine dumpfe Starrheit, deine Schwächen,
Und dein Leid, einst erlitten durch grausame Wut,
Gibst du zurück uns, Nacht, doch nicht, um dich zu rächen,
Wie, jeden Mond verströmt, ein Übermaß von Blut.)

. . . .

Hommes! qui songez peu que la plus amoureuse
Est, sous la conscience aux ignobles terreurs,
La plus prostituée et la plus douloureuse ...

(Ihr Männer, wißt es kaum, daß sie, die euch verfallen
In tiefster Liebe, nie die Schmach der Angst vergißt,
daß sie die schändlichste und traurigste von allen ...)

. . . .

Et l'homme saigné noir à tes flancs souverains

(Der Mann goß, Herrin, deinem Schoß sein schwarzes Blut als Spende)

. . . .

N'ayant pas aimé de femmes – quoique plein de sang – il eut son âme
et son cœur, toute sa force, élevés en des erreurs étranges et tristes.

(Da er, obwohl strotzend von Blut! keine Frauen geliebt hat,
geschah es, daß seine Seele und sein Herz, all seine Kraft sich zu
seltsamen und traurigen Irrtümern aufschwangen.)

. . . .

Ich war in einer Kammer ohne Licht. Man sagte mir, daß sie in
meinem Zimmer wäre: und ich sah sie in meinem Bett, ganz mein,
ohne Licht! Ich war sehr erregt, vor allem, weil es mein Elternhaus
war: und also überfiel mich Angst! Ich war in Lumpen, ich, und sie,
die elegante Dame, die sich hingab, sie mußte fortgehen! Namenlose
Angst: ich ergriff sie und ließ sie aus dem Bett fallen, fast nackt: und
in meiner unsagbaren Schwäche fiel ich auf sie und wälzte mich mit
ihr über die Teppiche, ohne Licht! Die Familienlampe erfüllte mit
ihrem roten Schein, eines nach dem andern, die Nachbarzimmer.
Und dann verschwand die Frau. Ich vergoß mehr Tränen, als Gott je
hat verlangen können.

Da ich kein Psychoanalytiker bin, werde ich nicht versuchen, für die über Rimbauds Texte verstreuten Symbole hohle Deutungen zu erfinden; ich zitiere lediglich die Texte, in denen es den Anschein hat, daß Rimbaud sich zu bekennen gibt. Jene Textstelle, die ich soeben zitiert habe, scheint mir eine der Wichtigsten zu sein; folgende nicht weniger:

»...Eine Magd kam zu mir: ich kann sagen, daß sie ein kleines Hündchen war: obwohl sie schön war und von einer mütterlichen Vornehmheit, die ich nicht in Worte fassen kann; rein, mir ganz zu eigen, entzückend in allem! Sie kniff mich in den Arm... Er erinnnere mich nicht einmal mehr deutlich an ihr Gesicht: ebensowenig wie ich mich an ihren Arm erinnere, dessen Haut ich zwischen meinen beiden Fingern rollte; auch nicht an ihren Mund, den der meine ergriff wie eine kleine, verzweifelte Welle, die irgend etwas unaufhörlich unterwühlt. Ich warf sie rücklings in einen Korb voll von Kissen und Segeltuch, in einer schwarzen Ecke. Ich erinnere mich nur noch an ihre Höschen mit weißem Spitzenbesatz. Dann, o Verzweiflung, verwandelte sich die Wand unmerklich in den Schatten der Bäume, und ich habe mich versenkt unter die zärtliche Traurigkeit der Nacht.«

Gleichfalls bin ich davon überzeugt, daß unter Berücksichtigung der Symbolik des Goldes einiges aus diesen Texten herausgezogen werden könnte:

Que pouvais-je boire de cette jeune Oise?

(Was konnt ich trinken in dieser jungen Oise?)

. . . .

Quelque liqueur d'or, fade, qui fait suer,

(Was schwitzen nur macht, nur faden, goldnen Saft)

. . . .

Or, tel qu'un pêcheur d'or et de coquillages,
Dire que je n'ai pas eu de souci de boire.

(Gold, wie ein Fischer Goldes oder Muscheln,
Das Trinken, ich sag's, wollte mir nicht gefallen.)

C'est l'aimée ni tourmantante ni tourmentée. L'aimée

(Das ist die Geliebte, weder quälend noch gequält. Die Geliebte)

Und vor allem die berühmten Verse aus dem Gedicht *Les poètes de sept ans*, die ausschließlich von der Antithese bestimmt sind: Liebe – Bibel mit kohlgrünem Schnitt, eine stark erotisch besetzte Kindheitserinnerung, die zur erzwungenen Lektüre der Bibel mit kohlgrünem Schnitt assoziiert wird:

Quand venait l'oeil brun, folle, en robe d'indiennes,
– Huit ans – la fille des ouvriers d'à côté,
La petite brutale, et qu'elle avait sauté
Dans un coin, sur son dos, en secouant ses tresses,
Et qu'il était sous elle, il lui mordait les fesses,
Et par elle meurtri des poings et des talons,
Remportant les saveurs de sa peau dans sa chambre.

(Und wenn, im Kattunrock, die tolle, augenbraune,
– Acht Jahr alt – das Arbeiterkind von nebenan,
Die Kleine, Brutale, kam, in der Ecke dann
Ihm auf den Rücken sprang, daß die Zöpfe sich lösten
Und er unter ihr lag, biß er in die entblößten
Schenkel sie, denn Höschen hatte sie nie gekannt,
Und, arg zerschunden von ihr an Ferse und Hand,
Trug den Geschmack ihrer Haut er in seine Kammer.)

Daraufhin, nach dieser brutalen Begegnung mit der aggressiven, bedrohlichen Frau, die unumgänglich die Assoziation vom Kind, das sich der *Vagina dentata* nähert, die dessen Kastrationsängste heraufbeschwören wird, schließt sich die Lektüre der Bibel an, und in der Folge heißt es:

Des rêves l'oppressaient, chaque nuit, dans l'alcôve
(Des Nachts, im Bette, litt er schwerer Träume Qualen)

Träume nach der Art jener weiter oben zitierten Textstellen, in denen Rimbaud, nachdem die Anbetungswürdige erschienen ist, ganz erregt war, vor allem, weil es in seinem Elternhaus war: eine Erregung und eine Angst, die es nötig machten, daß die Frau fortgeht ohne die geringste Hoffnung, sie jemals wiederzusehen, da Rimbaud sich mit ihr, ganz nackt, ohne Licht, in seiner unsagbaren Schwäche über die Teppiche gewälzt hat. Denn selbst ihr Mund schien ihm »unaufhörlich etwas zu untergraben«.

Ich möchte anmerken, daß ich hier keineswegs versuche, die Ursachen für Rimbauds psychische Hemmung zu erklären – ganz im Gegenteil würde ich mir sehr wünschen, daß man sie mir erklärte. Ich möchte nur bemerken, daß es bei Rimbaud für diese Hemmung keine sichtbaren Anzeichen gibt wie beispielsweise bei Poe: Alkoholabusus, Drogen usw., es sei denn, man schreibt das alles auf das Konto seiner unaufhörlichen, unermüdlichen Fußmärsche, die er bis zu einem vorher nicht gekannten Ausmaß betrieben hatte, so daß diese ihm »ein gastrisches Fieber« verursachten, »eine Entzündung der Magenwände, die von der ständigen Reibung der Rippen gegen den Magen als Folge exzessiver Fußmärsche hervorgerufen wurde«: so lautete die Diagnose des Arztes. Rimbaud trug das Gold, das er in Afrika erworben hatte, so lange bei sich, bis er ernsthaft eine Krankheit und sogar die Ruhr davontrug – und es ist mir immer unbefriedigend erschienen, diese Handlung mit seinem Geiz erklären zu wollen. Auch hier gäbe es viel Material für einen Psychoanalytiker. Andererseits wird die psychische Hemmung bei Poe durch eine Erweiterung des Gefühlslebens und der schöpferischen Kreation, und bei Gogol durch einen literarischen Schaffenstrieb sublimiert, während sich der Fall bei Rimbaud dadurch kompliziert, daß die Hemmung der schöpferischen Leistungsfähigkeit mit der Hemmung der sexuellen Aktivität zeitlich ineins fällt, was sein Abenteuer noch seltsamer erscheinen läßt, als das von Poe oder Gogol. Ist dieses entsetzlich ermüdende Leben, das er im Orient führt, eine bewußt gewählte Ablenkung oder nur eine ganz automatisch erfolgte Ausflucht?

Ich bin nicht weit davon entfernt zu glauben, daß Rimbaud in der Zeit des Sehers, die seiner Flucht nach Paris und seiner Beziehung zu Verlaine kurz voraufgeht, ein für alle Mal seine sexuellen Möglichkeiten ausprobiert und verausgabt hatte: normale Liebe, Homosexualität (eine Zeit, in der er Izambard schrieb: »Ich lasse mich zynischerweise unterhalten, man zahlt mich in Bier und Schnaps«) und zwar unter dem Einfluß des von ihm bewunderten Verlaine (dem er es später auf den Tod verübelte, ihn bis dahin gebracht zu haben).[1] Es ist übrigens auch das erste und einzige Mal, daß er trinken und Drogen nehmen wird – und daß er in einem einzigen Feuerwerk bis zur völligen Erschöpfung sein herrliches dichterisches und metaphysisches Genie verschwendet.

In dem Moment, in dem die Welle am höchsten steht, im Augenblick einer in der Welt einzigartigen Verschwendung, wird er sich seiner völligen – psychischen – Unfähigkeit bewußt, Unfähigkeit zu lieben, zu trinken, die künstlichen Paradiese zu genießen, seiner Abscheu vor dem Schreiben. Diese psychische Hemmung halte ich mehr denn je für gewollt, denn wenn sie nur ein Verlust der Kräfte gewesen wäre, und der Wunsch weiterhin bestanden hätte, so hätte sich Rimbaud, wie viele andere, an das geklammert, was er verloren hatte, hätte ohne Genie weitergeschrieben, unter dem Zeichen des Scheiterns geliebt, wäre er ein großer Mißratener geworden. Ich weiß, daß man sich über die Wahl des Wortes »freiwillig« streiten kann. Selbstverständlich verstehe ich darunter, daß Rimbaud auf etwas verzichtet, was ihn bereits verlassen hat, – doch beeinhaltet nicht gewöhnlich die Definition des Impotenten den Gedanken, daß dieser unwillentlich und in gewisser Weise gezwungenermaßen auf etwas verzichtet, worauf er noch Lust hat?

Auf alle Fälle muß ich gestehen, daß ich, noch bevor sich mir der Gedanke an Rimbauds Impotenz aufdrängte, die blödsinnige Geschichte von dem Mädchen, das Rimbaud bei seiner ersten Flucht nach Paris mitgenommen haben soll, schon immer lächerlich fand (ein dumme, unwahrscheinliche Geschichte, die aus Gründen der Erbauung an den Haaren herbeigezogen wurde und die gar nicht überzeugend wirkt, zumal Rimbaud, nach Aussage nämlicher Biographen, dieses Mädchen bei seiner Ankunft in Paris verlassen haben soll – keiner weiß warum).

Genauso lächerlich ist der in London geschriebene Text von Verlaine, in dem es heißt, Rimbaud sei in eine »seltsame, wenn nicht einzigartige

---

[1] »... on me paye en bock et en filles«. Über die korrekte Lesart dieser Stelle sind sich die Kritiker bis heute nicht einig geworden, doch betonen Etiemble, Suzanne Bernard und Antoine Adam, daß »filles« oder »fillettes« in den Ardennen ein gebräuchlicher Ausdruck für einen Schoppen Wein ist, und Enid Starkie schreibt: »Diese letzten Worte haben sehr viele Kritiker mißverstanden und sie so gedeutet, als ob Rimbaud damals mit Dirnen verkehrt habe. Das Wort »fille« bedeutet jedoch nicht nur Dirne, sondern auch ein bestimmtes Maß Schnaps. Es ist viel wahrscheinlicher, daß seine Freunde, wenn sie im Kaffeehaus seine Zoten anhörten, ihn mit Getränken bezahlten, als daß sie ihm Geld für Prostituierte gaben. (Enid Starkie: *Das Leben des Arthur Rimbaud*, Matthes & Seitz, 1990, S. 107.) (Anmerk. der Übers.).

Londonerin« verliebt gewesen. Ebenso mußte auf den märchenhaften Bericht verzichtet werden, demzufolge Rimbaud in Aden einen ganzen Wörterbuch-Harem geführt haben soll. Bleibt nur noch der Zeugenbericht der Dame, die behauptet, Rimbaud habe in Aden mit einer jungen, katholischen Abessinierin zusammengelebt, über die man nie etwas in Erfahrung bringen konnte, die Rimbaud in keinem einzigen seiner Briefe erwähnt, die für ihn keine große Bedeutung gehabt haben kann, da er davon spricht, sich mit einem Mädchen aus gutem Hause zu verheiraten, und er auch auf dem Totenbett keinen Gedanken an sie verschwendet. Isabelle hätte uns ein solches Geständnis sicher nicht vorenthalten! – Doch was machen Sie dann mit dem Bief, in dem er gesteht, sich verheiraten zu wollen? Dieser Text ist der *einzige*, der existiert, und man müßte ihn einer genauen Analyse unterziehen. Vorab jedoch: mit einer Frau zusammenzuleben und sich verheiraten zu wollen beweist noch gar nichts; Poe war auch verheiratet, obwohl er impotent war: sich eine Lebensgefährtin wünschen – viele Impotente haben die Möglichkeit einer Heirat in Betracht gezogen, und sei es auch nur, um der Einsamkeit zu entgehen: »Die Einsamkeit ist eine schreckliche Sache hienieden« schreibt Rimbaud seiner Mutter, »und ich bedaure es, nie geheiratet zu haben ...« Natürlich wünschen sie sich eine sanfte gefühlvolle Gefährtin aus gutem Hause oder eine arme katholische Waise, eine dieser gehorsamen Frauen, die wissen, wie man die »Krüppel, zurückgekehrt aus heißen Ländern« pflegen muß. Vielleicht ist Rimbaud auch nicht völlig impotent, oder er täuscht sich über sich selbst; übrigens läßt ihn die Tatsache, daß der Tod ihn überraschen könnte, bevor er seine Wünsche verwirklicht hätte, lange zögern. Doch sollte Rimbaud sich einen Sohn von dieser Frau wünschen, Illusionen? Lüge? Das Problem der Sexualität bei Rimbaud scheint mir von einer so großen, bislang von niemandem bemerkten Wichtigkeit zu sein, gerade weil um die Beziehung zu Verlaine *zuviel Lärm gemacht* worden ist. Doch dieser *zuviele Lärm* scheint mir suspekt.

Um es noch einmal zu betonen: die Dinge, die ich hier anführe, entspringen lediglich einer Ahnung und sollen von mir nicht als Gewißheiten ausgegeben werden. Einer psychoanalytischen Deutung unterzogene Fakten – falls wir einräumen, daß die Impotenz, die Flucht Rimbauds und die absolute Sublimierung seiner schöpferischen Tätigkeiten auf kindliche Fixierungen zurückzuführen sind – können in diesem Buch nur als Materialien und Ansatzpunkte dienen, da die Themen, aus denen dieser Essay hervorging einzig einer geistigen Ebene entspringen und in einem Bereich angesiedelt werden, in dem alles so aussieht, als hätten wir es – wie auch immer die psychischen oder psychophysischen Determinanten aussehen mögen – mit einer freien, befreiten und befreienden Handlung zu tun. – Wie bitte? Gesetzt den Fall, daß Rimbauds Impotenz vorwiegend für den Ekel verantwortlich gemacht werden kann, würden Sie dann noch behaupten, daß dieser Ekel frei gewählt ist? Daß es möglich ist, ihn als rein geistigen Wert zu betrachten? – Das behaupten wir! – Erklären Sie uns das bitte! – Nun gut, es mag sein, daß die Wahrheit katastrophal ist, das sie von physischen Übeln begleitet oder bestimmt wird, daß der Mensch die Vorahnung von gewissen Wahrheiten hat, die er nicht zugeben will, es sei denn, er muß solche Not, ein solches Versagen erleiden! Und wenn man impotent sein *müßte*, um von der Liebe angeekelt zu sein?

Andererseits, selbst wenn bei herkömmlichen Neurosen und bei bestimmten neurotischen Symptombildern und charakteristischen Krankheitsfällen alles den kausalen Zusammenhang zwischen der Neurose und dem kindlichen Sexualleben des Patienten zu bestätigen scheint, *beweist indessen nichts*, daß man in dieser Gleichung die sexuellen Ereignisse als die Hauptursachen für die Symptome ansehen muß – anstatt vielmehr die Anlage des Kindes als Motor und Verursacher der sexuellen Ereignisse. Im Falle Poes zum Beispiel, der von Marie Bonaparte auf solch exzellente Weise untersucht worden ist, beweist nichts, daß er impotent war, *weil* seine Mutter Besitz von ihm ergriffen und er sich an ihre Stelle gesetzt hatte – und es sich nicht viel eher so verhält, daß er ganz im Gegenteil auf nur diese Ereignisse und keine anderen reagieren *mußte*, da er bereits erblich Alkoholiker und ein potentielles Genie war. In einem Wort, wir werden nie herausfinden, ob es Poes Impotenz war, die über seine Sicht der Welt entschied, oder ob das Universum seine Impotenz bestimmte. Viele andere haben ebenfalls im Alter von eineinhalb Jahren ihre Mutter sterben sehen, ohne darum impotent und nekrophil zu werden.

Vom aktuellen Stand der Psychoanalyse ausgehend glaube ich nicht, daß man fähig ist zu entscheiden, ob Rimbauds Impotenz ihn veranlaßte, ein Sohn der Sonne sein zu wollen, oder ob es der Anlagenfaktor ist, sein metaphysisches Temperament, das hier seine Wirkung hatte und diese eigentümliche Abstinenz herbeiführte, die uns zumindest so suspekt erscheint, daß wir wohl von Impotenz sprechen können. Es ist nicht auszuschließen, daß Rimbaud betrügt, ganz wie dies in unserer Untersuchung über die Theorie des Sehers und seine Bekehrung aufgezeigt wurde, und zum einen mit seiner Beziehung zu Verlaine, zum anderen mit seinen Heiratsplänen, die er aus Aden (oder Harar) seiner Mutter unterbreitet, daran arbeitet, »potent« zu werden.

Da wir die Gewißheit haben, daß die literarische Schöpfung für Rimbaud ein ganz wesentliches Ventil war und vielleicht auch von allen Arten von Freuden begleitet war, ist es nur umso seltsamer, daß Rimbaud darauf verzichtet hatte. Über die Zeit, während er die *Saison en enfer* schrieb, wird folgendes berichtet: ›Wenn seine Mutter zufällig die Holztreppe hinaufschlich, so hörte sie erstickte Schluchzer, Hohngelächter, Wutschreie, entsetzliche Gotteslästereien.‹ Sie versteht nicht, wie man sich in ›solche Zustände‹ versetzen kann« (Carré, *La Vie aventureuse de Jean-Arthur Rimbaud*).

KAPITEL I

Über Claudels Interpretation von Rimbaud ist aufgrund der Geltung des dichterischen Werkes Claudels - das eines der bedeutendsten seiner Zeit ist - die meiste Tinte geflossen, ebenso aufgrund seines Bekenntnisses, daß die Begegnung mit Rimbaud für seine Berufung zum Dichter ausschlaggebend gewesen sei, eine Berufung, die bekanntlich diejenige eines katholischen Denkers ist: »Ich bin einer von denen, die ihm aufs Wort geglaubt haben, einer von denen, die auf ihn vertrauten.« Da Rimbaud bekanntlich die katholischen Gedichte des Autors von *Sagesse* als »Gemeinheiten des Loyola« bezeichnete, kann man sich leicht denken, wie Claudels Erklärung wohl von ihm aufgenommen worden wäre. Doch hier der Text:
»Arthur Rimbaud war ein Mystiker *im Stande eines Wilden*, ein verirrter Quell, der einem gesättigten Boden entströmt. Sein Leben ein *Mißverständnis*, vergeblich der Versuch, dieser Stimme zu entfliehen, die ihn ruft, die ihm in Nacken sitzt und die er nicht wiedererkennen will: bis ihm schließlich, gebändigt, mit amputiertem Bein, auf dem Krankenhausbett in Marseille, die Erkenntnis kommt!« (Vorwort zu den Werken Arthur Rimbauds, Editions du Mercure de France.)

KAPITEL III

»Zu jung? Ich bitte Sie! ...«
Lesen Sie, was er damals schon über die Menschen dachte:»Himmel!
Sind wir genug Verdammte hier unten! Ich, ich bin schon lange in ihrer
Gesellschaft. Ich kenne sie alle. Wir erkennen uns immer; wir ekeln uns
gegenseitig an. Die barmherzige Liebe ist uns unbekannt. Aber wir sind
höflich; unsere Beziehungen zur Welt sind ganz, wie sich's gehört.«
Auf einen Blick kennt er aus den Menschen die Sitzenden heraus.

Rassis, les poings dans les manchettes sales,
Ils songent à ceux-là qui les ont fait lever.

. . . .

Oh! ne les faites pas lever! c'est le naufrage.

(Im Sitz aufs neu, die Faust in schmutzigen Manchetten
Ertränkt, sie denken derer, die sie aufgescheucht,

. . . .

Oh! Heißt sie nicht aufstehn! Schiffbruch ist das ...)

Der Liebe hat er schon hundertfach Schläge ins Gesicht versetzt:
»welch Langeweile, die Stunde des 'teuren Leibes' und des 'teuren
Herzens', und hier noch dieses Porträt der Venus:

L'échine est un peu rouge; et le tout sent un goût
Horrible étrangement. On remarque surtout
Des singularités, qu'il faut voir à la loupe.

Les reins portent deux mots gravés: Clara Vénus.
– Et tout ce corps remue et tend sa large croupe,
Belle, hideusement, d'un ulcère à l'anus.

(Das Rückgrat etwas rot, und aus dem Ganzen zieht
Seltsam entsetzlicher Geruch. Vor allem sieht
Man sonderbares Zeug, doch braucht es eine Lupe.

Den Lenden sind graviert zwei Worte: Clara Venus.
– Der ganze Körper reckt und streckt die breite Kruppe,
Schön, schauderhaft durch ein Geschwür am Anus.)

Dann gibt es noch den Gerechten, den Braven:

Barbe de la famille et poing de la cité,
Croyant très doux, ô cœur tombé dans les calices,
Majesté et vertus, amour et cecité,
Juste! plus bête et plus dégoûtant que les lices!
Je suis celui qui souffre et qui s'est révolté.

Et ça me fait pleurer sur mon ventre, ô stupide,
Et bien rire, l'espoir fameux de ton pardon.
Je suis maudit, tu sais! je suis seul et livide.
Ce que tu veux! Mais va te coucher, voyons donc,
Juste! Je ne veux rien à ton cerveau torpide.

. . . .

Et c'est toi l'oeil de Dieu! le lâche! Quand les plantes
Froides des pieds divins passeraient sur mon cou,
Tu es lâche! O ton front qui fourmille de lentes!
Socrates et Jésus, saints et justes, dégoûts!

(Des Staates Faust, Graubart, den die Familie hört,
Sehr sanfter Gläubiger: Herz, gefallen in die Becher,
Dem Hoheit, Tugend, Liebe, Blindheit zugehört,
Gerechter! Dirnen sind nicht dümmer und nicht frecher!
Ich bin der Mensch, der leidet und sich hat empört.

Und das läßt auf den Bauch, o Tor, mir Tränen rinnen,
Mich lachen, stolzer Hoffnung, daß du mir verzeihst!
Ich bin verflucht, du weißt's, bin trunken, fahl von Sinnen,

Was du nur willst! Geh doch zu Bett! An deinem Geist,
Gerechter du! dem starren will ich nichts gewinnen.

. . . .

Aug Gottes du! Wenn, Feiger! auch die Sohlen ruhten
Auf meinem Hals von eines Gottes kaltem Fuß,

Feig bist du! O dein Haupt, verfilzt von Läusebruten!
Gerechte, Heil'ge, Jesus, Sokrates, Verdruß!)

Unnötig zu wiederholen, was er über den Schriftsteller dachte:»die Hand mit der Feder« – vom Bauern:»die Hand am Pfluge« – von der Arbeit:»nie werde ich arbeiten!« – vom Heil:»ich will die Freiheit im Heil!« – von den Philosophen:»Philosophen, ihr seid in eurem Abendlande« – von Frankreich:»das wäre das französische Leben, der Pfad der Ehre« – von diesem Leben:»das wahre Leben ist abwesend« – vom Leben nach dem Tode:»und gottlob ist dies Leben das einzige ...« usw.

*

»Der tragische Held ist ein Mißratener, ein Feigling!«
Dostojewski ist der einzige von allen Tragödienautoren, der bereitwillig auf die »Mär« verzichtet; er ist der einzige, der als Motor für die Handlungen seiner Figuren kein Ereignis, sonder einen »atmosphärischen« Zufall nimmt: das »ganz plötzlich«, das »keiner weiß warum« – aus diesem Nichts ist die Handlung seiner Romane aufgebaut. Er fürchtet noch die Widerstände seiner Leser und gesteht ein, daß seine Helden im Vergleich zum normalen Menschen Verrückte oder Monster sind. Die Figuren Dostojewskis sind alle nach Art eines Philoktet, einer Antigone, eines Ödipus gebaut – denen jedoch *nichts weiter wiederfahren ist* als die bloße Tatsache, daß sie existieren: ebenso sind Dostojewskis Figuren – Der Mann aus dem Untergrund, Iwan Karamasow, Raskolnikow, Stawrogin usw. – von Ödipus, Philoktet usw., die allesamt als »Helden« angesehen werden, dadurch unterschieden, daß sie als »Gescheiterte« angesehen werden und sich auch selbst als solche sehen.

KAPITEL IV

»... die dadaistische Nachkriegsgeneration (...) auf der Suche nach einer geeigneten Doktrin ...«
Zahlreiche Anspielungen und Textzitate wurden zum einen aus den Schriften von André Breton entnommen, zum anderen direkt aus *La Révolution Surréaliste* oder aus *Le Surréalisme au service de la Révolution* usw. entlehnt. Doch was hat in einem Buch über Rimbaud mehr als es diesem guttut die Auseinandersetzung mit einer geistigen Strömung zu

suchen, wie auch immer diese geartet und wie bedeutend auch immer sie sein mag? Es handelt sich hier von meiner Seite weder um eine bloße Abschweifung oder einen Exkurs, noch um eine unter dem Deckmäntelchen Rimbaud versteckte heimtückische Attacke gegen einige meiner Zeitgenossen, in die ich selbst die größten Hoffnungen gesetzt hatte und denen ich es verüble, daß sie schließlich unsere Überzeugungen in bezug auf das Wunder gegen bloße Wortgewandtheit und eine Polizeidiktatur eingetauscht haben. Wir hätten in diesem Zusammenhang nicht so viele Worte verloren, wenn jene geistige Bewegung nicht während so langer Zeit die Person Rimbaud gefangengehalten hätte, wenn nicht durch einen Zufall und durch eine einzigartige Mißachtung seiner Person Rimbaud innerhalb dieser Doktrin eine überaus seltsame Funktion zugeschrieben worden wäre, wenn er nicht gegen seinen Willen als das Herzstück einer belehrenden Predikt hätte herhalten müssen, mit deren Inhalten ihn rein gar nichts verbindet, und wenn nicht zuletzt allgemein angenommen worden wäre, daß Rimbaud mit dieser unzulänglichen Ästhetik konform gehen würde, von der ihn doch alles scheidet, allem voran seine Verweigerung, was auch immer predigen zu wollen, sein Abscheu vor dem moralischen Warenhandel. Mehr als alles in der Welt fürchtete er:»daß ein einziger Tag des Erfolgs uns über der Schande unserer fatalen Ungeschicklichkeit einschlafen lassen könnte«.

Wie konnte Herr Breton glauben, über Rimbaud »verfügen« zu können? Er schloß ihn in die Arme, jedoch lediglich um ihn umso besser zu ersticken, zu verleumden, zu verfälschen oder aber über den besten Part seines Lebens hinwegzusehen, indem er ihn schon bald der Fahnenflucht anklagte, wovon der folgende Text einen Eindruck vermitteln wird. Doch vorab jene Textstelle, in der Breton seine Bindung an Rimbaud zu erkennen gibt:

»Alchimie des Wortes: dieser Ausdruck, der heute mehr oder weniger aufs geratewohl zitiert wird, muß ganz wörtlich verstanden werden. Wenn auch das nach ihm benannte Kapitel aus *Une Saison en enfer* seinem Anspruch nicht vollauf gerecht zu werden vermag, so gilt doch darum nicht weniger, daß er als der authentischste Vorläufer jenes schwierigen Vorhabens gelten muß, das der Surrealismus heute verfolgt. Es wäre geradezu eine literarische Kinderei, wollten wir vorgeben, daß wir diesem berühmten Text nicht außerordentlich viel verdanken ... Auch in unserer Zeit geschieht noch das gleiche, es ist, als ob einige Männer auf übernatürliche Weise in den Besitz eines einzigartigen Sammelbandes gelangt wären, der aus der Zusammenarbeit von Rimbaud, Lautréamont und einigen anderen entstanden ist ...«

Es folgt noch ein weiterer Text, mit dem Breton seine geistige Bindung an Rimbaud heraustreicht und ihn als Gewährsmann für seine grundlegenden Thesen beansprucht, die wir in Kapitel VII eingehend erläutern werden (»Ich fordere, daß man denjenigen als einen Schwachkopf betrachte, der sich weiterhin weigert, ein Pferd auf einer Tomate galoppieren zu sehen«), gleichzeitig jedoch die Aussagen desselben bemängelt, indem er sich ohne Umschweife über den Wert seines Experimentes ausläßt und es herabwürdigt:

»Und man verstehe recht, daß es sich nicht um eine bloße Umgruppierung von Worten oder um eine launenhafte Neuverteilung visueller Bilder handelt, sondern um die Wiederherstellung eines Zustandes, welcher der geistigen Umnachtung in nichts nachsteht, worüber die modernen Autoren, die ich hier zitiere, sich hinlänglich geäußert haben. Daß Rimbaud es für nötig hielt, sich für seine ›Sophismen‹, wie er es nennnt, zu entschuldigen, *kümmert uns nicht*; daß sich das *gelegt habe*, wie er sagte, ist für uns nicht von geringstem Interesse. Wir sehen darin nur eine kleine, ganz gewöhnliche Feigheit, die nichts von dem Schicksal ahnen läßt, das einigen Ideen zuteil werden kann. ›*Heute weiß ich die Schönheit zu grüßen*‹: daß Rimbaud uns an eine zweite Flucht glauben machen wollte, als er ins Gefängnis zurückging, ist unverzeihlich.«

»Man darf sich fragen, *wen* Rimbaud eigentlich entmutigen wollte, als er die, welche seinen Spuren folgen würden, mit Erstarrung und Wahnsinn bedrohte.« (A. Breton: *Zweites surrealistisches Manifest*)

*

Die Theorie des Sehers ist nichts weiter als ein langer Brief, datiert auf Charleville, den 15. Mai 1871, den Rimbaud seinem Lehrer Izambard geschrieben hatte. Im folgenden die wesentlichen Textstellen:

Der allumfassende Geist hat seine Gedanken stets auf natürlichem Wege ausgestrahlt: einen Teil dieser Früchte des Gehirns lasen die Menschen auf: man handelte daraus, man schrieb Bücher davon: so ging es seinen Weg, der Mensch arbeitete noch nicht, er war nicht nicht eigentlich erwacht, oder noch nicht in der Fülle des großen Traumes. Es gab Funktionäre, Schriftsteller. Autor, Schöpfer, Dichter, dieser Mensch ist nie dagewesen!

Das erste, was der Mensch erarbeiten muß, der Dichter sein will, ist die volle Kenntnis des eigenen, er sucht seiner Seele nach, gewinnt Einblicke in sie, erprobt sie, macht sich die Erfahrung ihres Wesens zu eigen; sobald er um sie weiß, muß er sie kultivieren. Das scheint einfach: in jedem Gehirn vollzieht sich eine natürliche Entfaltung; daher erklären sich soviel *Egoisten* zu Autoren; es gibt viele andere, die ihren geistigen Fortschritt *sich selbst* zuschreiben! – Aber es handelt sich darum, die Seele ungeheuerlich zu machen: nach Art der Kinderhändler, was! Stellen Sie sich einen Menschen vor, der sich Warzen ins Gesicht pflanzt und großzüchtet. Ich sage, daß es nottut, *Seher* zu sein, sich *sehend* zu machen.

Der Dichter macht sich *sehend* durch eine lange, gewaltige und überlegte *Entfesselung aller Sinne*. Alle Formen von Liebe, Leiden, Wahnsinn; er sucht sich selbst, er erschöpft alle Giftwirkungen in sich, um nur den innersten Kern davon zu bewahren. Unsägliche Qual, wo er des vollen Vertrauens, der gesammelten übermenschlichen Kraft bedarf, wo er unter allen der große Kranke, der große Gesetzesbrecher wird – und der höchste Wissende! – Denn er kommt an beim *Unbekannten*! – Weil er seine schon reiche Seele weiter hinaus gebildet hat, weiter als irgend jemand sonst. Er kommt an beim *Unbekannten*! Und wenn er, überwältigt, daran endete, daß er das Verständnis seiner Gesichte verliert, so hat er sie doch gesehen! Soll er nur zerbrechen in seinem riesigen Sprung durch die unerhörten und unnennbaren Dinge: kommen werden andere furchtbare Arbeiter; sie werden bei den Horizonten anfangen, wo der Vorgänger ermattet niedergesunken ist! –

In diesen Brief, der für das Verständnis Rimbauds und darüber hinaus der gesamten Dichtung der Moderne *von elementarer Bedeutung* ist, sind vereinzelt Gedichte (nach der Art von *Mes Petites Amoureuses, Accroupissements*), kleinere persönliche Randbemerkungen über seinen Entwicklungsstand, eine Aufzählung zeitgenössischer Seher eingestreut, die von Baudelaire: »der erste Seher, König der Dichter, *ein wahrer Gott*«, über Hugo und Lamartine bis hin zu der Bemerkung reicht: »die neue, parnassisch genannte Schule hat zwei Sehende, Albert Mérat und Paul Verlaine, ein echter Dichter«.

Dann muß noch angeführt werden: »Diese Sprache wird Beseelendes für die Seele sein, alles zusammennehmend; Düfte, Töne, Farben; Gedanke, der sich an das Denken hakt und es auf seine Bahn zieht. Der Dichter würde das Maß an Unbekanntem abgrenzen, wie es sich zu seiner Zeit im allumfassenden Geist erweckt: er würde mehr geben als die klare Aussprache seines Gedankens, als die Niederschrift seiner Schritte zum Fortschritt! Da das Außerordentliche, von Allen angeeignet, zur Norm wird, wäre er wahrhaftig ein Vervielfältiger des Fortschritts! Sie sehen, diese Zukunft wird materialistisch sein.«

Auf diesen berühmten Text haben sich die größten Hoffnungen unseres Zeitalters gegründet, beispielsweise die der Gruppe des *Grand Jeu*, deren Mitglieder, obwohl sie den Doktrinen Herrn Bretons sehr nahestehen, es nicht für richtig hielten, gegen Rimbaud Partei zu ergreifen, weil er in der *Saison en enfer* sein Experiment widerrief. Die Theorie des *Grand Jeu* (René Daumal, Roger Gilbert-Lecomte) setzt an einigen Textstellen des Briefes an, ohne von der darauffolgenden Lossagung besondere Notiz zu nehmen:

Es geht uns hier lediglich darum, am Beispiel Rimbauds einige wesentliche Punkte unserer Überzeugungen festzuhalten, und zwar:

»Daß der Mensch mit einer bestimmten, sogenannten mystischen Methode, die unmittelbare Wahrnehmung eines anderen Universums erreichen kann, eines Universums, das für unsere Sinne unermeßlich und nicht auf unser Verständnis rückführbar ist.«

Die Anhänger des *Grand Jeu* sind folglich der Auffassung, daß Rimbauds Experiment *gelungen* ist. Wir sind gegenteiliger Meinung und versuchen, dies zu beweisen. Doch es ist uns eine besondere Freude, ihre beachtliche intellektuelle Haltung zu loben, die sie vor der mißlichen Wende zum militanten Surrealismus Halt machen und folgendes schreiben ließ: »Wir empfinden nicht das den Kritikern sonst so teure Bedürfnis, ein Sein, dessen Größe selbst zu ungeheuerlich ist, auf menschliche, das heißt zwergenhafte Proportionen reduzieren zu wollen.«

*

M. de Renéville, Autor von *Rimbaud le Voyant*, verdient, obgleich er ebenfalls der Gruppe des *Grand Jeu* angehört, eine besondere Betrachtung. Denn Tatsache ist, daß M. de Renéville, um zu vermeiden, Rimbaud »auf menschliche, das heißt zwergenhafte Proportionen zu reduzieren« am Ende einen Rimbaud in Händen hält, den er, um ihn rein zu erhalten, völlig seines Inhalts entleert hat, um nichts als »den Gedanken, der sich an das Denken hakt und es auf seine Bahn zieht« von ihm übrigzulassen. Notwendigerweise mußte dieser Gedanke, der sich einzig um sich selbst sorgt, schließlich im Bewußtsein seiner selbst enden, das heißt, in ein »logisches System« münden. »Das Ungeheuerliche würde Norm werden, die von allen aufgenommen wird«, so und nicht anders sieht M. de Renévilles uneingestandenes Ziel aus. Ist er doch damit ein Vervielfältiger des Fortschritts! Denn leider war es, wenn man zu diesem Ende gelangen wollte, nicht möglich, sich damit zu begnügen, Rimbauds Gedanken, so wie sie waren, zusammmenzufassen. Sein Denken stellte diesem Vorhaben »Konfusionen«, Ellipsen entgegen, auch war es alles andere als logisch. Folglich sah sich M. de Renéville gezwungen, die Löcher zu stopfen, brachliegendes Gelände zu erschließen und ein Mittel zu finden, mit dem er dieses Denken, auf irgendeine Weise »einbinden« konnte. Doch dieses Denken konnte man diesem so voller Leben steckenden Individuum nur im Zustand der Ohnmacht entreißen. Da sich nun endlich einmal ein *gelebter Gedanke*, ein absolut unteilbares Ganzes bot, ist es nur umso bedauerlicher, daß M. de Renéville sich diese Gelegenheit entgehen ließ und den Fehler beging, es zu zerstückeln, die lebendigen Teile fortzuwerfen und nur das tote Gewebe aufzubewahren. Des weiteren, anstatt Rimbaud zwischen Dostojewski und Kierkegaard mitten ins Zentrum der abendländischen Kultur, als dessen Krise und Höhepunkt es sich darstellt, »einzubinden«, machte sich M. de Renéville, der einzig und allein das »Denken« Rimbauds in Händen hält, eifrig daran, an die ursprüngliche Quelle dieses Denkens zu gelangen und begibt sich auf eine gelehrige Reise durch die Geschichte der hinduistischen Philosophie, der Kabbala und der Gnostiker. Weit davon entfernt wahrzunehmen, daß *das Wichstigste* Rimbaud selbst war, er, der europäische Mensch schlechthin, die Summe der wahrhaften Antinomien aller Menschen unserer Zeit, ist er stattdessen auf Ideen angesprungen, die aufgrund der bloßen Tatsache, daß sie nichts weiter als Ideen waren, ihm kaum Großes hatten bieten können. Ideen! Davon haben wir doch schon übergenug gesehen, und zwar Ideen in allen Spielarten. Was das anbelangt, so gibt es nichts Neues unter der Sonne. Aber gelebte Ideen, und zwar auf eine solche Weise gelebte Ideen, daß das Denken selbst nur noch dessen Lebensfunktion ist, sein Überlebensinstinkt, sein Bedürfnis nach Selbstzerstörung, seine Tropismen, daß es sich mit dem Grundbedürfnis zu essen, zu trinken, zu lieben, zu hassen, zu gehen, den Tod zu fürchten vermischt, dieser Fall ist so außergewöhnlich, daß es sich lohnt, ihn in einem anderen Lichte zu betrachten. Die Funktion des Denkens, wie wir sie bei Rimbaud vorfinden, ist dazu angetan, uns eine neue Definition des Denkaktes selbst zu liefern. Denn hier ist das Denken eine Tat, es *denkt* nicht; es trifft Entscheidungen, geht, schreit, tötet sich, es wirkt und entfaltet sich nicht von einem einzelnen Menschen, von Rimbaud ausgehend: Ich ist ein anderes!, sagte er. Es gibt kein Rimbaudsches Denken, das unabhängig von Rimbaud existierte, sowie es keinen Gedanken, kein Gebet, kein Klagegeschrei Hiobs gibt, das unabhängig von Hiob existierte. Ich weiß, daß man Renévilles Essay weder Unredlichkeit noch hinterlistige Absichten zur Last legen kann. Es findet sich darin nicht die geringste Voreingenommenheit, nichts als reine Objektivität. Darum ist es umso irritierender, daß er sich auf dem einzig gangbaren Weg zur Wahrheit zu befinden scheint. Aber was bleibt denn bei all dem noch von Rimbaud übrig? Betrachtet man ihn als Seher, so ist die Flamme schnell erloschen. Als logisches System betrachtet ist das Ganze mehr als kläglich. Zwischen einer Idee und einem gelebten Exempel, zwischen einer Idee und einem Leben besteht ein erschreckender Unterschied. Was wären Christus oder Sokrates ohne ihren Tod noch wert, ohne den *Skandal* ihrer Lehren?

Wäre Renévilles Essay unbemerkt geblieben, so würde ihm meine ganze Sympathie gelten. Ich hätte ihm seinen guten Glauben und seine Geschicklichkeit hoch angerechnet. Aber er hatte Erfolg; in Frankreich liebt man es, selbst die absurdesten Dinge auf ein »logisches System« zu reduzieren. Es ist auch niemand in den Sinn gekommen, daß es sich hierbei wenn nicht um eine Lüge, so doch um einen schrecklichen Irrtum handeln könnte, und daß ein dem universitären und racinianischen Denken verhafteter Rimbaud dazu angetan wäre, das widerwärtigste und skandalöseste Leben, das je ein Mensch gelebt hat, in Vergessenheit zu bringen. Wir haben genug Genies, die wir ins Pantheon bringen können, genug scharfsinnige und grimassierende Voltaires, um darauf verzichten zu können, die Soße mit Rimbaud zu verlängern. Wenn Rimbaud nichts weiter wäre als das, was M. de Renéville aus ihm gemacht hat, dann würde das der Behauptung gleichkommen, wir *bräuchten* keinen Rimbaud – daß Rimbaud nie existiert habe.

M. de Renéville geht in seiner Erläuterung zunächst in kleinen Schritten vor, sucht kleine Schlüssel für große Verse:

O saisons, ô chateaux,
Quelle âme est sans défauts?

(O Zeiten, o Paläste!
Welche Seele ist ohne Gebreste?)

»Unter Zeiten versteht er das Erdenleben und unter Paläste die Seelen« schreibt M. de Renéville. Was aber versteht Rimbaud dann unter Seele? Ähnlich geht er bei folgenden Versen vor:

O vive lui chauque fois
Que chante le coq gaulois,

(Hoch ihm, wann immer sein
gallischer Gockel singt.)

»... in diesem Zusammenhang ist es angebracht, sich daran zu erinnern,
daß der Hahn in der Antike als heilig angesehen wurde und daß die
katholische Liturgie« usw.

Wenn Rimbaud schreibt: »Er ist die Zuneigung und die Gegenwart,
da er das Haus geöffnet hat dem schaumigen Winter und der Gärung des
Sommers, er, der die Getränke und die Speisen gereinigt hat«, so will
M. de Renéville hierin einen Rimbaud erkennen, der sich unter dem
Zeichen des Genius, ja eines Gottes gezeichnet hat. »Ja weiteraus besser
noch, er zeichnet sich als einen wahrhaftigen Gott. Und was uns als
monströser Stolz erscheint, ist zu diesem Zeitpunkt nichts weiter als eine
logische Folgerichtigkeit seines Systems. Wenn ›Ich ein Anderes‹ ist,
genügt es, zu seinem Wesen zurückzukehren, um sich mit Gott gleichzu-
setzen. Und Gott vereint alle Widersprüche in sich«. Und anschließend
zitiert er Platon, Mundaka, die Upanischaden, den Krischnaismus,
Pythagoras und den Katechismus der *Acoumastiques*, um uns schließlich
davon in Kenntnis zu setzen, daß die Orphiker kein Fleisch aßen und
weiße Kleidung trugen usw. usw.

Ich glaube nicht, daß: Es denkt mich, heißen will: Ich bin Gott, da
mir noch nie eine so eigenartige Definition Gottes untergekommen ist:
»Gott ist derjenige, der gedacht wird!« Zumindest veranlaßt mich M. de
Renévilles Behauptung: »indem er zu seinem Wesen zurückkehrt, setzt er
sich mit Gott gleich« darauf hinzuweisen, daß R.P. Sertillange mit seinen
Sätzen auf der gleichen Linie liegt: »Darin, daß er die bergsonsche
Handlung, den ›élan vital‹, die schöpferische Entwicklung zum Abso-
luten aufschwingt, ein Verfahren, das diese, soviel man weiß, entwesent-
licht, kann man die reine Tat wiedererkennen«. Diese Verfahren der
Verwesentlichung oder der Entwesentlichung sind im philosophischen
Sprachgebrauch gang und gäbe.

An anderer Stelle unterteilt M. de Renéville den Inhalt eines solchen
Gedichtes, sobald ihm der Sinn auch nur ein klein wenig widersprüchlich
erscheint und »die logische Folgerichtigkeit seines Systems«! in Unordnung gerät oder nicht klar genug zum Ausdruck kommt.

»O *mein* Gutes! O *mein* Schönes! Das begann unter dem Gelächter der

Kinder, das wird enden mit ihm.« – »Zunächst«, kommentiert M. de Renéville, »sind die Menschen Kinder aus Unverständnis. Die Menschen werden Kinder durch die wiedererlangte Reinheit. Mit diesem Satz wechselt die Verteilung der Rede. Den Zuhörern des Sehers wird jetzt das Wort erteilt: »Dieses Gift bleibt in allen meinen Adern, selbst wenn die Fanfare verklungen ist, und ich den alten Mißtönen zurückgegeben bin.«

Das mag wohl angehen, daß wir es hier mit einem Widerspruch zu tun haben; doch nach meinem Dafürhalten dürfte das M. de Renéville nicht dazu ermuntern, Rimbaud das Wort abzuschneiden und es seinen Zuhörern weiterzugeben wie eine Telephonistin, die das Gespräch unterbricht, um das Wort an eine beliebige andere Stimme in der Leitung weiterzugeben, die ihr den Gefallen tut, ihnen zu widersprechen. M. de Renéville versieht bei seiner Rimbaudauslegung unberechtigterweise den Dienst einer Telephonistin. Tut er dies etwa, um Rimbaud vor einem schrecklichen Mißgriff zu bewahren – denn man kann ihm doch nicht erlauben, sich zu widersprechen, oder? Und was würde dann auch aus der »logischen Folgerichtigkeit seines Systems« werden? – »Das Recht, sich zu widersprechen« – schreibt Herr Breton in Bezug auf Rimbaud, »ja doch, aber trotzdem!«

Unglücklicherweise war es gar nicht nötig, Rimbaud zu Hilfe zu kommen, denn dieser hätte gar nicht klarer in seinen Aussagen sein können. Doch da erläutert uns Herr André Dhotel, Autor eines Buches mit dem Titel *L'Œuvre logique de Rimbaud* (einen logischen Rimbaud können wir ganz entschieden nicht gebrauchen!), jene Textstelle, die Herrn de Renéville so viel Kopfzerbrechen bereitet hat. Zitieren wir:

»O *mein* Gutes! O *mein* Schönes! Schreckliche Fanfare, über die ich nicht strauchele! Staffelei für ein Zauberstück! Ein Hurra dem unerhörten Werk und dem wunderbaren Leib, zum ersten Mal! Das begann unter dem Gelächter der Kinder, das wird enden mit ihnen. Dieses Gift bleibt in allen meinen Adern, selbst wenn die Fanfare verklungen ist und ich den alten Mißtönen zurückgegeben bin. O jetzt, ich, der ich dieser Quälereien so würdig bin! Inbrünstig will ich dieses übermenschliche Versprechen wieder aufraffen, das man meinem Körper und meiner Seele gemacht hat, als sie erschaffen wurden: dieses Versprechen, diesen Wahnsinn! ...« (Rimbaud)

Herr André Dhotel spielt den Dolmetscher: »Folglich, selbst wenn ein Irrtum unser Verderben verursachen sollte, ist es unmöglich, nicht in der Bejahung eines unvergleichlichen Augenblicks im Leben ...« usw.

Das heißt: *Mein* Gutes und *mein* Schönes, schreckliche Fanfare, begann unter dem Gelächter der Kinder und wird enden mit ihnen. Denn dieses Gift (mein Gutes, mein Schönes, diese schreckliche Fanfare) bleibt in unseren Adern, selbst wenn die Fanfare verklungen ist (mein Gutes, mein Schönes), werden wir den alten Mißtöenen zurückgegeben sein. Mein Gutes und mein Schönes, denkt Rimbaud, sind die Quälereien, eine schreckliche Fanfare, über die er nicht strauchelt. Konsequenterweise folgt daraus: O jetzt ich, der ich dieser Quälereien so würdig bin! Inbrünstig werden wir dieses übermenschliche Versprechen wieder aufraffen« usw. Die Darstellung ist ganz eindeutig: Mein Schönes, mein Gutes = schreckliche Fanfare = dieses Gift = diese Quälereien!

Wie man sieht, ist das Gedicht völlig unmißverständlich; Rimbaud spricht ganz allein, die Rede geht nicht an seine Zuhörer weiter, die Telephonistin war überflüssig, und ebenso überflüssig war das Bedürfnis, die Angst und die Schwächen des Autors um jeden Preis verdecken zu wollen, um ihn auf Biegen oder Brechen »der logischen Folgerichtigkeit seines Systems« zurückzugeben.

Desgleichen schreibt Renéville über Rimbauds seltsamen Gedanken: »Sie werden sehen, diese Zukunft wird materialistisch sein!« folgendes: »*Genauer gesagt* müßte es heißen, daß es weder Geist noch Materie gibt, sondern eine Geist-Materie...« und weiter: »Die Verwirrung, die Rimbaud zwischen dem Wort und der Idee stiftet, resultiert direkt aus der Lösung, welche die Metaphysik, von der er durchdrungen ist, für das Problem der Materie bereitstellt. Darin findet man den Gedanken, daß die Materie existiert, weil Gott sie denkt und ausspricht ...« Unnötig zu betonen, daß von dieser Metaphysik bei Rimbaud keine Spur zu finden ist und daß man zu diesen Übertragungen einzig und allein mit dem berichtigenden Ausdruck: »Genauer gesagt, will Rimbaud damit sagen...« gelangen kann.

Es ist unendlich bedauerlich, daß Herr de Renéville sich dafür entschieden hatte, Rimbauds Gedanken »genauer«, als Rimbaud selbst dies tat, ausdrücken zu wollen. Doch wenn man das »genauer gesagt« weglassen würde, was bliebe dann von »Rimbaud le Voyant« noch übrig?

KAPITEL VI

»Wenn der Vorwurf des russischen Schriftstellers Rosanow zutrifft.«
Siehe: Wassilij Rosanow: *Solitaria. Ausgewählte Schriften*, aus dem Russischen übersetzt von Heinrich A. Stammler, 1985, Zürich.

KAPITEL VII

Die von der *Nouvelle Revue française* angekündigte Umfrage über die Dichtkunst ist die letzte, in der dem Dichter die Frage: warum? gestellt wurde. Die erste Umfrage dieser Art wurde, möglicherweise ausgehend von den Reflexionen eines M. Teste und der von der Dada-Bewegung eingeläuteten tabula rasa, von Breton in der Zeitschrift *Littérature* gestartet: »Warum schreiben Sie?« Die gleiche Umfrage wurde 1932 von der Zeitschrift *Journal des Poètes* in Brüssel wiederaufgenommen.

*

Immer wieder kommen wir auf Sören Kierkegaard zu sprechen. Wir wollen den Leser auf unsere in der Nr. 47 der Zeitschrift *Cahier du Sud* erschienene Studie hinweisen, sowie auf ein in deutscher Sprache erschienenes Werk des scharfsinnigen dänischen Denkers: *Kritik der Gegenwart. Der Pfahl im Fleisch.* Aus dem Dänischen übersetzt von Theodor Haecker, Karolinger Verlag, Wien, 1988.

Die Texte, die von uns zur Unterstützung unserer These zitiert wurden, daß der Dichter dumm sein müsse, stammen aus dem Buch von Antonio Marichalar: *Mentira Desnuda*, bei Espasa-Calpe, S.A., Madrid, 1933.

*

Die Zitate aus dem *Sohar*, dem heiligen Buch der Kabbala, sind aus *Zohar* entnommen, erschienen in der Collection Juive bei Rieder.

KAPITEL XI –*Die fromme Lüge der Isabelle Rimbaud*

Ich bedaure, noch einmal auf die Echtheit des Zeugenberichts von Isabelle Rimbaud zu sprechen kommen zu müssen, vor allem was den Bericht über Rimbauds Bekehrung anbelangt, die wenige Tage vor seinem Tod im Krankenhaus Mariae Empfängnis erfolgt sein soll; doch sie war *einzige Zeugin* dieser Bekehrung; der Brief, den sie am gleichen Tag ihrer Mutter schickte, auf den 28. Oktober 1891 datiert, gilt als unwiderlegbarer Beweis für dieses Ereignis.

Ich habe in diesem Kapitel bereits die Bekehrungsszene geschildert; selbst wenn uns Isabelle nicht die volle Wahrheit gesagt haben sollte, so wirft doch der nach der Bekehrung stattgefundene Dialog ein Bild darauf: »Er sagte mir noch mit Bitterkeit: ›Jawohl, sie behaupten, daß sie glauben, sie tun so, als wären sie bekehrt, aber nur, damit man liest, was sie schreiben, das ist Berechnung!‹ Ich zögerte, dann antwortete ich: ›Oh nein, sie würden mit Lästerzungen mehr Geld verdienen!‹ Er blickte mich ständig an mit dem Himmel in den Augen, ich ebenso. Er wollte mich umarmen, dann: ›Wir können wohl diesselbe Seele haben, da wir dasselbe Blut haben. Du glaubst also?‹ Und ich wiederholte: ›Jawohl, ich glaube, *man muß glauben*‹ (von Isabelle unterstrichen). Und dann fährt sie fort: ›Seither lästert er nie mehr, er ruft Christus am Kreuz an und er betet. Jawohl, er betet, er!‹« Selbstverständlich wage ich nicht, es Isabelle zu unterstellen, am selben Tage der Bekehrung ihres Brudes *gelogen* zu haben, wenige Stunden vor seinem Tod; doch hat sie auch einige Jahre später, als sie diesen Brief veröffentlichte, im Bewußtsein der Pflichten gegenüber dem Angedenken ihres Brudes nichts an dessen Inhalt verändert? Gibt es diesen Brief irgendwo, mit dem ursprünglichen Briefumschlag und dem Poststempel? Ich würde es nicht wagen, am guten Willen Isabelles zu zweifeln, wenn sie nicht später alles in ihrer Möglichkeit liegende getan hätte, um ihren Bruder für sein seliges Angedenken in den Schoß der katholischen Kirche zurückzuführen und wenn sie nicht in ihrem Aufsatz »Rimbaud catholique«, im Zusammenhang mit dem Manuskript von *La chasse spirituelle* geschrieben hätte (das Verlaine, wie man weiß, verloren hatte): »Hat man Grund, den Verlust dieses Werkes zu beklagen, das zwar sicherlich im Wert des Gedankens und der Schreibart einzig in seiner Art dasteht, ebenso wie die *Illuminations* und die *Saison en enfer* einzig in ihrer Art sind. Jawohl, vom literarischen Standpunkt aus betrachtet sind sie das ganz sicher. Aber von einem anderen Standpunkt aus gesehen, der mir sehr am Herzen liegt, dem der Rücksicht auf den Autor und sein stillschweigendes Verlangen *sowie wahrscheinlich vom katholischen Standpunkt aus betrachtet* (meine Hervorhebung) denke ich, ist es vorzuziehen, daß dieses Manuskript auf ewig versiegelt bleibt.«

Sie hält es also für *vorzuziehen*, daß ein Manuskript von Rimbaud, eines der wichtigsten, eines, das die geistige Materie enthielt, die Rimbaud

---

[1] Hier muß bemerkt werden, daß es – durch die Bemühungen von Herrn Marcel Coulon – als gesichert gilt, daß Isabelles Ehemann Paterne-Berrichon keine Skrupel hatte, die Briefe seines Schwagers zu verfälschen, indem er die Orthographie, den Stil und handfeste Daten abänderte und die Pracht seiner eigenen Prosa hinzufügte, wenn der Stil des Autors ihm als zu *platt* erschien. Keine Lüge wurde ausgelassen, wenn sie geeignet war, das Bild von Rimbaud zu *idealisieren*.

in der *Saison en enfer* anklagen würde, verloren bliebe; Hätte sie es wohl vernichtet, wenn es in ihre Hände gelangt wäre? Diese Hypothese ist gar nicht so absurd[1].

Es gibt im Zusammenhang mit Rimbauds Bekehrung und den Behauptungen Isabelles einige Widersprüche, auf die aufmerksam zu machen ich mich gezwungen sehe. Tatsächlich findet sich auf Seite 67 von *Rimbaud mourant*, genau unter dem berühmten Brief vom Mittwoch, dem 28. Oktober, eine Anmerkung des Herausgebers: »Vielleicht sollten wir darauf aufmerksam machen, daß Isabelle Rimbaud zur Zeit der Niederschrift dieses Briefes keines der literarischen Werke ihres Bruders kannte«? Diese Anmerkung macht an dieser Stelle einen ganz harmlosen Eindruck; und dennoch hat man gerade hieran die Authentizität der Bekehrung Rimbauds festgemacht, da mit dieser Anmerkung doch als bewiesen gilt, daß Isabelle in Unkenntnis der Werke ihres Bruders kein Interesse gehabt haben konnte, ein Ereignis zu verfälschen, das für niemanden von Bedeutung sein dürfte, denn schließlich handelte es sich um eine reine Familienangelegenheit. Und wird Herr Claudel diese Anmerkung nicht auch in seinem berühmten Vorwort wieder aufgreifen: »Zu diesem Zeitpunkt kannte sie keines der Bücher ihres Bruders«?

Seit langem schon stimmt mich diese Anmerkung nachdenklich: War das möglich? Konnte die Schwester etwas ignorieren, was die Mutter nur zu gut kannte? Und die Mutter hatte auf ihre Kosten die *Saison en enfer* drucken lassen. Doch sehen Sie, was Isabelle in *Rimbaud catholique* schreibt, während sie über die *Illuminations* spricht: »Das ist das Werk, das Arthur, der alles und vor allem sich selbst verächtlich machte, nie widerrufen hat; – ich weiß das«. Wie kann sie das wissen? Es muß angemerkt werden, daß sie das zu wissen behauptet, nachdem sie uns zu verstehen gegeben hat, man könne in diesem Buch »keinen Anlaß zum Tadel finden«, wie etwa in der *Saison en enfer*: »er war besiegt zum Glauben seiner Kindheit zurückgekehrt«, schreibt sie.

Im gleichen Artikel, *Rimbaud catholique*, geht sie noch einen Schritt weiter, denn wenn die vorangegangene Behauptung nur eine kleine Schwindelei war, was ist dann das hier: »Kein Zweifel, daß Arthur dem Leser, der nicht verstehen würde, was diese beunruhigenden Gedichte besagen wollen, in genauso schlichten Worten antworten würde, wie damals seiner Mutter, als diese ihn über den Sinn der *Saison en enfer* befragte: ›Es bedeutet genau das, was ich gesagt habe, wörtlich und restlos in jeder Beziehung!‹« Sie kannte also diese Antwort, sie wußte von der Existenz der *Saison en enfer*, oder sollte ihre Mutter ihr erst zwanzig Jahre

nach dem Tod von Arthur davon gesprochen haben? Wenn man auch nur
ein noch so kleines bißchen über die intellektuelle Physiognomie dieser
Mutter Bescheid weiß, so kann man nur starke Zweifel daran anmelden,
daß diese fähig gewesen sein soll, zwanzig Jahre lang einen solchen Satz
für sich zu behalten, diese Mutter, der Isabelle in ihrem berühmten Brief
über die Bekehrung schreibt: »Deinen Brief und Arthur betreffend:
rechne durchaus nicht auf sein Geld.« Wenn ich etwas weiter oben davon
gesprochen habe, daß Rimbauds Mutter die Druckkosten für die *Saison
en enfer* bezahlt hatte, so habe ich nicht die Motive genannt, die sie, geizig
wie sie war, dazu veranlaßt hatten; wenn ich mich nicht irre, so war es
Izambard, der behauptet hatte, sie habe es getan, weil Arthur sie davon
überzeugt hatte, daß es das einzige Mittel sei, ihn auf den Markt zu
bringen, Geld damit verdienen zu können, usw.

An anderer Stelle in ihrem Artikel: *Le dernier voyage de Rimbaud*, im
Zusammenhang mit jener Reise, die er nach Roche machte, bevor er nach
Marseille zurückkehrte, wo er sterben sollte, schreibt Isabelle: »Türen
und Fenster waren hermetisch verschlossen, alle Lichter, Lampen
und Kerzen angezündet, beim sanften und harmonischen Klange einer
winzigen Drehorgel ließ er sein Leben an sich vorüberziehen, seine Kind-
heitserinnerungen wiederaufleben, bereitete seine geheimsten Gedanken
aus, entfaltete Zukunftspläne und Projekte. So wußten wir auch, daß er in
Harar von der Möglichkeit gehört hatte, in Frankreich in der Literatur
erfolgreich zu werden, doch er war froh darüber, sein Jugendwerk nicht
weiterverfolgt zu haben, weil es ›schlecht‹ war.« Sie wußte also bereits
lange vor Arthurs Bekehrung, daß dieser Dichter war usw., und die vom
Herausgeber in *Rimbaud mourant* hinzugefügte Anmerkung sollte also
nur dies besagen, daß sie die Werke ihres Bruders nicht *gelesen* hatte? Ich
wünsche sehr, man wird diese Anmerkung nur in diesem Sinne verstehen
wollen; denn schließlich schreibt sie in *Mon frère Arthur*: »Obwohl ich
sie nicht gelesen hatte, kannte ich doch seine Werke.« Dies alles ruft
darum nicht weniger Unbehagen hervor, ein Unbehagen, das die Schriften und Zeugenaussagen von Isabelle eher verstärken als entkräften.
Mutter und Tochter bieten uns, gleichwohl sie beide sehr unterschiedlich
waren, ein herrliches Beispiel von Leichenfledderei. Aber über diese
liebenswerte Familie gäbe es noch so viel zu sagen, daß wir lieber sofort
damit aufhören.

KAPITEL XII

»Dieser Menschenschlag ... der die Reichen auffordert. sich zu ruinieren ...« usw., ein Text, der ebenso wie der folgende aus der *Révolution surréaliste* entnommen ist, in deren Sammelausgabe man, unter welchem Autorennamen auch immer, alles finden kann, um unsere These zu rechtfertigen. Was den gegen Majakowski gerichteten Vorwurf anbelangt, sich umgebracht zu haben, so ist dieser unter der Signatur von André Breton erschienen, und man kann ihn in den *Vases communiquants* nachlesen. Darüberhinaus gibt es einen Kommentar zu Majakowskis Tod, gleichfalls aus Bretons Feder stammend und in der *Révolution surréaliste* erschienen, in dem er sich weitaus bescheidener gibt und im Leben noch einen gewissen Platz für die Liebe und die Langeweile einräumt. Später, nachdem er immer stärker vom Marxismus eingenommen wurde, ist die Liebe für den Autor zusammen mit dem Leiden und der Langeweile zu einer Art »dunklem Punkt« zu einer »himmelschreienden Wirrnis« geworden. Wer heute sagen sollte: ich will kein Soldat sein, ich erhebe keinen Anspruch auf die Hilfe der Polizei, alle Reichen sind Schufte, ich bin dagegen, daß man über die Homosexualität spricht, und sei es auch in einer Umfrage über die Sexualität, ich will in Liebesdingen nichts von Lüge wissen, daraus mache ich ein moralisches Problem usw., dieser Mensch wäre gleichzeitig Christ im von Nietzsche und Surrealist im von den Manifesten der Surrealisten festgelegten Sinne.

Was Rimbauds Art des Christseins anbelangt, so ist es unnötig, Texte zur Untermauerung heranzuziehen. Ich ziehe es vor, ein paar Zeilen von Claudel über Dante zu zitieren: »In Wahrheit scheint Dante die grundlegendsten Thesen ignoriert zu haben, welche die religiöse Wissenschaft seiner Zeit gerade ins Werk gesetzt hatte; seine Hölle ist einzig eine Hölle der Sinne. Er scheint die Strafe der Verdammnis nicht gekannt zu haben, die Strafe des gleichzeitigen Entzugs und der Sehnsucht nach Gott, welche die grausamste Strafe ist, denn sie ist unendlich«. (Paul Claudel: *Positions et Propositions*, N.R.F.). Die Strafe der Verdammnis: es scheint, daß Rimbaud sie wohl gekannt hat.

KAPITEL XIII

»Kennen wir es doch als charakteristischen Zug der Libido«, sagt Freud,»daß sie der Unterordnung unter die Realität der Welt, die Ananke, widersteht?«

Siehe: S. Freud: *Vorlesungen zur Einführung in die Psychoanalyse*, III. Teil, Allgemeine Neurosenlehre, 26. Vorlesung:»Die Libidotheorie und der Narzißmus«.

KAPITEL XVI

Ich beharre absichtlich auf dem inneren Mechanismus Rimbauds, um das Fehlen jeglicher Dialektik am lebendigen Beispiel aufzuzeigen. Es handelt sich hier nicht um den Gegensatz, der auf dem Gegensatz beruht, und sich wiederum in einer Schlußfolgerung, einer Synthese negiert, die selbst in Bewegung befindlich ist. In Rimbauds Drama gibt es keine Zeit; die Widersprüche folgen kaum aufeinander; sie treten gleichzeitig hervor. Jeder dialektische Prozeß hat die Existenz der Zeit zur Voraussetzung; jeder mystische Prozeß hat die Abwesenheit, den Stillstand der Zeit zur Voraussetzung. Nachdem Rimbauds Krise ein Ende gefunden hat, nimmt die Zeit ihren Lauf wieder auf, doch diesmal ist es eine abstrakte Zeit, eine Leere. Und wir fallen wieder in das zurück, was Hegel *das unglückliche Bewußtsein* nennt. Siehe: *Le Malheur et la Conscience dans la philosophie de Hegel*, von Jean Wahl, ersch. bei Rieder.

KAPITEL XVII – *»Stawrogins Beichte«*

Siehe: Fjodor Dostojewski: *Die Dämonen*.

KAPITEL XVIII – *Der revolutionäre Rimbaud*

Man könnte uns zum Vorwurf machen, nichts als diesen inneren Kampf der Verweigerung und der sinnlichen Gier nach Gott ins geistige Zentrum

Rimbauds gesetzt zu haben. Sehe ich nichts anderes darin? Es scheint, daß man im Werk Rimbauds mancherlei Dinge finden kann, die den irdischen Rebellen erkennen lassen. Sicherlich, es ist mir nicht entgangen, daß Rimbaud im Jahre 1869 im Gymnasium »Napoleon verfluchte, der auf so dumme Weise die Revolution zum Scheitern brachte«, daß er in seine Abhandlungen Anrufungen Robespierres, Saint-Justs und Couthons einflocht. Ich weiß, daß er 1871 Delahaye ein Heft zeigte, das den Entwurf zu einem kommunistischen, von Jean-Jacques und Babeuf inspirierten Vorhaben enthielt. Er bekehrte auf der Straße die Steinklopfer und predigte ihnen die Revolution« (J.M. Carré: *La Vie aventureuse de Jean Arthur Rimbaud*). Doch ich weiß ebenfalls, daß Rimbauds Drama, wenn er dabei stehengeblieben wäre, nie zum Ausbruch gelangt wäre. Er hätte nie die *Saison en enfer* geschrieben, und wir hätten es heute noch mit einem Demagogen zu tun, der Paris nie verlassen haben würde, um der Welt »die einfachste surrealistische Handlung« zu predigen.

Wir wollen nicht vergessen, daß das beste revolutionäre Gedicht Rimbauds, ich spreche von *Qu'est-ce pour nous, mon cœur*, nur von solchen Leuten in den Dienst der Revolution gestellt werden konnte, für die »die einfachste surrealistische Handlung darin besteht, mit dem Revolver in der Faust auf die Straße zu gehen und blindlings in die Menge zu schießen«. Hören Sie Rimbaud:

Tout à la guerre, à la vengeance, à la terreur.
Mon esprit! Tournons dans la morsue. Ah! Passez
Républiques de ce monde! Des empereurs,
Des régiments, des colons, des peuples, assez!
Europe, Asie, Amérique, disparaissez!
Notre marche vengeresse a tout occupé,
Cités et campagnes! Nous serons écrasés!
Les volcans sauteront! Et l'océan frappé ...

(Alles dem Kriege, dem Schrecken, der Rachgier!
Mein Geist! Laßt in der Wunde uns wühlen: entweicht!
Ha! Republiken der Welt und Kaiser, ihr,
Regimenter, Kolonisten, Völker: es reicht!
Europa, Asien, Amerika, fort mit euch!
In alle Welt ward unser Rachezug getragen!
In Städte und aufs Land! – Uns alle trifft's zugleich!
Auf springen die Vulkane! Und das Meer, geschlagen ...)

Wie kann man hiernach diesen aggressiven, anarchistischen und sadistischen Versuch der Vernichtung und des völligen Todes mit einer streng revolutionären Tätigkeit verwechseln? Nicht nur dem Bürger allein, sondern dem ganzen Volk schwört er Rache, nicht nur die Städte, sondern auch die Länder bedroht er mit dem Tod, er erklärt unterschiedslos allen Kontinenten den Prozeß, in einer völlig unparteiischen Geographie. Auch behauptet er, von den »Republiken dieser Welt« genug zu haben, die Sinnflut mit einer »in der Bibel und den Geboten so wenig bösartig angekündigten« Gewißheit zu erwarten. Er ist auf eine rasende Weise nur für die metaphysische Leere der Welt empfänglich ist und wesentlich weniger – oder kaum – für die Gerechtigkeit, von der er nicht sagt, daß sie am Ende der menschlichen Vervollkomnung stünde, sondern, mit einiger Bitterkeit, daß »ihre Betrachtung alleine die Freude Gottes ist«. Rimbauds Revolte ist außerdem so wenig sozialer Natur, so wenig menschlich, daß er selbst in seinen größten Wutanfällen keinen Trost finden konnte, sich nicht vergessen konnte, und so macht der Sturm unmittelbar, mit einem sicheren Schuldgefühl, einer gleichförmigen Ruhe Platz. Endet sein Gedicht *Qu'est-ce pour nous, mon cœur* nicht auch folgendermaßen:

Nichts ist's: hier bin ich, bin noch hier!

Nein, Rimbauds Revolte ist nicht von dieser Welt, ebensowenig wie seine Verzweiflung! Aber als Verzweifelter, das heißt am Punkt der absoluten Verleugnung seines »Selbst« angekommen, an einem festen Punkt der Entblößung, wird Rimbaud wie immer nicht von sich selbst ablassen. Keinen Augenblick lang wird er glauben, sein Experiment sei das einzige, und noch weniger das letzte, er weigert sich, sich in seiner Verzweiflung einzurichten. Wenn die Bedingungen des Lebens unhaltbar sind, kann man das den Menschen nicht zum Vorwurf machen!

»Europa, Asien, Amerika, fort mit euch!«

Das ist nicht die Revolution, zu der er hier aufruft, das ist das Ende der Welt!

*

Bereits lange vor Claudel, der in Rimbaud diesen »vergeblichen Versuch, dieser Stimme, die ihm im Nacken sitzt und ihn bedrängt, mit einer Flucht zu entkommen« zu ahnen glaubt oder dem Priester, der, ans Totenbett gerufen, zu Isabelle sagt: »was sagen Sie mir denn, ihr Bruder hat den Glauben«, ist es Verlaine, der in einem der schwierigsten Augenblicke ihrer Beziehung eine treffende Vorstellung von Rimbauds Bereitschaft zum Glauben, und seiner Unfähigkeit, diese einzugestehen, besitzt: »So dringend möchte ich dich aufgeklärt, nachdenkend« schreibt er ihm, »Es macht mir einen so großen Kummer, Dich auf idiotischen Wegen zu sehen, Dich, der so verständig, so *reif* ist, obgleich Dich das erstaunen mag. Ich rufe damit Deinen eigenen Abscheu vor allem und vor allen an, Deinen fortwährenden Zorn gegen jegliches Ding, – im Grunde berechtigt, dieser Zorn, obgleich nicht um das *Warum* wissend!«

Verlaine, der mehr Fingerspitzengefühl als Claudel besitzt, spricht weder von »diesem *vergeblichen* Versuch ... zu entkommen«, noch wie der Priester: »Ihr Bruder *hat* den Glauben«.

KAPITEL XX

Zur Definition Lew Schestows und zur Philosophie der Tragödie, siehe: *La Philosophie de la Tragédie (Dostoïewski et Nietzsche)*, Sans Pareil, übersetzt von Boris de Schloezer.

Man wird in diesem Buch immer wieder auf mehr oder minder deutliche Andeutungen stoßen, die auf eine unermüdliche und leidenschaftliche Lektüre der Werke des großen russischen Philosophen zurückzuführen sind. Vielleicht wäre dieses Buch sogar ohne die Denkanstöße, die der Autor von den befruchtenden Gedanken Lew Schestows erhalten hat, nie geschrieben worden, zumindest nicht in seiner jetzigen Form.

An anderer Stelle zitieren wir ein weiteres Buch Schestows: *Potestas Clavium*.

*

Das Buch von Jacques Rivière ist 1930 im Verlag Kra erschienen, 1979 deutsch bei Matthes & Seitz, München.

*

Die Zitate von Dostojewski sind dem Buch: *Aufzeichnungen aus dem Untergrund* entnommen.

*

KAPITEL XXI

»Umso schlimmer für das Holz, das sich als Geige vorfindet« – dies ist aus dem Seherbrief entnommen; der Gedanke wird im Brief an Demeny wieder aufgenommen: »Denn ICH ist ein Anderes. Wenn das Blech als Trompete aufwacht, ist es nicht selbst daran schuld«.

KAPITEL XXII

Für »diese Krankheit ist nicht zum Tode« und andere Zitate, siehe das Buch Kierkegaards: *Die Krankheit zum Tode.*
Vergleiche auch das Motto von Rimbaud: »Was für eine alte Jungfer doch werd ich, da mir der Mut fehlt, den Tod zu lieben« mit der Formulierung: »Mut zur Angst vor dem Tode« des deutschen Philosophen Heidegger, der ein Erbe Kierkegaards ist.

KAPITEL XXIV

»... was das Abenteuer dieses letzteren so außergewöhnlich einmalig erscheinen läßt.« Einmalig, obgleich Herr Breton schreibt: »Man versteht nicht recht, daß das, was Rimbaud plötzlich dieses Unmaß an Ehre einbringt, bei Lautréamont nicht geradewegs zur Vergöttlichung führt.« (*Zweites surrealistisches Manifest*).

Wie haben nicht den geringsten Gefallen daran, wen auch immer zu vergöttlichen, aber wir überlassen bereitwillig Lautréamont Herrn Breton für jede zukünftige Heiligsprechung. Einmalig – wenn Rimbaud das ist, so weil er trotz unseres Entgegenkommens »nicht zu vergöttlichen« ist und bleibt.

KAPITEL XXV

Siehe: Die Umfrage über den Selbstmord in: *La Révolution surréaliste*; die Passage über den Selbstmord in: *Traité du Style* von Louis Aragon, N.R.F.; den Artikel über den Selbstmord Majakowskis in: *Les vases communicants* (Die kommunizierenden Röhren) von André Breton, deutsch von Elisabeth Lenk und Fritz Meyer, München 1973.

BISHER UNVERÖFFENTLICHTE KAPITEL

Rimbaud der Strolch wurde erstmalig 1933 im Verlag Denoël & Steele veröffentlicht. Benjamin Fondane hatte eine zweite, überarbeitete Ausgabe seines Buches ins Auge gefaßt. Ein Exemplar lag bereits in korrigierter, mit Anmerkungen versehener Fassung vor, und Fondane hatte ein neues Vorwort (oder den Anfang eines Vorwortes) aufgesetzt, sowie eine neue Version der Kapitel IV bis VIII. Nach den betreffenden Anmerkungen zu urteilen, sollten auch im Rest des Werkes bedeutende Änderungen vorgenommen werden.

Aus dem Lager von Drancy, in dem man ihn 1944 interniert hatte, konnte er, noch bevor er nach Auschwitz deportiert wurde, seiner Frau einen Brief zukommen lassen, der die gesamten, sein Werk betreffenden Anweisungen enthielt. Was *Rimbaud der Strolch* betraf, wünschte er eine unveränderte Neuauflage, die einfach durch die unveröffentlichten Kapitel erweitert werden sollte. Wir haben darauf Wert gelegt, seinen Wünschen Folge zu leisten.

IV

Man hat das, was ich mit dem Ausdruck: *Rebell vor jeglicher Erfahrung* bezeichnen wollte, gewaltig mißverstanden. Wollte ich damit etwa besagen, daß böse Feen dem tragischen Helden ihren Fluch als Gabe bereits in die Wiege gelegt hatten? Daß Ödipus, genau wie Rimbaud, schon *verquer auf die Welt kam,* und daß diese beiden, in welche Welt auch immer sie hineingeboren werden sollten, in ihr gleichermaßen unzufrieden und unbefriedigt sein müßten? Nein. Aber alles läßt darauf schließen – und genau das wollte ich damit zum Ausdruck bringen –, daß ihre Weltsicht nicht als Folge eines außergewöhnlichen Geschehens, einer in ganz besonderem Maße unerhörten Begebenheit gesehen werden darf, welche als Beweggrund für ein bestimmtes und erklärbares Verhalten herhalten könnte – dem Inzest beim einen, dem Eifersuchtsdrama und dem Uranismus beim anderen.

Wir haben hier ein Leben vor uns, in dem nichts passiert, so wie in jedem anderen normalen Leben auch, nichts als all die verworrenen Ereignisse eben genau dieses ganz normalen Lebens. Es unterscheidet sich nicht durch seinen Inhalt, sondern durch seine Struktur, seine Form und Bauweise, innerhalb derer vieles möglich war, aber nicht stattgefunden hat. Dieses Leben nimmt wie jedes andere Leben auch seinen allmählichen Verlauf, die Notwendigkeit hält ihr wachsames Auge darauf, es ist von den Gesetzen geregelt, mit einer genau festgesetzten Quantität an Verzweiflung und Hoffnung ausgestattet, es führt von einer kausalen Folge zur nächsten, die großen und die kleinen Erfolge sind abzusehen, und es liegt gerade ein solches Maß an trügerischen Hoffnungen darin, um einen Antrieb zu verspüren. Man sieht sich zu der Annahme gezwungen, daß der Mechanismus dieses Uhrwerks ganz vorzüglich und wohlabgestimmt ist, da doch die meisten Menschen sich darin heimisch fühlen. Selbst die Schicksalsschläge sind im Leben auf eine solch elegante Weise und mit soviel Sinn für Gerechtigkeit verteilt, daß sie dem Menschen geradezu notwendig erscheinen. Alle Weisheiten des Menschen stimmen in diesem Punkt überein: wir werden von einem blinden Schicksal geleitet und die große Kunst beteht darin, sich diesem zu unterwerfen: je mehr man sich unterwirft, desto besser; ja man könnte sogar behaupten, daß die verschiedenen Weisheiten untereinander einen Wettlauf nach der Unterwerfung veranstalten; man nennt dies: Aufopferung in der Liebe; das Christentum verlegt seine höchste Tugend hier hinein, die Tugend des Heiligen. Das will heißen, daß jeder Mensch die Erfahrung des Schicksals, des *fatum* macht. Doch so wie das Fatum nur der gemeinsame Nenner jeglicher Existenz ist, und man es nicht anklagen kann, ohne absurd zu erscheinen, wird die Beziehung zwischen beiden durch nichts gestört, nichts ist dazu angetan, das Sein gegen die Existenz aufzubringen, so daß man sich zu der Behauptung berechtigt sieht, es sei übertrieben, eine *Erfahrung* zu nennen, was doch nichts weiter ist als eine Gewohnheit, etwas Gegebenes, dessen man sich nur zögerlich bewußt zu werden versucht.

Was die Menschen mit gutem Recht ein Ereignis nennen, ist gemeinhin irgendein Geschehnis, das sich nur selten ereignet und gerade aus diesem Grund das Geknüpf der Gewohnheit auseinanderreißt und zum Nachsinnen anregt; Ödipus' doppelter Inzest ist das Beispiel eines solchermaßen beschaffenen außergewöhnlichen Unglücks, da hier das Schicksal ganz offensichtlich *weitaus mehr des Bösen* auf einen einzigen Menschen niedergehen läßt als gewöhnlich. Man wird nun verstehen können, und sei es auch nur ausnahmsweise, daß der *über die Maßen* vom Schicksal geschlagene Mensch, sich in die Erfahrung der Existenz verwickelt sieht und auf seine ganz persönliche Weise auf ein gewissermaßen persönliches Unglück reagiert. Dies mit *Nachsicht* zu betrachten ist eine ganz besondere *Gunst* von seiten des Staates. Es würde bedeuten, Mißbrauch zu treiben, wollte man die Existenz allein schon für die Tatsache anklagen, daß man existiert, und für Leiden, die einem jeden widerfahren könnten. Es würde gleichfalls bedeuten, vorgeben zu wollen, die Tragödie wohne einem jeden Menschen inne, ein jeder habe das Recht und – wer weiß? – vielleicht sogar die Pflicht, zu Jammer- und Klagegeschrei anzusetzen – was jegliches Gemeinschaftsleben unerträglich machen würde, falls dies zu einem allgemeinen Zustand ausartete. Aus diesem Grund staffiert sich der tragische Autor mit einem *Vorwand* aus und erfindet eine *Mär*; aus diesem Grund haben wir behauptet, er sei ein Rebell vor jeglicher Erfahrung. Denn es sind selbstverständlich sowohl bei Sophokles als auch bei Rimbaud die Erfahrung, die Tatsache, daß man lebt und die durchlebte und ertragene *conditio humana*, die diesen *geistigen Ekel* hervorrufen. Dieser Ekel vor dem Leben kommt nicht von ungefähr: er ist die Folge zahlloser Verletzungen und Verrenkungen, dunkler und unwägbarer Berührungen, sei's mit den sittlichen oder mit den weltlichen Gesetzen der Realität oder schließlich mit dieser mühsam gefundenen Einsicht, die es sich zur Aufgabe gesetzt hat, das, was ist, zu rechtfertigen und zu kanonisieren, um es anschließend *notwendig* zu nennen. Das Bewußtsein kann sich von Tatsachen unterschiedlichster Art *schockiert* fühlen; so wie sich dieser gegen die Götter auflehnt, während ihm die Moral zufriedenstellend erscheint, ist jener mit den Göttern vollauf zufrieden, lehnt sich jedoch gegen die Moral auf; und es gibt Menschen, die Weisheit und Fatum verachten, denen essen, trinken und sich lieben ganz und gar nicht unangenehm ist. Es ist unnötig, Beispiele aufzuzählen. Rimbauds Fall ist seltener, denn er durchlebt den sittlichen, daraufhin den religiösen Ekel und schließlich den metaphysischen Ekel. Nichts läßt er aus: weder die Dichtung, noch die Liebe; und dann greift er auch noch das an, was die Theologen die *höchste Vollendung* nennen: die Existenz selbst.

Ja, Rimbaud haßt die Existenz, und zwar allein aus der Tatsache heraus, daß er existiert, daß er weiß, was es heißt zu existieren. Dieser Haß kommt nicht *auf einen Schlag*, nicht plötzlich, sondern nach und nach, je nachdem, wie tief er in diese Existenz eindringt, sich darin einen Weg bahnt, sich darin beschmutzt; zuerst verabscheut er die Seinen, seine Mutter, anschließend seine Geburtsstadt, die »den anderen kleinen Provinzstädten an Idiotie klar überlegen ist«, schließlich die Literaten und Paris; er verabscheut, was er bereits zu lieben begann: die Liebe, Verlaine, die Dichtung; jedesmal bildet er sich ein, daß es nur *das* ist, was er verabscheut, dann reißt die Strömung ihn mit sich und schon verabscheut er alles. Alles, und nicht nur das Universum, Christus, die Psalmen der Märtyrer, die Wissenschaft, sondern sogar den Akt des Lebens selbst, sogar all die Tätigkeiten, aus denen das Leben sich zusammenfügt, haßt es ebenso zu *leben* wie zu lieben, zu schreiben wie zu scheißen. Er handelt nicht böswillig gegen diesen einen und unverschämt gegen jenen anderen; er zerstört sein Zusammenleben mit Verlaine nicht aus Haß auf Verlaine; er verläßt seine Mutter nicht, weil sie *seine* Mutter ist; gleichwie er auch weniger *seine* Dichtung verläßt als vielmehr die Dichtung überhaupt. »Doch zu sehen, daß das schöne Wetter in jedermanns Interesse liegt und daß jeder ein Schwein ist, ... ich hasse den Sommer ...« Was er verabscheut, das sind die Interessen von jedermann, und er weicht hiervon keinen Deut ab, richtet sich darin ein, gefällt sich darin. Es widert ihn an, daß der Sommer, die Welt, der Geist sich geflissentlich anheischig machen, für diese Individuen zu existieren. Ohne Zweifel richtet sich sein Haß gegen jene Menschen, die sich mit dem Universum zufriedengeben, doch ebenso gegen ein Universum, daß sich mit dem Menschen zufriedengibt und diesen erträgt. Es verhält sich nicht so, daß er wie Céline den Menschen bloßstellen will, das würde ja der Annahme Vorschub leisten, er hielte den Menschen für schlecht, für der Rache und Folterqual würdig, nein, alles in allem ist der Mensch ihm gleichgültig; es verhält sich aber auch nicht so, daß er die Welt verbessern wollte, nein, die Welt ist verdammt, sowie alle Menschen verdammt sind; was er will, und zwar gemäß seinem Vorbild Baudelaire, dem »König der Seher«, das ist die Welt verlassen. Gleich Baudelaire schreibt er auf das Schild seines Traumes die Flammenworte:

Gleichviel wo – nur nicht dieser Welt

V

Die Revolte kennt viele Spielarten! Solange es sich nur um eine moralische Revolte handelt, ist man augenblicklich einer Meinung. Es ist schon verrückt mitanzusehen, wie sehr sich der Mensch als moralisches Tier empfindet. Er ist stets darüber unzufrieden, daß die Sache nicht so läuft; das sind doch alles Saukerle, Lüstlinge, Ausbeuter, Schweinehunde, Neider und Intriganten, ob sie nun Priester, Politiker, Bankiers, Philosophen, Märtyrer, Engel oder Götter sind. Nur er allein, der reinste Engel! Ein wahrer Märtyrer! Ein Unverstandener! Er würde ja alles teilen, wenn er etwas besäße, in Stücke reißen würde er sich, aufopfern! Daß ich ein moralisches Wesen bin, ist der Beweis dafür, daß die Existenz notwendig ist, ich bin gut, also bin ich! Ich würde niemanden verprügeln, wenn ich Polizist wäre, würde keine Trüffeln essen, wenn ich Bankier wäre! Ich würde keinen Krieg machen, wenn er mir etwas einbrächte, würde nicht mit Waffen oder vielleicht sogar mit Menschen Handel treiben, wenn ich Gott wäre ... Bis dahin, während der Mensch darauf wartet, Gott zu werden, *ist es doch nicht mehr als recht und billig*, das Leben zu fordern von denen, die es haben, den Reichtum von denen, die davon im Überfluß besitzen, die Macht von denen, die sich damit brüsten. Und das ist von meiner Seite weder Groll, noch Rachsucht, noch Neid ... Wer wagt es hier, von Ressentiment zu sprechen? Meine Reden legen doch Beweis darüber ab. Jetzt wollen wir aber doch einmal vom Wort zur Tat schreiten?! Ernennen Sie mich zum Chef und Sie werden schon sehen... Ich werde die Freiheit, den Reichtum, das Glück zu gleichen Teilen verteilen, in dünnen Scheibchen, und für mich selbst kein Körnchen zuviel zurückbehalten. Und dann wird endlich Gerechtigkeit herrschen! Man kann sich keinen niederträchtigeren Speichellecker denken als die selbsternannte Moral. Der Beweis dafür, daß es einen kategorischen Imperativ gibt, ist der, daß ich einen habe. Ich bin gut, bin vollkommen, bin integer. Wenn es nur mich allein gäbe, dann würde alles nur so wie am Schnürchen laufen. Aber leider, da sind ja noch die anderen ... Kant wußte, was er tat, als er seine praktische Sittenlehre aufstellte. Er ergriff Besitz von jedem einzelnen und von uns im besonderen, er machte aus jedem einzelnen von uns den lieben Gott, aus jedem einzelnen von uns einen Richter: und man weiß ja, welche Freude es einem ehrbaren Menschen bereitet, einen Bösewicht zwischen die Finger zu bekommen. Und was die Masse anbelangt ... Aus ist's mit dieser Sittenlehre der Religionen, der die wissenschaftliche Beweisführung eine Ohrfeige verpaßt hat – der oberste Widerling, der größte Saukerl, das größte Schwein, das sollte ich sein, ausgerechnet *ich*, der ich doch ein Christ, ein Heiliger, ein Gerechter bin! Nein, aber wie sollte man denn auf sowas eine Sittenlehre gründen wollen! Wenn der Mensch zur Vollkommenheit fähig sein soll, dann muß es doch auch hier und da einen Vollkommenen geben. Und um vollkommen zu werden, braucht es gute Vorsätze und gute Reden ... Macht was ihr wollt, aber gebt auf eure Worte acht, denn nach diesen wird man eure *Sittlichkeit* beurteilen!

In dem hervorragenden Werk, das Jacques Rivière Rimbaud widmete, vergaß der Autor, obgleich er Katholik war, katholisch zu sein. Er versetzte sich selbst in seinen Helden, um von da ausgehend einen *Unschuldigen* in ihm zu sehen ... Während die Heiligen Schriften ihn doch eigentlich zur Vorsicht hätten mahnen müssen: selbst für einen Katholiken gibt es keine Unschuldigen! Wenn man sich wie Rimbaud daran macht, alle Leute zu hassen, weil sie Schweine sind, dann ist das nicht gerade ein Unschuldszeugnis ... Und dann behauptet er noch, er sei an der Erb-Wunde vorbeigegangen, die Sünde habe auf ihn keinen Zugriff gehabt ... Da gibt es Tatsachen, Zeugenberichte, anzügliche Geschichten ... Und selbst wenn es sie nicht gäbe, wenn seine Concierge mir nur über sein vorbildliches Betragen zu berichten hätte, so hindert doch nichts einen Mörder daran, nett zu seiner Concierge zu sein. Sieht man das nicht alle Tage? Nein, Rimbaud war nicht unschuldig, und er hat es übrigens auch nie behauptet. »Sie sind schön, die Verdammten«, schreibt er. »Wir widern uns gegenseitig an«. Was er unter Unschuld versteht, ist etwas völlig anderes, und er sagt: »Ich habe keinen Sinn für Moral. Ich bin ein Vieh, ein Neger«.

Die Revolte kennt viele Spielarten. Und hier haben wir die von Rimbaud: Er hat keinen Sinn für die Moral. Verstehen Sie wohl, die Moral widert ihn an. Die Moral und nicht nur die Unmoral,

Das Gute und nicht nur das Böse. Jene Moral, die uns denken macht, wir seien die Engel und die anderen seien die Schweine. Jene Moral, die es bewerkstelligt hat, aus jedem einzelnen von uns, was ihn selbst betrifft, einen Gott zu machen, und aus jedem einzelnen von uns, was die anderen betrifft, ein Vieh. Das ist es, was uns die *Erfahrung* lehrt – diese Erfahrung, von der keiner etwas wissen will, die Wissenschaft ebensowenig wie die Politik, die Philosophie ebensowenig wie die Dialektik. Ideen, das ist viel besser! Das ist etwas Greifbares, ist bequem, ist gefügig. »Rimbaud hat den Geist verraten!« Wer würde es wagen, dies im Namen der Erfahrung zu sagen? Das würde sich gegen uns selbst richten, wie die Spucke, die man gegen den Wind speit. Die Erfahrung, das ist etwas Eindeutiges, Unmittelbares, Selbsttätiges. Aber mit den Ideen, da ist das etwas anderes. Mit Ideen kann man alles machen. Mit Ideen hat schon jedermann Verrat geübt. Ich kann wem auch immer ein Kind machen und dann die unglückselige Mutter beschimpfen. Ich, ich bin nicht verantwortlich. Ich habe die Macht, Urteile zu fällen. Denn wenn ich auch ein Schwein bin, so bin ich doch ein Engel!

Nein, Rimbaud ist kein Engel, auch wenn er sich Magier oder Engel genannt hat. Er haßt die Menschen. Und wer auch immer die Menschen haßt, wenn er konsequent ist, wenn etwas in ihm steckt, der muß am Ende wohl auch sich selbst hassen. Und tatsächlich, Rimbaud haßt sich. Und da streift ihn diese Ahnung: daß es nichts von der Moral, nichts vom Menschen zu erhoffen gibt. Nun gilt es, die Welt zu verlassen, irgendwohin zu gehen! Es gibt viele Mittel und Wege ... Da gibt es den Glauben ... aber der langweilt ihn, und wir werden die Gründe dafür noch kennenlernen. Dann gibt es da auch noch die Dichtkunst, aber wir wollen nicht vorgreifen.

VI

Man versteht nichts von Rimbaud, wenn man nicht eingesteht, daß wir in seiner kurzen, ungefähr drei Jahre dauernden Schaffensperiode nicht den Ausdruck eines kontinuierlichen dichterischen Verströmens sehen dürfen – das verkürzt abläuft, wobei wir der Zeit eine außerordentliche Schwere und Dichte zusprechen müssen -, keinen Schaffensprozeß, in dem ursprünglich bereits vorhandene Grundlagen bis zur Überhöhung ihrer Motive ausgereift werden, sondern vielmehr den Ausdruck einer Schöpfung, die in *drei Etappen* verläuft, diskontinuierlich (wenn auch nicht unterbrochen), und die Ausdruck von aufeinanderfolgenden Zuständen einer sittlichen und metaphysischen Entwicklung ist, deren beschleunigte Bewegung von einer verlangsamten Analyse nicht eingefangen werden kann. Wofür andere Menschen dreißig Jahre brauchen, um ein in der Geschichte der Dichtkunst einzigartiges Experiment zu durchleben, da genügen Rimbaud drei Jahre. Wir können noch so sehr all seine Gedichte in eins zu fassen versuchen, sie stoßen darum nicht weniger Schmerzensschreie aus, sich solcherart zusammengeschweißt vorzufinden: jede einzelne dieser durchlaufenen Etappen trägt eine ihr allein eigentümliche Bedeutung in sich und ist von der folgenden durch einen *Sprung* geschieden. Am Ende einer jeden Schaffensserie wird Rimbaud sich selbst untreu, sagt sich von sich los, spricht ein vernichtendes Urteil über seine Vergangenheit und unternimmt etwas *Anderes* – etwas Anderes, von dem er sich sogleich wieder lossagen wird. Jenes Gesetz, dem die uns bekannten Kunstwerke unterliegen, das Gesetz einer schrittweisen Transformation von Gegebenem in ein noch dichteres Gegebenes, diese Wegstrecke, die uns immer als ein langer Reifungsprozeß erschienen ist, in dem ein Selbiges vermittels seiner Selbst heranreift – was man mit dem allmählichen Wachstum eines Baumes oder eines Blattes vergleichen kann – dieses Gesetz der *Konstanz*, wie ich es nenne, scheint im Rimbaudschen Werk außer Kraft gesetzt zu sein. Sind wir hier nur durch den Mangel an zur Verfügung stehender Zeit getäuscht? Denn es sieht so aus, als fehle es Rimbaud an der Zeit, um seine ausgedehnte Vitalität anwachsen, seinen Stamm dicker, seine Blätter länger werden zu lassen. Er schreitet in *Mutationen* voran: kaum ist der Stamm gesetzt, treibt er Blätter, kaum wachsen die Blätter, verwandeln sie sich auch schon in Blüten, die es eilig haben, reine Früchte zu werden. Die Zwischenstufen, die Übergänge, alles Ungefähre, alle Zustände des Sich-im-Werden-Befindens sind übersprungen worden; daher werden wir nie wissen, ob diese Frucht einmal jene Blüte war, die dieser voraufging, ob Kirschen auf dem Kirschbaum wachsen oder Kürbisse. Diesen logischen Zusammenhang, den wir zwischen dem Geschwängertwerden einer Frau und der Geburt eines Kindes herstellen, *übergehen* die Primitiven, die zwischen beidem keinerlei Bezug herstellen, sondern vielmehr eine unerhörte übernatürliche Intervention darin sehen, obgleich die Schwangerschaft doch ganz sichtbar verläuft. Würde es uns nicht ohne die Schwangerschaft so vorkommen, als käme das Kind ganz von ungefähr auf die Welt?

Wir haben gesagt, daß Rimbauds Werk in drei Etappen verläuft: einer ersten Etappe, die wir je nach Belieben die kakographische oder revolutionäre Etappe nennnen könnten, je nachdem ob wir uns mehr an ihrer Beschreibung (Dichtung der Latrinen, des Geschwürs am Hintern der Clara Venus, der Gekauerten, der kleinen Geliebten) oder mehr an ihrem Inhalt orientieren (Haß auf die Priester, die Politiker, den Christus, Dieb der Energien, der Liebe zum Volk, des Kommunarden etc.) Die zweite Etappe im Schaffen Rimbauds hat dieser selbst zur Zeit der *Illuminations* die Etappe des Sehers genannt. Was die dritte dichterische Etappe anbelangt, die letzte, die der *Saison en enfer*, so wollen wir sie, falls Sie damit einverstanden sind, die Etappe des *Scheiterns* nennen. Die erste und dritte geht aus einer Bewußtwerdung des Konkreten hervor; die zweite aus einer Flucht, einem Ausbrechen.

Diese Unterscheidungen werden uns nur wenig sagen können, wenn wir unsere Erörterungen einzig auf die Ebene des Gedichtes beschränken; der Dichter kennt nur eine Dimension, und ob sich der Ballon nun aufbläht oder in sich zusammenschrumpft, er bleibt sich doch stets gleich, er ist unerschöpflich, nichts kann ihn zerplatzen lassen. Mit Ausnahme von Hölderlin und seinen Gedichten des Wahnsinns ist der Dichter im allgemeinen ein Tänzer auf gespanntem Drahtseil, mit oder ohne Netz ist er

Richter der Gefahren, die er eingeht, er wägt sie ab, sieht sie voraus und kommt ihnen zuvor – auch fällt er nie weiter als sein Sicherheitsnetz reicht. Die Dichtkunst ist wahrhaft die reife Frucht des Ich, von der Bergson spricht, angereichert mit Vergangenem macht sie dieses in jeder Minute ihres Daseins zu etwas Gegenwärtigem: hier ist kein Sprung möglich, kein Scheitern am Horizont sichtbar. Vom ersten bis zum letzten Gedicht des mutigsten und kühnsten Dichters, eines Baudelaire zum Beispiel, zeichnet sich eine »bemerkenswerte, halb vorgegebene, halb erstrebte Kontinuität« ab. Folglich sind wir zu der Annahme gezwungen, daß diese Diskontinuität, die sich bei Rimbaud abzeichnet, diese Sprünge, dieses letztliche Scheitern, dieser unglückliche und tragische Sturz auf die Erde, bei dem die lebenswichtigen Organe zerbersten, nicht in den magischen Kreislauf des dichterischen Schicksals einzuzeichnen ist. Nicht die Dichtkunst macht hier ihre gefährlichen Sprünge, bis sie schließlich außerhalb ihrer selbst verströmt, bis sie schließlich ihren eigenen Autor körperlich und geistig verwundet, denn das Wesen der Dichtkunst liegt darin, sich nicht überschreiten, sich nicht gegen ihren eigenen Autor stellen zu können. Die Dichtung Rimbauds ist mit einem Motor angetan, der außerhalb ihrer selbst liegt, und es sind die Kaprizen, die Launen, die Zuckungen dieses Motors, die auf sie wirken, sie lenken und sie zerstören.

Das Kennzeichen des natürlichen, gewöhnlichen Menschen ist seine Eigenschaft, im Leben dasjenige zu finden, was ihn mit dem Leben versöhnen kann. Es ist wahr, daß der Prozeß des Lebens eine nicht unerhebliche Produktion an Nichts miteinschließt. Jedes menschliche Leben produziert einen Ausstoß an Nichts, und je höher der Mensch auf der Stufenleiter der Werte klettert, desto bewußter wird er sich seiner selbst, desto mehr wächst auch seine Produktion an Nichts.

Das lebenswichtige Problem, das sich einem jeden Menschen stellt, lautet folgendermaßen: auf welche Weise soll ich mich von diesem Nichts befreien, das ich ausbuttere, damit es mich nicht am Ende noch umbringt? Man darf nicht glauben, dieses Problem sei unlösbar: den meisten Menschen ist es ein Leichtes, darauf eine Lösung zu finden: aus dieser Ecke kommt die Heiligsprechung der Arbeit, die es in jeder menschlichen Gesellschaft gibt. Selbst auf die schwierigsten Geister haben Ehrgeiz, Machtwillen, wissenschaftliche Forschung, Ausschweifung, und selbst Heldentum und Heiligtum ein und dieselbe Wirkung. Was den Dichter angeht, so hat dieser eben die Fähigkeit zum Schreiben; damit will ich sagen: er hat diesen enormen Packen an Nichts, unter dem er fast erstickt, und er bringt ihn in Sprache, gibt ihm *Form*. Daß der Dichter uns als ein zufriedener Mensch erscheint und nicht als das, was er gewöhnlich ist: ein Unglücklicher, das hat seine Ursache darin, daß wir unseren Blick bei der Form, die er diesem Nichts gibt, verweilen lassen, dieser Form, die seine *spezifische Heilung* darstellt, anstatt ihn auf diesen unermeßlichen Ausfluß an Nichts zu richten, der seine *spezifische Wunde* darstellt. Das Dichten ist eine Therapie oberster Ordnung; sie schützt den Dichter vor seinem eigenen Nichts, aber sie schützt auch vor der Gefahr, diesem von Angesicht zu Angesicht gegenüberzustehen, vor der Gefahr, mit der Wahrheit, die er vorausahnt, Tuchfühlung zu haben, dieser Wahrheit, die er zwar besingt, nicht jedoch sich einverleibt. Daher die Überlegenheit des Dichters über den normalen Menschen: er entflieht seiner selbst nicht gänzlich, er heilt sich nicht mit etwas *anderem*, sondern mit *sich selbst*, aus seinem eigenen Nichts heraus erschafft er seine Dichtung; daher die *Evidenz* des Nichts, von dem er Zeugnis ablegt; daher auch die *sehnsüchtige Trauer* um das, wovon man nur allzuschnell geheilt wurde; er ist nur *etwas*, solange er arbeitet; er ist ein Held nur für die Zeit, die seine Inspiration währt, alles in diesem Augenblick ist dazu angetan, ihn glauben zu machen, er könne bis zur äußersten Grenze seiner Tat gelangen, einen Augenblick später kehrt er wieder zurück. Das ist gewesen. Das Ich, das eine Tat war, wird erneut zum cartesianischen Ich. Dem Helden folgt der Feigling, der Hasenfuß. Bis zur nächsten Inspiration. Dieserart ist der dichterische Kreislauf beschaffen; dieserart ist seine metaphysische Ausstattung.

Es gibt nur wenige, die sich von ihrem Nichts weder befreien wollen noch können und Anstrengungen unternehmen, es zu überwinden. Sie laufen dem Sieg oder der Niederlage hinterher, aber im allgemeinen bleiben Sieg oder Niederlage in diesem Bereich anonym; weder die Suche noch der Kampf hat im Bereich des Allgemeinen stattgefunden; ihre Handlung ist dem Sozialen nicht durchsichtig, ist nicht mittels Erkenntnis ableitbar. Sieg und Niederlage werden erst dann wahrnnehmbar, wenn der geistige Kampf in einem öffentlichen Bereich des menschlichen Handelns stattgefunden hat, erst wenn man bereits gesiegt hat; oder wenn man aus sich selbst herausgefallen ist, irgendwohin. Die umsichtige und vorsichtige Mutter Natur schätzt es gewöhnlich nicht, uns die Resultate ihrer Operationen vor Augen zu stellen; kausale Folgen kreuzen sich nie; niemals befähigt sie einen Mann, der sich der Suche verschrieben hat, mit Techniken, die der Entsagung eigentümlich sind. Erfolgreich verhindert sie eine Publikmachung des Willkürlichen oder des Wunders oder auch nur des Paradoxen: es wächst nicht oft ein Kürbis auf einem Kirschbaum; doch schließlich gibt es keine Umsicht, die nicht auch einen Moment aussetzen könnte: man wird sagen, daß es sich hier um den entschiedenen Willen zur Ausnahme handle, welche die Regel festigt und bestätigt. Nun bringt die göttliche Vorsehung einen mit einem doppelten metaphysischen Temperament versehenen Dichter hervor, das irgendwo angesiedelt ist, und schon sieht sich dieser auf der Suche befindliche Mensch im Besitz eines Instrumentes, das ihn dazu befähigt das Endliche zu erreichen; er sucht einen Ausweg und trifft nur auf Scheidewände; und diese Suche nach *Auswegen* ist es, welche der Dichtung Rimbauds ihre Rückschläge, ihre offenkundigen Sprünge, ihre Brüche verleiht; im Innern des Gedichtes findet sich ein Dichter, der von dem Verlangen vorangetrieben wird, *den Augenblick der Schöpfung ins Unendliche auszudehnen*, den Augenblick der Suche nach der Macht; er versucht, rasend vor Wut, den Moment des Stillstandes aufzuhalten, den Moment des Gedichtes. Nun, das Gedicht kann sich nicht aus sich selbst heraus zerstören; der Dichter hat keine Gewalt über das Gedicht; es ist nicht das Gedicht, das sich in den Händen des Dichters befindet, vielmehr befindet sich der Dichter in den Händen seines Gedichtes; hierin sind alle Gründe für das Scheitern der Surrealisten zu finden, durch ihre verzweifelte Feder, welche die Dichtung verneinte, ist der Dichter aus der Dichtung herausgetreten. Doch etwas Anderes als das Gedicht kann das Gedicht zerstören. Auf diese Weise zerstörte das Andere in Rimbaud das Gedicht und wurde nach draußen geschleudert. Er fiel von der Dichtung in die Wirklichkeit. Nach solcherlei Knochenbrüchen ist man nicht mehr fähig wieder aufzustehen. Doch das Scheitern hat an einem öffentlichen Ort, im Bereich des geistig Faßbaren stattgefunden, *es ist gesehen worden.* Es hat aufgehört, eine dunkle, unwägbare, immaterielle Beziehung, eine persönliche und geheime Beziehung zwischen dem Menschen und dem Unbekannten zu sein; es ist eine historische Tatsache geworden, ein Ereignis, das in der Geschichte der Dichtkunst und im Fehlen der Geschichte, die das Unbekannte kennzeichnet, eine Verbindung geschlagen hat. Es ist eine Brücke zwischen uns und dem *Anderen.*

VII

Dem Dichter ist metaphysisch gesprochen die Rolle des *Status quo* versagt. Im bestem Falle ist er derjenige, der *das Erwachen* besingt, nicht jedoch der Wille zum Erwachen. Metaphysisch gesprochen ist er kein Held; er ist aber auch kein Feigling; der Dichter ist ein Faulpelz; er ist oftmals von Leidenschaft bewegt, oftmals betrübt oder entrüstet, doch er kann sich seinem eigenen Kreislauf nicht entziehen und zu einer wirkungsvollen Handlung Zuflucht suchen. Wenn die höchste Frage – unabhängig von ihm selbst – gelöst sein wird, wenn in den Begriffen Hegels gesprochen »die unendliche Versöhnung auf den unendlichen Widerspruch« folgt, dann wird der Dichter schließlich aus dem Ei schlüpfen, aber dann wird er kein Dichter mehr sein. Dann wird es keinen *Bedarf nach Dichtung* mehr geben. Das bedeutet, daß der Dichter nur denkbar ist in einer Welt, die in einem Widerspruch, in einem Zustand des Mangels befindlich ist. Er ist der große Nutznießer dieses Widerspruchs, dieses Mangels. Daher macht er auf uns den Eindruck eines Schauspielers. Selbst wenn er Gott sehen würde, er würde ihn *besingen* und darüber wieder verlieren. Doch zur Zeit, und solange dieser Moment des ewigen Notbehelfs andauert, kann er nichts weiter tun als singen.

Als Rimbaud mit siebzehn Jahren zum ersten Mal mit der Dichtkunst in Berührung kommt, *nimmt er ihre Bedingungen an.* Zweifellos fordert er von ihr, daß sie ihm einen Platz gebe für diesen Haß, der ihn verschlingt, für seinen beißenden und scharfen Geist; zweifellos schüttet er nur in ihr sein Nichts aus, das ihn zerfrißt, ohne Sterne, Blumen und anderes lyrisches Gemüse daraus hervorgehen zu lassen, doch er nimmt das Gleichgewicht, das sie ihm bietet, dankend an und errichtet mit ihrer Hilfe eine Brücke der Verständigung zu den Menschen, weist sich selbst einen Platz in Etwas und angesichts von Etwas zu. Seine Situation kommt ungefähr derjenigen Baudelaires gleich, eines jüngeren, frühreiferen, härteren Baudelaire, eines Baudelaire, der noch Banville und Hugo imitiert, der die Erbsünde durch das soziale Übel ersetzt hat, eines Baudelaire, der, nach Baudelaire geboren, dessen Giftwirkungen noch viel weiter treiben sollte, die Lust am

Schrecken zusammen mit der Lust am Schmutz, am Laster, an der Entfesselung. Noch ist die Dichtung Mittel der Versöhnung mit der Welt, ein Mittel, mit den Menschen in Frieden zu leben, das heißt, eine *freie Tribüne*, von der aus man Beleidigungen und Verwünschungen auf die Menschen niedergehen lassen kann. Und Rimbaud schimpft auf die Pfaffen, auf die Sitzenden, auf Christus, den Dieb der Energien, auf die kleinen Geliebten, auf die Weisen und die Gerechten. Ich spreche hier nicht vom »Diebstahl der Thiers und Picards«, vom Pfad der Tugend, vom Vaterland. Er sitzt hoch oben auf der Tribüne und von dort aus richtet, verurteilt, schlußfolgert er. Ein bißchen lautstarker als alle anderen, aber letzten Ende wie alle anderen auch. Er liegt hier wohlverstanden auf der bürgerlichen Linie, wo man gegen die anderen schlußfolgert, wo aber nach allem es nicht das Wichtigste ist, gegen jemanden zu schlußfolgern, sondern überhaupt zu schlußfolgern. Außerdem ist er in diesem Augenblick Dichter, er liebt die Dichtung, er veröffentlicht, er schreibt Verse nach den Regeln der Dichtkunst, vergleicht eine junge Dichterin mit Sophokles, liest recht schlechte Bücher, ist Kommunard und macht Pläne für die Einsetzung einer Verfassung oder einer sozialrevolutionären Partei, was weiß ich... Er hätte so weitermachen können, mit kommendem Alter wäre seine erste Leidenschaft besänftigt worden, er wäre heute ein Mitglied der Akademie, in Paris oder Moskau, gleich wo. Er hat sicherlich großes Talent, aber letztlich hat doch jedermann Talent, und mit der Zeit...

Seine damaligen Ideen sind nicht alle seine eigenen; sie lagen in jener Zeit in der Luft, auch in den schlechten Büchern, die er liest, sind sie zu finden, in Hugo vor allem. Nur sein Haß auf alles ist ganz ihm selbst eigen, und vorläufig tut er nichts anderes, als seine Meister zu imitieren, jedoch *gegen den Strich*, indem er sie karikiert, sie diffamiert; *ihr Erhabenes verdreht er in Niedriges*. Was die Kühnheit des Ausdrucks anbelangt, die Unerschrockenheit, mit der er das Übel, das Häßliche, das Liederliche besingt, schöpft er aus Baudelaire und läßt diesen weit hinter sich. Es ist Rimbauds revolutionäre Periode, die aufständische und antiklerikale Periode, sie gründet in etwas *Reellem*, Sicherem, auf festem Land, zum Teufel! Die Verse aus dieser Periode sind nicht von bester Qualität, und wenn sie nicht von Rimbaud stammten, handelten wir sie heute wohl nur noch als »Kuriositäten«. Doch es ist offensichtlich, daß er sich auf dem Territorium der Dichtkunst bewegt. Noch zehn Jahre mehr und wir hätten einen fertigen Dichter vor uns.

Es sticht ins Auge, daß Rimbauds Lektüre vom Schlechtesten ist; die Liste der Werke und Autoren, mit der er seinen Seherbrief beschließt, kann das nur bestätigen. Doch unter all dem Schund stechen, wie wir schon gesagt haben, die *Fleurs du mal* heraus. Rimbaud dringt mehr und mehr in dieses Buch ein, empfindet die Dichte, die Kraft, die ihm innewohnt, und entdeckt hinter Baudelaire, dem Künstler, den wahren Baudelaire, »König der Seher, ein wahrer Gott«. Andererseits erstickt Rimbaud an seiner Dichtung, erstickt an seinem Leben, hat genug von seinem *Geschwätz.* Zu diesem Zeitpunkt findet der erste *Sprung* statt, beginnt mit seiner wahren dichterischen eine andere, antidichterische Aktivität, befreit er sich von jeglicher Moral und auch von Baudelaire. Dies ist der Augenblick, in dem er schließlich er selbst wird, von seiner Tribüne herabsteigt, seinen Schreibtisch verläßt, von seinen sozialistischen, antiklerikalen und antipatriotischen Träumen erwacht, der Augenblick, in dem er sich *durch das Gedicht hindurch im Kampf mit der Welt,* sich durch sein Leben hindurch im Kampf mit dem Gedicht befindet. Was er finden muß, das liegt auf der Hand, ist der Ort und die Formel. Er muß leben. Und er wird vom Gedicht – welch Paradox! – das Geheimnis des Lebens fordern.

VIII

Es gibt keinen Romantiker, der nicht, und sei es auch nur einen Augenblick, an die providentielle Sendung des Dichters geglaubt hätte: Prophet, Seher, Führer des Volkes, und wer weiß, vielleicht Märtyrer im Dienste einer erhabenen, verzweifelten Sache; in diesem Augenblick hält er sich für einen Rebellen, für einen Beauftragten im Dienste »derer, die leiden«. Kein Zweifel, daß der Rimbaud der ersten Periode durch diese Phase hindurchgegangen ist; er ist ein vortrefflicher Moralapostel, jedermann hat er etwas vorzuwerfen. Selbst die Bezeichnung Seher, die er später verwenden sollte, ist bei den Romantikern gängig: glaubte Baudelaire nicht damals, als er zum Verteidigungssturm gegen die Gegner Joseph de Maistres ansetzte, er könne ihn dadurch am besten verteidigen, daß er ihn einen Seher nenne?

Im Zeichen der Romantik wird Rimbaud jene Vorstellung von der Dichtung angreifen, die uns vom Mittelalter und den Klassikern überliefert wurde: »Nach Racine verschimmelte das Spiel. Zweitausend Jahre hat es gedauert«. Er skizziert ein eindringliches Bild von der Geschichte der Dichtkunst: »In Griechenland, sagte ich, rhythmisieren Vers und Lyra alles Tun. Später sind Musik und Reime Spielereien, erschlaffender Verfall. Das Studium dieser Vergangenheit entzückt die Neugierigen: manche ergötzen sich daran, diese Altertümer wieder aufzuwärmen: – das ist ihre Sache. Der allumfassende Geist hat seine Gedanken stets auf natürlichem Wege ausgestrahlt; einen Teil dieser Früchte des Gehirns lasen die Menschen auf: man handelte danach, man schrieb Bücher darüber; so ging es seinen Weg, der Mensch arbeitete noch nicht, er war noch nicht eigentlich erwacht oder noch nicht in der Fülle des großen Traumes. Es gab Funktionäre, Schriftsteller: Autor, Schöpfer, Dichter, dieser Mensch ist nie dagewesen!«

Wir sagten, daß Rimbaud nur schlechte Bücher gelesen habe: französische Dichter, und zwar solche dritter Klasse; selbstverständlich beurteilt er auch die Weltdichtung ausgehend von der französischen Dichtung: Shakespeare, Byron, Shelley, Keats kennt er nicht; er läßt Dante und Blake außer acht; von der deutschen Romantik kennt er nur Goethe und Schiller, über Novalis, Tieck und Hölderlin aber weiß er nichts. Und dennoch wirft er sich zum Theoretiker der Romantik auf, im Namen der französischen Romantik verkündet er seine Wahrheit: »Die Romantik ist nie recht beurteilt worden; wer hätte über sie geurteilt? Die Kritiker!! Die Romantiker, die so klar beweisen, daß der Gesang so selten das Werk, das heißt der gesungene und verstandene Gedanke des Sängers ist?« Und tatsächlich wird Rimbaud augenblicklich die ersten Seher beim Namen nennen: Lamartine, Hugo, Gautier, Leconte de Lisle, Banville... Das ist nicht gerade eine sehr glückliche Wahl. Als er seine Gegner, die Anti-Dichter, beim Namen nennt, hat er eine glücklichere Hand: »Noch ein Werk dieses unausstehlichen Geistes, der Rabelais inspiriert hat, Voltaire, Jean de La Fontaine! von Herrn Taine kommentiert!«. Und während er seine Aufzählung fortspinnt, langt er schließlich bei Baudelaire an, »der erste Seher, König der Dichter, ein *wahrer Gott*«, diesmal hat er es getroffen. Der Weg ist gefunden.

Wenn Rimbaud sich nicht lang und breit über das Wesen des Dichters als Seher ausgelassen hätte, dann hätten wir ihn, uns an seinen vorangehenden Worte orientierend, für den Menschen halten können, der als erstes die Essenz der Dichtung *gesehen hätte*. Die Dichtung hat nichts zu tun mit dem »unausstehlichen Geist«, welcher dem Erscheinen eines Voltaire, eines La Fontaine vorausging; auch nichts mit dieser hassenswerten Disziplin, von der Jean Racine leider aufgerieben wurde. Die Vernunft hatte schnell das Monopol auf die Dienste der Intelligenz und der Erkennis an sich gerissen; doch es gibt auch eine dichterische Intelligenz, eine dichterische Erkenntnis. Der Dichter ist kein Verfertiger, keine Techniker, kein Lehrer; er bringt nicht nur die Gedanken jedermanns *in Reime*, er gibt auch ein *gesungenes Denken*, das nicht auf die Gesetze der Vernunft reduziert werden kann und das sich dieser gegenüber als ein Paradox ausnimmt. Die Griechen hatten recht; Sokrates sprach wahr: der Dichter hat seinen Dämon, er ist ein Instrument durch das sich dunkle Mächte dartun, er ist inspiriert und steht oft dem, was er sagt, fremd gegenüber; der Gesang ist so selten das Werk! Tatsächlich gilt folgendes: »Ich ist ein Anderes. Wenn das Blech als Trompete aufwacht, ist es nicht selbst daran schuld. Dies ist mir offensichtlich: helfend tätig habe ich an der Erschließung meines

Gedankens teil, ich sehe und höre ihn; ich tue einen ersten Bogenstrich: in der Tiefe setzt sich der Zusammenklang in Bewegung oder er kommt *jäh in einem Sprung* auf die Bühne.« Ganz offenkundig berührt Rimbaud bis dahin das Wesen der Dichtung, kühn und entschieden plädiert er für die *Unverantwortlichkeit des Dichters*. Er hält sich an die reine Beschreibung einer *Sachlage*: der Dichter ist das und nichts anderes. Während er schreibt:»Ich ist ein Anderes«, dann fragen Sie ihn nicht um Auskünfte über das ANDERE; darüber weiß er nichts zu sagen; Rimbaud bringt eine in Vergessenheit geratene und der Verachtung anheimgegebene Vorstellung vom Dichter erneut ans Licht. Die Romantiker hatten als erste diese Vorstellung wieder zum Leben erweckt; doch sie ist schon immer dagewesen. Der Begriff des »Sehers«, auf den Dichter angewandt, beeinhaltet nichts Neues.

– 2 –

Unvermittelt, ohne jeden Übergang, lagert sich im Verlauf des Briefes eine zweite Vorstellung vom Seher über die erste und verschluckt diese. Sie gibt sich als eine *Folge* aus, ist jedoch nichts anderes als ein *Bruch*. Von diesem Moment an ist Rimbaud kein Nachfolger der Romantiker mehr; er überschreitet alles, was diese gesagt hatten, überschreitet selbst den König der Dichter, den wahren Gott; jetzt handelt es sich nicht mehr um eine Theorie der Dichtung, nicht mehr um die bloße Feststellung von Tatsachen, er verläßt die Bezugspunkte, die Vergangenheit, das feste Land und vom obersten Gerüst aus *schwingt er sich auf...* ins Unbekannte. Der Dichter ist keineswegs mehr ein Blech, das als Trompete aufwacht; er hat nicht mehr helfend tätig an der Erschließung seiner Gedanken teil, der Zusammenklang kommt nicht mehr *mit einem Sprung* auf die Bühne. Es ist nicht mehr der Gesang, der das Werk ausmacht, nicht mehr der gesungene Gedanke. Wir hatten Rimbauds Behauptungen zitiert:»Der allumfassende Geist hat seine Gedanken stets auf natürliche Weise ausgestrahlt; einen Teil dieser Früchte des Gehirns lasen die Menschen auf: man handelte danach, schrieb Bücher darüber: so ging es seinen Weg, der Mensch arbeitete noch nicht, er war noch nicht eigentlich erwacht oder noch nicht in der Fülle des großen Traumes.« Doch wir haben uns getäuscht, als wir annahmen, Rimbaud sei der allversammelten Intelligenz übel gesonnen gewesen. Wir hatten uns getäuscht, als wir glaubten, daß der Dichter die Früchte des gesungenen Gedankens nur noch aufsammeln müßte, nachdem der »gesungene Gedanke« dieses »hassenswerte Genie«, das die Dichtkunst unter sein Joch zwingt, abgelöst hatte. Nein, es war der *Weg*, den Rimbaud nicht liebte und daß der Dichter nie gearbeitet hatte, nicht erwacht war, daß er nur ein Funktionär war; was die Früchte des Gehirns angeht, die hatten auch Gutes, und Rimbaud bewahrt sie auf, vielleicht nicht genau dieselben, ganz sicher nicht dieselben, aber immerhin ... Hier geschieht folgendes: das Blech wacht nicht als Trompete auf; es hat nicht an der Erschließung seiner Gedanken teil, es kommt nicht mit einem Sprung auf die Bühne ...

Denn das Blech *macht sich jetzt zur Trompete*, ganz allein, durch eine lange, gewaltige und *überlegte* Entfesselung all seiner Sinne; jetzt gibt es »Übungen für den Menschen, der Dichter sein will«; es geht darum, an seiner Seele zu arbeiten, seine Seele zu kultivieren; der Seher ist ebenso ein Dichter, der seine Dichtung *will*; Rimbaud spottet jetzt über diejenigen, die an eine Inspiration ohne Mühen geglaubt hatten, eine Inspiration, *die von oben kommt*: »Das erste, was der Mensch erarbeiten muß, der Dichter sein will, ist die volle Kenntnis des eigenen; er sucht seiner Seele nach, gewinnt Einblicke in sie, versucht sie, macht sich die Erfahrung ihres Wesens zu eigen. Sobald er um sie weiß, muß er sie kultivieren; das scheint einfach: in jedem Gehirn vollzieht sich eine natürliche Entfaltung; daher erklären sich so viele *Egoisten* zu Autoren; es gibt viele andere, die ihren geistigen Fortschritt sich selbst zuschreiben.«

Es wird deutlich, daß hier die Früchte des Gehirns wieder auftauchen; freilich nicht die von Boileau; aber schließlich wird auch hier wieder der Ruf nach einem Boileau laut; handelt es sich etwa nicht um eine *gelenkte* Dichtung? Sicher, Rimbaud ist himmelweit von Boileau entfernt; er sorgt sich nicht um das Gute, er sorgt sich nicht im geringsten um die Sittlichkeit; noch weitaus weniger kümmern ihn die Regeln und die Angemessenheit der Rede; er pfeift auf die Vernunft ... Doch ebenso wie bei Boileau der Dichter sich durch eine lange, gewaltige und überlegte Entfesselung aller Sinne zum Dichter macht, sich Syllogismen ins Gesicht und Tränen in die Augen pflanzt, ebenso wie Boileau forderte, der Dichter solle seine Seele engelgleich machen und der Reine, der Gerechte, der Weise, für sein Schaffen *verantwortlich* werden, desgleichen dreht Rimbaud die etablierte Dichtkunst um und entwickelt Punkt für Punkt den umgekehrten Weg: »Es handelt sich darum, die Seele ungeheuerlich zu machen: nach Art der Kinderhändler, was! Stellen Sie sich einen Menschen vor, der sich Warzen ins Gesicht pflanzt und großzüchtet. Ich sage, *daß es nottut*, Seher zu sein, sich sehend zu *machen*. Der Dichter macht sich sehend durch eine lange, gewaltige, und überlegte *Entfesselung* aller Sinne. Alle Formen der Liebe, des Leidens, des Wahnsinns: er sucht in sich selbst, er erschöpft alle Giftwirkungen in sich, um nur den innersten Kern davon zu bewahren. Unsägliche Qual, wo er des vollen Vertrauens, der gesammelten übermenschlichen Kraft bedarf, wo er unter allen der große Kranke, der große Gesetzesbrecher, der große Verdammte wird und der höchste Wissende! – Denn er kommt an beim Unbekannten!...«

- 3 -

Denn er kommt an beim Unbekannten... Und genau dadurch verläßt er die Dichtkunst. Ganz sicherlich nicht wie Boileau und die Klassiker durch den Dienstbotenausgang der *Entsagung*, sondern durch die kühne Pforte der Tat. Es handelt sich jetzt wohl um den gesungenen Gedanken, um den Gesang, der das Werk ausmacht! Es handelt sich jetzt sehr wohl um das Gedicht, die Trompete und den *Sprung* auf die Bühne ... Ein anderer Ehrgeiz bricht auf, der anderswohin führt ... das Bekannte geht als Ziel, als dichterischer Stoff in Trümmer ... Beziehungen, Bilder, Metaphern, Träume, das ist allzu dumm! Im Spiel ist etwas anderes, und diesmal ist es nicht der Dichter im allgemeinen, der spricht; es ist Rimbaud allein, der sich zum *einzigen Springer* auf dem Schachbrett des Universums aufwirft; es ist Rimbaud, der sich der Dichtkunst bemächtigt, sie bezwingt; er legt ihr die

Kandare, das Geschirr an, macht aus ihr ein Transportmittel...
um dem Leben zu entfliehen, um das Unbekannte zu erobern.
Es geht nicht mehr um den »Sprung«: die Dichtung fängt an, in
kleinen Schritten vorwärtszugehen, in langsamer steter Entwicklung. Ach, was ist die Wissenschaft langsam... Denn die Dichtkunst ist eine Art Wissenschaft – was sage ich? – sie ist die lang-
wierige Wissenschaft schlechthin geworden... Sie wird das vom
anderen verfehlte Ziel erreichen. »Denn er kommt an beim
Unbekannten! Weil er seine schon reiche Seele weiter hinaus
gebildet hat, weiter als irgendjemand sonst! Er kommt an beim
Unbekannten, und wenn er, überwältigt, daran endete, daß er das
Verständnis seiner Gesichte verliert, so hat er sie doch gesehen!
Soll er nur zerbrechen in seinem riesigen Sprung durch die
unerhörten und unnennbaren Dinge: kommen werden andere
furchtbare Arbeiter; sie werden bei den Horizonten anfangen,
wo der Vorgänger ermattet niedergesunken ist!«

Dieser Text würde eine eingehende und geduldige Analyse
erfordern; warum kommt es Rimbaud in den Sinn, die Dichter
als *furchtbare Arbeiter* zu bezeichnen? Wie kann er sich einen
Dichter denken, der die Errungenschaften eines anderen wieder-
aufnimmt und weiterführt? Wie ein Physiker, was! Und was will
er denn damit sagen: »wenn er das Verständnis seiner Gesichte
verliert, so hat er sie doch gesehen«? Das ist eine hervorragende
Definition der mystischen Gesichte; der Mystiker kann seine
Gesichte verlieren ... aber er hat sie gesehen. Aber muß der
Dichter nicht ganz im Gegenteil *seine Gesichte bewahren*? Ist das
nicht der Zweck aller Dichtkunst? Wenn der Dichter seine
Gesichte verlieren würde, ohne sie zuvor im Gedicht festgehalten
zu haben, könnte er sich denn jemals damit zufriedengeben, nur
zu sagen, daß er sie gehabt hatte? Und wenn er sich damit zufriedengeben würde, wäre er dann noch ein Dichter? Ist der Dichter
jemand, der über die Dichtung hinausgehen will und den es einen
Dreck schert, wenn die Dichtung seine Gesichte nicht festgehalten hat? Den es einen Dreck schert, wenn er sie einfach nur so
hat, außerhalb des Gedichts, *im Leben*? Das Fleisch ist doch
ohnehin schon traurig nach der Inspiration; der Dichter fällt in
seine innere Leere zurück; doch da ist zumindest noch das
Gedicht, das beweist, wodurch sein Geist hindurchgegangen ist.
Was sollte werden, wenn es dem Dichter nicht gelänge, im

Gedicht das Zeugnis des Unerhörten und Unbenennbaren einzufangen, damit meine ich das Zeugnis von der *übernatürlichen Gunst*, die ihm gewährt worden ist? Das mag ja wohl eine beachtliche, beherzte, geistige, unerhörte Suche sein ... aber ist das noch eine dichterische Suche, ist das noch die Suche nach dem »gesungenen Gedanken«?

Was im Seherbrief weiter folgt, ist eine Mischung aus Prophetie, Mythologie, Utopie, ganz gewiß von großer Schönheit und unbezweifelbarer Überzeugungskraft – aber es geht nicht mehr um den Dichter, um seine Macht und seine Möglichkeiten. Es hört sich fast an wie bester hegelscher Idealismus, das Gleichgewicht zwischen dem Gedanken und der Wirklichkeit wird zerstört, wobei der Idee, zum Nachteil der Wirklichkeit, die Tugend des Engels zugesprochen wird: »Also der Dichter ist wahrhaftig der Dieb des Feuers. Er ist mit der Sorge um das Menschenwesen, ja selbst die Tiere beauftragt; er muß seine Entdeckungen fühlen, ertasten, hören lassen. Wenn es Form hat, was er *aus der Tiefe dort* mitbringt, so gibt er Form: ist es ungestaltet, so gibt er Ungeformtes. Eine Sprache finden; – Da im übrigen jedes Wort Gedanke ist, wird die Zeit einer universellen Sprache kommen! Man muß Akademiker sein – toter noch als ein Fossil –, um ein Wörterbuch herzustellen, von welcher Sprache auch immer. Die Schwachen könnten sich daran machen, über die ersten Buchstaben des Alphabetes *nachzusinnen*, sie könnten leicht dem Wahnsinn verfallen!«

»Diese Sprache wird Beseelendes für die Seele sein, indem sie alles zusammenfaßt, Düfte, Töne, Farben, den Gedanken, der sich an das Denken hakt und es auf seine Bahn zieht. Der Dichter würde das Maß des Unbekannten abgrenzen, wie es in seiner Zeit in der universellen Seele erwacht: er würde mehr als die Formel seines Gedankens, mehr als die Verkündigung seiner Schritte zum Fortschritt! Das Ungeheurliche würde Norm werden, die von allen aufgenommen wird, er wäre ein wahrhaftiger Vervielfältiger des Fortschritts!«

»Sie sehen, diese Zukunft wird materialistisch sein. – Immer erfüllt von der Zahl und der Harmonie, werden diese Gedichte zum Bleiben geschaffen sein. Im Grunde wäre das noch ein wenig die griechische Dichtung. Die ewige Kunst würde ihre Ämter innehaben, sowie die Dichter Bürger des Gemeinwesens sind.

Die Dichtung wird nicht mehr das Tun rhythmisieren; sie *wird voraus sein.*« (Ich überspringe hier eine ganz besonders dumme Passage, die folgendermaßen beginnt:»Wenn einmal die endlose Versklavung der Frau gebrochen ist ...«)»Derweil, fordern wir Neues von den Dichtern, Ideen und Formen.«

Selbst die maßgeblichsten Anhänger Rimbauds wollten in diesem Text eine Gedankenwelt sehen, die von der hinduistischen Religion, den Gnostikern und den kabbalistischen Schriften genährt wurde (in der Bibliothek von Charleville!). Es ist angemessener, Rimbauds schwärmerische Entdeckung der idealistischen Philosophie darin zu sehen. Tatsächlich ist nichts idealistischer, als»der Gedanke, der sich an das Denken hakt und es auf seine Bahn zieht«, denn das ist genau die *praktische Vernunft.*

Doch es liegt mir fern, vorgeben zu wollen, Rimbaud habe Hegel *gelesen,* er hatte ihn ebensowenig gelesen wie die Gnostiker und die Kabbalisten, und zwar aus dem einfachen Grund, daß wir durch seine Briefe Kenntnis von seiner Lektüre haben: es findet sich nicht ein einziges ernsthaftes Buch darunter, nicht ein Buch über Kritik, Philosophie, Wirtschaft. Sowenig wie Rimbaud zur Zeit der Kommune auch nur ein einziges sozialistisches Buch gelesen hatte, sowenig hatte der metaphysische und philosophische Rimbaud auch nur eine Zeile Metaphysik oder Philosophie gelesen. Man kann sagen, daß Rimbaud die idealistische und sozialistische Ideenwelt erfunden hatte wie Pascal die euklidische Geometrie. Er ist der *Typus schlechthin des Menschen, der sich gegen jegliche Kultur auflehnt!*

Jacques Rivière hatte sich ebenfalls gewaltig über den *Sinn* des Seherbriefes getäuscht; bezüglich des Glaubens in *Une Saison en enfer* und seiner Bekehrung im letzten Augenblick schreibt er Rimbauds Worten eine Bedeutung zu, die sie nicht haben; er denkt, das Unbekannte sei das Reich Gottes und liest aus der Bezeichnung *aus der Tiefe dort unten* eine Bezeichnung des *Jenseits* heraus. Ebensosehr könnte man in diesem Fall vom Hegelschen Christentum, vom Christentum und der idealistischen Philosophie im allgemeinen sprechen. Nein, es handelt sich schlicht und einfach um eine progressive, gewollte und bereitwillige Eroberung jener Wirklichkeit, die dem Menschen nicht zugänglich ist, mithilfe der dem Menschen eigenen Mitteln, um eine Reduktion des Gegenständlichen in Richtung auf das

Denken hin. Ebenso geht es darum, mit einer Welt abzuschließen, in der »die Tat nicht die Schwester des Traumes ist«, und zwar nicht, indem man aus der Tat einen Traum, sondern indem man aus dem Traum eine Tat macht. Es ist die auf dichterische Ebene übertragene hegelsche Dialektik, die später von den Surrealisten wiederaufgegriffen werden sollte.

In jedem Fall darf man im Ende des Seherbriefes keine *Programmatik der Dichtkunst* sehen, sondern ein Programm der Handlung, ein extremes Mittel, sich mit der Welt zu versöhnen, sich mit ihr in Übereinstimung zu bringen, indem man die Dichtung als Werkzeug benutzt. Alles hängt ab von der Tragfähigkeit dieses Instrumentes in Hinsicht auf den zu erreichenden Zweck. Es hat den Anschein, als habe er auf Platons Ion eine Antwort geben wollen (den er nicht kannte), welcher die Dichtkunst für eine göttliche, unbewußte Gabe ansah, die mit der vollen wissenschaftlichen Befreiung nicht vereinbar ist. Rimbaud müht sich darum, aus der Dichtung einen zugleich unbewußten und bewußten Akt zu machen, Traum und Tat, der Mystik und der Wissenschaft in einem verhaftet.

Doch bislang haben wir den Seherbrief nur von einem äußeren, logischen Blickwinkel aus betrachtet. Es gibt jedoch noch eine zweite, unterschwellige Strömung, ohne die der Brief zwar verständlich bleiben würde, nicht jedoch seine Folgen: die *Absage*, die in der *Saison en enfer* liegt, und der Rückzug aus der Dichtung.

- 4 -

Nach dem Seherbrief und dem darauffolgenden Experiment fand Rimbaud die Schönheit, nachdem er sie auf seine Knie nahm, bitter; heute, sagt er, weiß ich die Schönheit zu grüßen. Er gesteht ein, daß dieses Experiment ihn weit gebracht habe; er sei eine Märchenoper geworden; er habe sich an die einfache Halluzination gewöhnt; er habe seinen Taumel festgehalten; er habe am Ende die Verwirrung seines Geistes als etwas Heiliges empfunden. Einen Augenblick lang glaubt er, die *poetische Altertümelei*, von der er Gebrauch gemacht hatte, von dieser Suche nach dem

Neuen unterscheiden zu können; doch sogleich vermengen sich diese beiden Erfahrungen; die Schönheit war entschieden bitter; sie roch brandig; nichts war natürlicher, als sie zu verraten, bevor er sie auf immer hinter sich lassen sollte. Doch wieso nimmt Rimbaud es sich heraus, der Schönheit den Prozeß zu machen, sie zu verprügeln, sie dem Verhör zu unterziehen? Warum an ihrer Unschuld zweifeln, noch bevor man die Beweise ihrer *Schuld* in Händen hält? Als unerbittlicher Ankläger fordert er den Kopf seines Opfers, und sein Zauber ist so stark, daß man ihm diesen gibt: erhält er etwa nicht als erstes seinen eigenen? Und schon ist eine ganze Generation bereit, sich diesem schrecklichen Diktator zu unterwerfen, obwohl sie die Gefahren kennt, die sie damit eingeht. Sie nimmt in eigener Verantwortung den von Rimbaud eröffneten Prozeß gegen die Schönheit wieder auf. »Warum schreiben Sie?« fragt diese Generation. Man muß zugeben, daß die Beschuldigten sich gar nicht schlechter verteidigen könnten, es scheint, als habe man sie wirklich auf frischer Tat ertappt. Der Fall scheint also entschieden zu sein; die Dichter werden inständig gebeten, mit dem Schreiben aufzuhören, oder, wenn es sie denn weiterhin kitzeln sollte, es auf eine Weise zu tun, als ob sie sich dafür schämen würden, sie werden gebeten, die Dichtung als einen Zeitvertreib Kranker anzusehen und gegebenenfalls die oberste Entschuldigung anzubringen, nämlich, daß sie durch diese infamen Praktiken nur eine Art von Erfahrung machen, zu einer Art von Erkenntnis gelangen wollen, ich meine damit etwas Stichhaltiges, Unumstößliches, Wissenschaftliches, das von der Dichtung nur noch den Namen trägt. Plötzlich findet in der Geschichte unter dem ersten Anstoß von Rimbaud eine unerhörte Begebenheit statt: ich spreche vom *Schuldbewußtsein* des Dichters; der Dichter gelangt am Ende dahin, sich selbst geringzuschätzen, und ebenso die Vorgehensweise, die seiner Arbeit ihre besondere Note verleiht und einen Sinn gibt.

»Warum schreiben Sie?« fragt wieder eine französische Zeitschrift die Dichter. Und sie bittet sie in ihrer Umfrage ebenfalls, auf die Frage: wann sind Sie geboren usw. eine Antwort zu geben. Hier haben wir es mit einer Umfrage zu tun, die vor dem Abenteuer Rimbauds unmöglich, ja sogar *undenkbar* gewesen wäre. Doch gehen wir einen Moment von der Annahme aus, Rimbaud habe nie existiert, in diesem Fall wäre es uns erlaubt, die so gestellten Fragen umzudrehen und den Dichter zu fragen: »Warum sind Sie geboren?« Denn schließlich weiß ich ja nicht besser, warum ich schreibe, als warum ich geboren bin. Eine gute Methode sollte die chronologische Reihenfolge beachten, nicht wahr? Doch ist man dahin gekommen, es *seltsam* zu finden, daß jemand schreibt? Daß man nicht weiß, *warum* man schreibt, erschöpft die Frage nicht; ich schreibe, ich werde auch weiterhin schreiben, und es wird auf der Welt immer Dichter geben, selbst wenn man ihnen tatsächlich, und nicht nur als Bildnis, den Kopf abschlüge. Ich gebe zu, daß das keine Antwort ist, keine sinnvolle Antwort, aber vielleicht läßt diese Frage auch gar keine sinnvolle Antwort zu, vielleicht gibt es darauf keine sinnvolle Antwort.